KB126188

히트의 탄생

대한민국 브랜드
100년 분투기

히트의 탄생

대한민국 브랜드 100년 분투기

유승재 지음

세상이
바뀌어도
브랜드는
살아남는다

활명수부터
모나미까지,
한국의
일상을 만든
히트 제품들

위즈덤하우스

히트 상품과 브랜드에는
시대의 모습과 사회적 욕망이 담겨 있다

수많은 상품과 브랜드로 둘러싸여 있는 요즘이다. 그중에 어떤 브랜드를 선택하는가에 따라 취향과 스타일, 관심사는 물론 경제 상황이나 특정 사회 이슈에 대한 태도 등 그 사람의 거의 모든 것이 드러난다. 가벼운 선택이었을 수도 있지만, 결과적으로 내가 사용하는 모든 상품과 브랜드는 나의 생활모습과 사고방식을 반영한다. 사람들은 그 상품과 브랜드에 대한 자신의 이해를 바탕으로 나를 이해하고 때로는 규정한다.

개인에게 통용되는 이 원칙은 사회적·시대적으로 얼마든지 확장될 수 있다. 어떤 제품이 새로 만들어지고, 어떤 서비스와 상품이 인기를 얻는지, 어떤 브랜드가 시장에서 우위를 점하는지 등을 보면 당시 경제상황이나 산업기술의 발전 정도, 시장경제의 성숙도는 물론 사회적 소비취향이나 생활방식 등 사회·경제·문화·정치에 걸친 우리 일상 모습 전부를 찾아볼 수 있게 된다.

경제사 관점으로 세계사를 돌아보면 근대화와 함께 산업기술의 발전, 경제규모 확대와 소비수준 향상에 따라 다양한 제품들이 나타나고 사라지기를 반복하게 된다. 그중에 큰 관심과 인기를 얻는 히트 상품이 만들어지고, 다시 그중 일부는 시대를 넘어서는 장수 브랜드의 반열에 오른다. 할아버지에서 아버지, 손자와 손녀로 이어지며 세대를 관통하는 장수 브랜드에는 살아온 만큼의 사회적 모습들이 응축되어 담겨 있다. 히트 상품의 역사와 브랜드 발자취를 되돌아보는 것만으로 우리 생활문화사가 쓰일 수 있는 이유다.

우리나라 역시 근대화 과정을 거치며 나름의 히트 상품과 브랜드를 배출해왔다. 더군다나 이제 대한민국은 세계 10위 규모의 경제 대국이자 명실상부한 선진국 대열에 올라 있다. 외세에 의한 굴욕적 개항과 제국주의 식민지배에 이어 동족 간 전쟁까지 겪으며 끝내 분단된 상태로 극도의 군사적 긴장 상태에 놓여 있는, 인구 5천만 명의 내수시장마저 넉넉하지 못한 작은 나라가 100여 년 남짓한 길지 않은 역사 속에 만들어낸 엄청난 성과다.

그동안 우리 근대화 역사가 서양의 산업기술, 상품 등을 통해 우리도 모르는 사이 그들의 생활문화를 받아들이고 적용하는 방식이었다면, 이제는 거꾸로 우리의 생활모습과 가치관, 사고방식 등이 투영된 상품과 브랜드가 세계 시장으로 들어가 그들의 삶과 생활 모습을 바꾸어 놓는 사례들도 어느덧 많이 존재한다.

100여 년 우리나라 근대화와 고도성장기 과정을 돌아보며, 이 시기를 채웠던 히트상품과 브랜드를 통해 우리 생활문화사를 정리해볼 수 있는 시점이다. 경제 규모와 산업기술, 소비수준 등 외형적 모습에서 선진국에 들어선 우리지만, 아직 여러 부문에서 과제도 많이 남아 있다. 시장경제 영역에서도 상품기획, 마케팅, 브랜딩 등 심리적 가치가 중시되는 분야일수록 여전히 가야 할 길이 멀지만,

이제까지 그래왔듯이 우리는 또 빠르게 받아들이고 발전시키고 성장해갈 것이기에, 지난 100년을 돌아보며 앞으로 우리가 만들고 바꿔갈 또 다른 100년의 모습을 상상하고 계획해보는 것은 나름의 의미가 있다.

기업은 제품을 만들어 상품으로 팔지만, 소비자는 브랜드를 산다

제품은 필요한 기능을 제공하지만 브랜드는 욕망까지 담고 있다. 공장에서 만들어진 제품은 마케팅을 통해 차별적 상품으로 포장되고, 브랜드를 입으면서 누군가를 표현하는 상징이 되기도 하고 기능과 필요에 관계없이 무조건 갖고 싶은 애정의 대상이 되기도 한다.

기술의 발전, 경제의 성장은 사회적 취향을 다양하게 만들고 소비자들의 요구를 까다롭게 만든다. 이에 맞춰 제품은 계속해서 바뀌고 발전한다. 시장에 나와 있는 제품들 대부분이 그렇게 어느 순간 옛 모습은 사라지고 때로는 완전히 다른 제품으로 뒤바뀌기도 하지만, 브랜드 속에 그 DNA를 남겨 세대를 만들고 그 종을 보존하며 진화한다. 제품의 생애는 유한하지만 브랜드는 불사의 생명을 가질 수 있다.

그렇기에 산업화 과정에서 새로운 사회적 욕구로 태어난 제품들이 다양한 시련과 경쟁을 이겨내고 오랫동안 살아가는 모습을 살펴보자면, 자연스럽게 제품보다는 브랜드에 초점을 맞춰야 했다. 여기에 다양한 제품 간 경쟁보다 브랜드라는 개념에 좀더 집중한 이유는 기업사나 기술사 등 공급적 관점이 아니라 실제 물건을 사고 사용하는 소비자의 시각으로 사회 모습을 바라보고 싶었기 때문이다.

개항과 함께 시작된 대한민국
근대 산업화의 역사

브랜드는 기본적으로 기업 활동의 산물이다. 브랜드를 살피기 위해서는 필연적으로 해당 브랜드를 가진 기업사에서 시작해야 했다. 우리나라는 19세기 후반 개항과 함께 여러 가지 변화가 생긴다. 봉건사회를 개혁하는 새로운 제도들이 도입되었고, 선교사들이 들어와 선교 활동과 함께 병원, 학교 등을 설립했다. 이들에 의해 다양한 신식 제품들이 선보이기 시작했고, 이어 일본과 중국 상인들은 조선 전역을 돌면서 다양한 상품을 거래하며 상업 활동을 시작했다. 조선인으로서는 이제까지 경험하지 못했던 다양하고 신기한 서구 문물들이 물밀듯이 밀려오던 시기였다.

일제 강점기 시기에 일본 기업들도 우리나라에 지점 혹은 지사를 설립하며 상업 활동을 시작한다. 소수였지만 일제에 맞서 조선인이 운영하는 상점이나 기업들도 생겨난다. 이 중에 아직 남아 있는 기업은 순수 민족자본으로 설립된 기업이라는 자긍심을 가지고 있다.

1960~70년대를 거치며 우리나라는 급격한 산업 발전을 이루어낸다. 지금의 장수 브랜드 중 이때 태어난 브랜드들이 꽤 많다. 식음료나 생활용품들이 주를 이뤄서, 우리나라에서 50년 이상의 역

사를 가진 브랜드에는 대부분 생활용품, 의약품, 식품류가 많은 이유다.

1980년대 이후에 태어난 브랜드들도 많지만, 아직 시간이 많이 흐르지 않은 관계로 장수 브랜드라 일컫기에는 조금 부담이 있다. 아마 100년이 흐른 뒤 대한민국 브랜드 200년사를 누군가 정리한다면 1980~90년대에 탄생한 수많은 브랜드가 한국을 대표하는 브랜드로 성장해 있을 것이다.

단계별로 살펴본 우리나라 기업사

우리나라의 근대화된 기업사는 일제 강점기 시절부터 시작된다. 아직 브랜드라 하기에는 부족하지만 일본을 비롯한 해외 상품들이 각자의 이름을 걸고 수입되어 조선인들의 생활 속에 들어온다. 개항과 함께 자전거, 안경, 사진기, 망원경, 펜, 양복, 화장품, 양장 등 신식 문물을 상징하는 상품들이 조선인의 눈길을 끌었다.

락토겐(분유), 아지노모도(조미료) 등 고유상표로 기억되는 상품들도 나타나기 시작한다. 초보 수준의 브랜드의 출현이다. 특히 아지노모도는 10년이 넘는 장기 광고캠페인을 통해 브랜드를 확고하게 키웠을 뿐 아니라 제품력으로도 조선인의 입맛을 사로잡은 히트 브랜드였다. 나이 많은 어르신들 중 아직도 간혹 조미료를 아지노모도로 칭하는 분이 있기도 하다.

곰방대에 담뱃잎을 우겨넣어 피우던 조선인에게 궐련형 담배 역시 새로운 기호품으로 자리잡았다. 1897년부터 수입된 담배는 청나라의 '칼표', 일본의 '히로Hero' 등이 있었는데, 1905년에는 조선에 직접 연초 공장이 설립되고, 여기에서 '이글(매표)' 담배가 생산된다. 최초의 '메이드 인 코리아made in Korea' 담배 브랜드였다.

일제 강점기 초창기 시절 조선인의 눈길을 사로잡았던 상품들 중에는 자전거도 있었다. 1910년부터 '켄네트Kenet, 트라이엄프Triumph, 라지Rudge-Whithworth' 등 영국제가 대부분을 차지하다가, 1930년대에는 일본 브랜드인 '요요기상회자전거', '후지자전거' 등이 선보였다. 서구 상품들만 들어오는 것은 당연히 아니었다.

구한말 외세에 맞서 문화·역사적으로 우리 것을 지키려던 처절한 노력은 산업 전반에 걸쳐서도 나타났다. 어쩔 수 없이 우리나라 독자상품보다는 해외상품과 브랜드가 밀려들어오는 시기였지만, 우리 고유상품과 브랜드도 나타나기 시작한 것이다. 뒤에서 자세히 살펴보겠지만 우리나라 최고의 브랜드인 '활명수'가 탄생했고, '박가분'과 같은 화장품도 사랑을 받았다. 특히 1920년대를 지나면서는 석탄이나 제약, 주류, 식품, 기초생필품을 중심으로 우리나라 고유 브랜드나 상품들이 나타나기 시작했다.

1917년 인천에 '조선인촌'이라는 성냥공장이 설립되었고 '우록표', '쌍원표' 등의 성냥을 만들었다. 이제는 케이크에 불을 붙일 때나 가끔 볼 수 있는 희귀물이 되었지만, 1980년대 후반까지만 해도 주변에 흔하게 널려있는 상품이었다. 초록색의 팔각형 케이스로 기억되는 '유엔성냥'이 가장 유명하다.

지금은 전혀 상상하기 어렵지만 겨울철이면 교실 중간에 놓인 난로에 나무나 갈탄을 채워넣으며 수업을 준비하던 시절이 있었다.

일제 강점기 시절, 석탄은 중요 생필품이었던 만큼 '봉산탄', '백연탄', '계림탄' 등 의젓한 이름을 하나씩 달고 시장에 나왔다. 그뿐 아니라 이들은 신문에 광고를 집행하기도 했으니 지금으로 치자면 정유사끼리 벌이는 치열한 브랜딩 전쟁에 비견할 만하다.

성냥, 연탄만큼이나 한때 우리 생활의 필수품이었지만 지금은 기억 저편으로 아련히 사라진 제품이 바로 고무신이다. 1922년에 우리나라 최초의 고무신 제조업체 '대륙고무'가 '대장군' 고무신을 선보인다. 당시로서는 최신식 하이패션상품이었는지, "대륙고무가 고무신을 출매함에 있어 이왕純宗(순종)께서 이용하심에 황감함을 비롯하여 여관女官 각 위의 애용을 수하야"라고 황제까지 들먹여 가며 신문광고를 집행하기도 했다.

고무신은 1950~60년대까지도 가장 흔한 신발이었다. 1920년대까지만 해도 1~2개에 지나지 않던 고무신 공장은 1930년대로 접어들면서 70여 개로 늘어난다. 고무신의 편리함 때문에 제조업자는 점점 더 많아졌지만 한국전쟁 즈음에 나타나 한국 고무신 시장을 평정한 국제상사의 '왕자표' 고무신이 지금까지도 가장 유명한 브랜드로 기억된다. 국제상사는 나중에 '프로스펙스'라는 국내 고유 운동화 브랜드로 이어진다. 한때 '나이키, 아디다스' 등 글로벌 브랜드에 대항하며 좋은 반응을 얻었지만 지금은 그 위력을 많이 잃었다. 왕자표 외에도 태화고무의 '말표', 삼화고무의 '범표' 등 꽤 많은 고무신 브랜드가 있었지만 산업이 발전함에 따라 쇠퇴의 길을 걷기 시작했고, 지금은 사라졌거나 고무장갑 등으로 명맥을 유지하고 있는 수준이다. 산업의 발전과 시대 환경의 변화에 따라 브랜드가 얼마나 치열하게 자기변신을 하고 트렌드에 맞춰 지속적 발전을 해야 살아남을 수 있는지를 말해주는 사례들이다.

해방 전 일제 강점기 시절에는 당연히 일본인에 의해 운영되는 기업들이 대부분이었다. 당시 상황에서 조선인이 자기 자본으로 기업을 운영하기엔 너무나 많은 장벽들이 있었다. 그럼에도 진로, 유한양행, 두산(박승직상점) 등 우리나라 100년 기업들이 아직은 소수에 불과했지만 싹을 틔운다.

광복과 함께 우리나라 산업 전반에 걸쳐서도 큰 변화가 일어난다. 일본인들은 자신들이 운영하던 기업, 공장, 상점들을 정리할 시간도 채 갖지 못한 채 고국으로 빠져나가야 했고, 이들이 남기고 간 자산들이 적산불하를 통해 한국인들에게 이양되면서 본격적으로 우리나라의 기업사와 브랜드 역사가 시작된다. 현재까지 이어오는 많은 기업과 브랜드의 발자취를 거슬러 올라가면 일제 기업들에 뿌리를 두고 있는 경우가 많은 이유다.

해방과 함께 자리를 잡아가던 우리나라 산업은 1950년 한국전쟁으로 다시 한 번 송두리째 흔들리는 위기를 맞이한다. 수많은 기업들이 부산으로 생산설비를 들고 옮겨가 힘겹게 살아남아야 했다. 이때가 새로운 전환점이 되어 기업을 일으킨 사례들도 있다.

1960년대 후반을 지나 1970년대로 접어들면서 우리나라 경제와 산업은 비약적 발전기를 맞이한다. 오랜 역사를 지닌 장수 브랜드 중 대부분이 이 시기에 태어난다. 식음료와 생활용품이 중심인 것도 특징이다. 우선 사람들의 생활에 필수적인 소비재, 생활용품, 의약품, 식음료 중심으로 먼저 발전하게 되면서 나타난 자연스러운 현상이다. 산업과 경제뿐 아니라 브랜드 관점으로도 여러 가지 기틀이 잡히는 중요한 시기였다. 앞으로 살펴볼, 지금까지 사랑받는 수많은 장수 브랜드들이 대부분 1960~70년대 생들이다.

1980년대부터는 광고나 마케팅 기업의 발전으로 오히려 단명한 브랜드가 많은 것도 특징이다. 1970년대 이전까지는 삶에 필요한 본질적 상품들이 대거 등장하면서 이들이 아직도 계속해서 생명력을 유지하는 반면, 1980년대를 거치면서 새로운 기술 발달로 나타난 첨단제품들은 반대로 더 빠르게 발전하는 신기술에 의해 사라지는 경우들이 잦았다. 삐삐, 씨티폰, 천리안, 하이텔 등 PC통신, 컴퓨터나 라디오카세트 등의 전자제품, 자동차 등 기술발전이 빠르고 첨단 영역일 수록 그런 경향이 많았다.

1980년대까지가 단순히 '이름을 붙이는' 차원의 브랜딩이었다면, 1990년대를 지나면서부터 브랜드는 기업의 주요한 무형자산으로 더 큰 가치를 인정받기 시작했다. 이때부터 기업들은 브랜드 숫자를 줄이고 선택과 집중을 통해 소수의 선택된 브랜드를 강력하게 키우는 쪽으로 마케팅 방향을 수정한다. 화장품, 생활용품, 전자제품이나 자동차 등 산업 전반적 분야에 걸쳐 이런 현상이 나타났다. 과자, 아이스크림, 스낵 등 식품류 역시 새로운 상품마다 브랜드를 붙이는 흐름에서 벗어나 잘 구축된 기존 브랜드를 확장하며 라인업을 풍성하게 만들고 마케팅 효율성을 높이는 방향으로 전략이 수정되고 있다. 더군다나 불황이 주기적으로 반복되면서 과거 사랑받는 브랜드를 잘 살리고 키워가는 것이 비용 면에서도 훨씬 효율적이라고 입증되면서 방치된 옛 브랜드들이 다시 조명 받고 화려하게 재

탄생하는 사례들도 많아지고 있다.

하지만 마케팅 현장은 기본적으로 치열한 전쟁터이기 때문에 살아남은 브랜드보다는 안타깝지만 소멸한 상품과 브랜드들이 더 많을 것이다. 이들을 모두 조명할 수는 없기에, 오랫동안 살아남아 아직도 소비자의 사랑을 받고 있는 장수 브랜드 중심으로 우리나라 브랜드의 역사를 살펴보고자 한다. 브랜드는 단순한 상품 이름이 아니라 그 얼굴은 물론 의미와 경험이 계속해서 변화하고 발전하는 생명체나 다름없다. 그렇게 살아 있어야 존속할 수 있다. 그 발전이라는 것은 변화하는 소비자 니즈와 산업 환경, 기술 환경, 경쟁 환경에 따라 자기 자신을 변신하고 알리고 싸워나가는 과정이다. 정체된 브랜드는 결국은 사라진다. 그래서 브랜드 역사는 일대기인 동시에 생존과 번영을 위한 전쟁사이기도 하다.

앞서 이야기했지만, 브랜드는 기본적으로 기업 활동의 산물이다. 따라서 브랜드를 살펴보기 위해서는 기업사를 함께 봐야 하고, 그러자면 기업의 배경과 당시 경쟁 상황 등도 고려해야 한다. 채워야 하는 상품과 브랜드가 많아지고, 소개하고 싶은 생활 모습들도 계속 늘어났다. 다행히 그럴 때마다 내 지식과 역량의 한계가 나를 멈춰 세웠다. 이번에 다루지 못한 부족한 부분은 누군가 우리나라 브랜드 200년사를 정리하며 채워주길 바란다.

2021년 9월
유승재

차례

1부

불편한 살림살이를
편리하게 바꾸다
: 생필품 브랜드

1
조연에서 주연이 된 최초의 화장품
박가분

대한민국 최장수 기업의 밑바탕이 되다

'배오개의 거상.' 지금의 종로인 배오개에서 포목점으로 큰 성공을 일군 박승직을 일컫던 말이다. 보부상으로 시작한 그는 제물포에서 면포 등을 떼어 경기도 산간지방과 강원도까지 오가며 판매한 돈을 밑천 삼아 1896년 '박승직상점'을 개설한다. 이때는 1894년부터 시작된 갑오개혁으로 그동안 비단, 면, 종이 등 주요 품목 독점권을 가졌던 육의전이 폐지되면서 일반인들도 자유로운 상업활동이 가능해진 시기였다. 이런 흐름 속에 자신의 상점을 개설한 그는 종로 일대 한인을 대표하는 거상으로 성장하게 된다. 우리나라에서 가장 오래된 근대기업인 두산그룹이 출발하는 순간이었다(사실 엄격히 따지자면 박승직상점을 계승한 두산상사는 1998년 소멸된 법인이기 때문에 기업 자체로만 보면 동화약품이 가장 오래된 기업이어야 한다. 하지만 박승직상점을 토대로 지금의 두산이 형성되었다는 점에서 대한민국 최고最古의 기업으로 인정하는 데 무리는 없어 보인다. 이런 측면을 감안해 한국기네스협회에서도 가장 오래된 기업으로 인증한 바 있다. 브랜드의 연속성으로 보면, 창립할 때의 이름을 그대로 쓰고 있는 활명수의 '동화'가 더 오래되었다고 볼 수 있다).

원래 박승직상점은 비단이나 면포 같은 옷감을 주로 취급하는 포목점으로 시작했지만 우연한 계기로 '분'을 만들게 되면서 우리나라 최초의 화장품 기록을 쓰게 된다. 지금의 두산은 중공업 중심의 사업구조를 가지고 있지만 초기에는 오비맥주를 비롯한 식음료와 생활소비재, 유통 중심이었는데, 그 첫 시작은 의외로 화장품이었다.

어느 날 친척집에 방문한 박승직의 아내 정정숙은 할머니께서 흰 가루를 종이봉지에 싸고 있는 모습을 보았다. 분가루라는 설명을 듣고 찾는 사람이 많은가 물었더니 할머니는 "예뻐지기 싫어하는 여인도 있나?"라고 대답했다. 어찌 보면 화장품 사업의 본질을 명쾌하게 설명한 한마디인데, 이 말을 들은 정정숙은 부업 삼아 백분을 만들어보기 시작했다.

처음에는 포목점 손님들에게 덤으로 끼워주는 정도였는데, 하나둘 사람의 손을 타면서 잘 발라지고 사용하기 간편한 화장품으로 입소문을 타며 인기를 끌자 아예 십여 명의 직원을 고용해 본격적으로 대량생산에 나선다. 그러면서 여기에 남편의 성을 따 '박가분'이라 이름 붙였다. 1920년에는 '박朴' 자를 동그라미 안에 넣어 만든 상표와 함께 특허청에 정식상품으로 등록, 국산 화장품 1호라는 기록을 갖게 된다.

박가분 이전에 화장품이 없었던 것은 아니다. 쌀즙을 말린 가루를 물에 개어 바르던 분백분 등이 있었는데, 접착력이 약해 얼굴에 잘 붙지 않는데다가 비린내까지 풍겼다고 한다. 그나마 아주 오래전부터 내려온 분꽃의 씨앗을 빻아 만든 가루나 칡을 말려 갈아 쓰던 것보다야 나았지만, 만족할 만한 수준은 아니었다. 반대로 서양에서 들어온 화장품은 일반 가정집 여인이 쓰기에는 가격이 부담스러웠다. 전통 백분은 사용이 불편했고 외제 분은 귀한 상황에서, 사용하기 편리하게 만들고 품질도 좋으면서 더군다나 저렴한 가격에 살 수 있었으니 화제와 인기는 당연한 결과 아니었을까.

조선 최초의 메가 히트 브랜드

박가분이 인기를 모았던 것은 화장 효과나 저렴한 가격 때문이기도 했지만, 포장 방식에도 이유가 있었다. 당시에 분은 지금과 같은 액상 혹은 가루 파운데이션과는 달리 두께 3~4밀리미터 정도의 골패짝 같은 고체 형태였는데 박가분은 일반적 백분보다 두 배 정도 두껍게 만들어서 작은 갑에 포장해서 판매했다. 기존 백분이 대부분 흰 종이에 싸서 팔았던 것에 비하면 두꺼운 상자에 담아 당시로서는 멋지게 디자인된 라벨까지 붙어 있는 박가분은 단연 차별화되었던 제품이었다.

여기에 당시 사회 인식의 변화도 한몫했다. 원래 "눈가치 흰" 뒤

한국 최초의 화장품 박가분
백분을 종이에 싸서 팔지 않고 두꺼운 상자에 멋지게 디자인한 라벨을 붙여 판매해 인기를 끌었다. (국립중앙박물관 소장)

는 화장은 기녀들 같다고 외면 받는 풍토였지만, 1920년대 들어 뽀얗고 창백한 느낌을 주는 일본풍의 화장이 유행을 타기 시작했다. 실제 1920년대부터 1930년대 초 조선의 얼짱 기생으로 꼽히던 장연홍을 검색해보면 마치 일본 전통연극 가부키의 배우처럼 새하얀 얼굴을 한 모습을 찾을 수 있다. 뛰어난 외모와 노래, 춤 실력으로 큰 인기를 끌었던 그녀는 비누 광고에 모델로도 등장했는데, 지금으로 치자면 화장품 광고에 등장한 인기 절정의 연예인 정도로 생각할 수 있다. 지금도 그렇지만 특히 여성 미용 상품의 광고모델이라고 하면 당대 아름다움의 기준을 적용하기 마련이니 당시 흰 얼굴이 어느 정도 유행했는지 짐작할 수 있다. 이런 풍조에 따라 백분을 찾는 수요는 계속 늘었고, 박가분 역시 초기에는 기생들 중심으로 퍼졌지만 빠르게 일반 여염집 여성들에게까지 사랑받는 상품으로 성장해갔다.

한 갑에 50전(지금으로 치자면 약 5천 원 정도)이라는 비교적 저렴한 가격도 도움이 되었다. 이런 큰 인기로 당시 박가분을 팔기 위해 전국의 방물장수들이 박승직상점으로 모여들었다는데, 잘 나갈 때에는 하루에 1만 갑이 넘게 팔릴 정도였다 하니, 우리나라 최초의 메가 히트 브랜드라 할 만하다.

박가분이 인기를 끌자 이 패키지를 모방해서 '촌가분·서가분·장가분·설화분·서울분' 등 비슷하게 생긴 모방제품들이 쏟아져 나왔다. 이 중에 1921년 출시된 '설화분'은 신문광고를 집행하며 박가분을 위협했는데 박가분과 마찬가지로 면포를 판매하던 동익사라는 포목점에서 출시했다. 초기 광고에는 한복을 입은 흰 얼굴을 한 여성을 일러스트로 표현했지만 그다음에는 짧은 머리의 서양 여성을 실사로 등장시켰다. 쪽진 머리에 여전히 한복을 입은 여성이 계속 등장했던 박가분에 비해 좀더 서구적인 느낌을 주려 했던 것으로 보인다. 재미있는 것은 설화분 광고에 등장하는 패키지를 보면 "귀부인 화장계 대왕"이라는 문구가 보이는데 박가분이 신문광고를 게재하며 썼던 헤드라인이 "부인 화장계의 패왕"이었다. 박가분으로서는 설화분이 꽤 신경쓰이는 경쟁자였던 것으로 보인다.

박가분 광고에서는 두 가지를 신경 썼던 것으로 보이는데, 우선 한자 옆에 한글을 함께 표기해 여성 고객이 좀더 쉽게 이해할 수 있게 했다. "박가분을 바르시면 주근깨와 여드름이 없어지고 얼굴에 잡티가 없어져서 매우 고와집니다"라며 희고 깨끗한 얼굴을 열망하는 여성들의 마음을 콕콕 찌른다. 여기에 "경성생산품 풍평회 심사장을 맡은 공학박사 최삼랑 씨의 심사상장을 받았"다는 사실을 더해 공인된 품질임을 강조하며 신뢰감을 주려고 한 것을 볼 수 있다.

국산 경쟁제품 외 품질 좋은 해외상품의 존재는 여전히 위협적이었다. 당시 조선 장업인들이 만든 백분을 흔히 '장분'이라고 칭했는데, 해외에서 수입된 백분은 '양분, 왜분' 등으로 통칭했다. 일본

제품이 다수를 차지했는데 '별표 미美화장품·구라부クラブ화장품·
레도·호가·금학·자생당' 등 다양한 상품들이 우수한 품질을 앞세
워 조선 시장을 파고들었다. 당연히 이들과의 경쟁도 힘들었지만
박가분이 그 인기를 20년을 채 못 채우고 몰락하게 된 결정적 원인
은 외부 경쟁요인이 아닌 내부에서 터져나왔다. 납 성분으로 인한
'유해성' 때문이었다.

백분 성분을 개선해 보급하다

백분에 일반적으로 사용되는 분꽃가루나 활석가루 등은 그 자체
만으로는 얼굴에 잘 붙지 않는다. 그래서 조선시대 여성들은 화장
을 위해서 분질을 한 후에 한참 누워 있거나 때로는 한숨 자서 얼굴
에 기름이 돌게끔 해주어야 했다. 조선 후기부터 백분에 납을 첨가
해 부착력을 좋게 만들기 시작했다. 납 조각을 식초로 처리한 뒤 오
랜 시간 열을 가하면 표면에 하얀 가루가 돋아난다. 이를 납꽃이라
고도 한다. 이 납꽃을 긁어모은 다음 여기에 조개껍질을 태운 가루,
칡가루, 쌀가루, 보릿가루 등을 섞어 만들어진 흰 가루가 납분 또는
연분이라 불리던 조선 후기 백분의 실체다. 박가분 역시 같은 방식
이었다. 당시 화장은 한마디로 흰 얼굴을 위해 치명적 독극물인 납
가루를 얼굴에 두껍게 칠하고 다녔던 것이다.

　납 가루로 만든 분은 얼굴에 아주 잘 달라붙어 화장이 잘 먹었
다. 하지만 피부에 잘 흡수되어 피부를 망치고 납 중독을 일으키는

박가분 광고

1921년 5월 21일 《매일신보》에 실린 것으로, 앞서 이야기한 광고 문구를 확인할 수 있다.

문제가 있었다. 실제로 당시 박가분을 사용하던 여성들 사이에서 피부가 푸르게 괴사하고 정신이 혼미해지는 등 부작용이 나타나기 시작했다. 박가분은 화장을 많이 해야 하는 기생들 사이에서 특히 인기가 좋았는데, 어느 기생 한 명이 박가분 때문에 얼굴을 망쳤다 며 고소하는가 하면, 정신 이상이 심해진 기생 한 명이 급기야 박가 분을 먹고 자살을 기도한 사건까지 벌어졌다. 이런 일련의 사건들 로 인해 박가분은 순식간에 '살을 파먹는 가루'라는 소문까지 퍼지 게 되며 존폐의 위기에 처한다. 계속되는 피해와 소문에 결국 조선 총독부까지 나서서 진상조사 후 납 성분이 들어간 화장품의 생산과 판매를 전면 중단하게 됐다.

내무성에서는 작년부터 납으로 맨드는 분을 맨들지 못하게 하얏고 금 년 십이 월 삼십 일이면 그 유예기간이 다 됨으로 새해 초하로부터는 이런 분을 팔지도 못하게 되엿는데 조선 총독부에서도 여기에 따라 조선 안에서도 납이 섞인 분을 맨들지도 팔지도 못하게 할 방침을 세우고 방금 립안 중입니다.

당시 1934년 12월 8일자 《조선일보》에 실린 조선총독부 발표 내용이다. 일본 내 정책과 연계, 조선 땅에서도 납 성분의 화장품을 금지한다는 내용이다.

사실 화장품에 포함된 납 성분이 문제가 된 것은 우리나라에 국한된 일은 아니었다. 고대로부터 납은 화장품에 많이 사용되었는데, 특히 로마시대에 상류층들은 몸치장과 화장에 납을 엄청 많이 사용했다. 이로 인해 많은 황제를 비롯한 귀족 상류층이 환각이나 환청, 정산 이상 증세에 시달리고 목숨을 잃는 경우들도 빈번했다. 당시에는 원인을 정확히 모르고 그저 저주받았다고 생각했지만 납을 과다하게 사용해서 생긴 부작용들이었다. 이는 근대 유럽에서도 벌어졌는데, 대영제국의 기초를 닦은 영국의 엘리자베스 1세 여왕 역시 납 성분 화장품의 피해자였다. 그는 어릴 적 앓았던 천연두 흉터를 감추기 위해 백연가루를 과하게 사용하다 피부가 파랗게 변해가면서 결국 죽음에 이르렀다. 당시 여왕의 화장법을 따르던 많은 여성들까지도 피해를 보고 목숨을 잃는 경우도 많았다고 한다. 죽음을 불사하고서라도 아름다움을 좇는 인간의 욕망은 시대와 장소를 뛰어넘어 반복되는가 보다. 박가분이 인기를 끌던 시기에도 전 세계적으로 피부에 대한 접촉력을 유지하기 위해 어느 정도 납 성분을 사용하고 있었지만, 그 위험성에 대한 무지와 부족한 가공

기술로 인해 문제가 더 커졌던 것으로도 볼 수 있다.

당시 납 성분이 문제가 되면서 '서가장분'이나 '서울장분' 등 경쟁제품들은 '무연백분無鉛白粉'을 표방하며 박가분의 자리를 차지하기 위해 활발한 마케팅 활동을 펼쳤다. 이들은 "조선 부인의 얼굴에 맞도록 만든 새로운 제품, 절대로 납이 안 든, 분쇄독 없는 고급원료와 고상순결한 향료로 만든 제품"이란 문구를 광고에 명시하며 기존 백분의 유해성과 자사상품의 무해성을 강조했다. 1935년 박승직도 박가분의 납 성분으로 인한 위험을 인정하고 일본으로부터 기술자를 초빙해서 납이 들어 있지 않은 분을 생산하기 시작했다. "절대 납이 들어 있지 않음"이라는 문구로 광고하며 반전을 시도했지만, 이미 한 번 크게 상처받은 브랜드의 회생은 쉽지 않았다. 결국 박가분은 2년 뒤인 1937년부터 생산을 중단하며 역사 속으로 사라지게 된다.

박가분은 조연으로 시작해 짧지만 불꽃같은 화려한 주인공의 삶을 살다 비극적으로 마감한, 영화 같은 스토리를 지니고 있다. 비록 20년을 못 채운 채 허무하게 퇴장했지만, 박가분이 우리나라 화장품 역사에서 차지하는 비중을 무시할 수 없다. 최초로 등록된 화장품이자 상표였을 뿐 아니라 차별화된 패키지디자인을 도입해서 화장품의 공산품 시대를 열기도 했다. 외국 브랜드들과 겨루면서 화장품의 대중화를 이끌어낸 공로 역시 인정해야 할 것이다. 아울러 박가분으로 인해 박승직상점은 큰 자본을 마련해 우리나라 최장수 기업인 두산그룹으로 성장할 수 있었으니 우리나라 근현대 경제, 기업사에 미치는 영향도 매우 크다고 할 수 있다.

참고로, 박가분은 사라졌지만 박승직의 '박가'는 아직도 우리 곁에 그 흔적을 남기고 있다. 박승직의 아들이자 두산그룹의 초대회장이기도 한 박두병은 1956년에 두산유리를 설립했는데, 여기에서 생산했던 크리스탈 유리가 박가분과 마찬가지로 '박가'가 만든 크리스탈, 즉 파카 크리스탈이다.

2
정성이 담긴 장맛의 계승
샘표간장

음식 맛은 장맛이다

된장, 간장 등 장醬은 음식 맛을 결정하는 가장 중요한 조미식품이자 오랜 역사를 통해 전해 내려온 고유 전통식품이다. 특히 우리 민족에게 장은 단순히 음식으로 끝나지 않는다. 장맛이 변하면 집안에 불길한 일이 생길 징조라고 생각하여 항아리에 새끼줄을 두르거나 버선 모양으로 자른 한지를 매달아 액막이를 한다. 장 담그기는 가장 중요한 연례행사 중 하나였고, 장 담그는 날이 정해지면 불경스러운 일을 피하며 조심했다. 장 담그는 날 아침에는 목욕을 다시 하고 정갈한 마음과 몸으로 임하는 것은 물론 장 담그는 동안에는 음기의 발산을 막는다는 이유로 한지로 입을 막기까지 했다. 장맛 좋기로 소문난 집은 그것만으로도 자랑이자 자부심이었다. 장은 그만큼 우리에게는 특별한 의미를 지닌 식품이다.

메주를 소금물에 담가 1～2개월 정도 숙성시킨 후 그 메주를 건져내 소금과 함께 된장을 만들고 국물은 다시 달여서 간장으로 만든다. 이걸로 끝이 아니라 장독대에 보관해서 오랜 시간 숙성을 거쳐야 본연의 깊은 맛을 낼 수 있다. 이때 들어가는 재료, 숙성시간, 숙성방법에 따라 장의 종류는 다양해진다.

집안마다 때가 되면 정성스레 달여 만들던 간장을, 더는 집에서 만드는 게 아니라 시장에서 사 먹는 제품으로 만든 선구자가 바로 샘표식품이다. 1946년 8월, 창업자인 박규희 사장과 아들 박승복이 일본인이 운영하던 '삼시장유양조장三矢醬油釀造場'을 인수했는데, 우리나라 대중 간장 시장의 시초였다. 물론 처음부터 사업이 흥했던 것은 아니다. 일제 강점기 시절 이미 일본인을 비롯해 소수 부유층을 상대로 판매되는 간장이 있었지만, 여전히 우리나라 사람들에게 간장은 사서 먹기보다는 집에서 담가 먹는 전통식품이었다.

하지만 불안정한 해방 정국과 갑작스러운 한국전쟁으로 폐허가 된 땅에서, 특히 고향을 등지고 남한으로 내려온 피난민에게 예전처럼 집에서 일일이 장을 담그는 것은 쉬운 일이 아니었다. 당장의 끼니가 궁한 마당에 메주를 띄우기는커녕 먹을 장을 구하는 것조차 쉽지 않은 시절이었다. 박규희 사장 또한 함경도에서 남으로 내려온 실향민으로서 이런 상황을 잘 이해했기에, 간장을 만들어 팔면 되겠다는 생각을 할 수 있었던 것으로 보인다.

시판되는 대부분의 간장이 일본상품이던 시절이라 그는 자신이 만든 간장에 '샘표간장'이라는 한글 이름을 붙인다. 당시로서는 보기 드문 한글 우리말 상표였는데, '샘물처럼 솟아라'라는 뜻으로 지었다고 한다. 샘표간장은 1954년 5월 10일에 특허청에 등록됨으로써, 가장 오래된 식품 브랜드 자리를 차지하게 된다. 작은 양조장이 본격적인 성장궤도에 올라서는 시점이었다.

그렇지만 아무리 어렵고 힘들어도 간장을 집에서 담그지 않고 사서 먹는다는 것이 아직 쉽게 받아들여지지는 않았다. 생소한 제품이지만 품질에 자신이 있다면 가장 먼저 해볼 일은 핵심 고객층에게 상품을 경험시켜주는 것. 그중에서도 가장 좋은 방법은 샘플링이다. 샘표 식품 역시 직원들이 손수 간장병을 들고 시장을 돌아다니면서 간장을 직접 맛보게 하는 방법으로 샘표를 알려나갔다. 이를 위해 주부사원을 고용했는데, 당시로는 파격적인 시도였다. 유교 문화가 고착되어 있던 1950년대에 결혼한 여성이 직장을 다니는 것도 흔치 않았는데, 이 주부들이 제품을 들고 가가호호 돌며 '방문 판매'까지 했으니 지금 생각해봐도 쉽지 않은 선택이었을 것이다.

전통식품을 다루는 회사였지만 샘표식품은 마케팅 등에서는 굉장히 앞서 있었다. 주부사원의 고용도 그랬지만, 1954년에 고객정보를 기록해두고 전화 한 통으로 집에서 간장을 받을 수 있는 고객 카드 제도를 운영했다. 지금에야 당연하지만 당시로서는 고객정보를 기록해두고 고객관리와 주문, 배달 등에 활용하는 고객 카드 시스템은 시대를 한참 앞선 마케팅 시도였다.

1958년에는 서울 충무로 공장 옥상에 네온사인을 설치했다. 전기도 부족하던 시절에 네온사인이 많았을 리 없었으니, 샘표간장

네 글자로 이루어진 네온사인은 큰 화젯거리가 되며 실제 매출과 마케팅에도 큰 도움이 되었다. 통행금지 시간 이후 인적 없는 어두운 서울 밤하늘을 샘표가 반짝반짝 빛을 내며 밝혔으니 당시 직원들의 자부심도 꽤 대단했을 듯하다.

이어서 1961년 전파를 탄 광고음악은 전국으로 히트를 치며 샘표간장을 유명 상품 반열에 올려놓는다. "보고는 몰라요, 들어서도 몰라요 / 맛을 보면 맛을 아는 샘표간장"은 당시 대학가에서 응원가로도 사용되는 등 그 인기가 대단했다. 1960~70년대에 태어난 사람이라면 이 가사를 보는 순간 머릿속에 멜로디가 그려질 것이다. 소비자 대상으로 표어를 공모하는 등의 이벤트도 자주 진행했는데 이때 나온 수상작 "할머니 허리 굽은 것은 장독대 탓, 어머니 허리 안 굽은 것은 샘표 덕"이라는 말처럼 샘표는 서서히 가정집에서 장독대를 밀어내며 사 먹는 간장 시대를 열어가고 있었다.

시판 간장의 보통명사가 된 샘표진간장

원래 우리가 먹던 전통식 조선간장은 간단하게 말하면 메주를 발효시키면서 사용되는 소금물을 달인 것이다. 콩만을 원료로 사용하기 때문에 구수함과 짠맛이 강하고 국물을 내는 데 주로 이용된다. 실제 메주를 띄우고 숙성시켜 발효까지 가는데 꽤 오랜 시간(짧아도 2~3년)이 걸리기 때문에 대량으로 생산해서 유통, 판매하기에는 어려움이 있다. 그래서 지금 우리가 시중에서 사 먹는 대부분의 간

가장 오래된 식품 브랜드인 샘표간장

일본 간장 상품이 시판되던 시절, '샘물처럼 솟아라'라는 뜻을 담은 샘표간장은 우리 말 상표를 붙인 최초의 간장제품이자 가장 오래된 식품 브랜드를 차지한다. (ⓒ샘표식품)

장은 일제시대 이후 우리나라에 유입된 개량간장이다. 이때 들어온 일본식 간장을 우리 조선간장과 구별해 '왜간장'이라고도 부른다. 왜간장은 메주를 쓰는 조선간장과 달리 콩 단백질을 분해해 만든 아미노산액에 간장 원액을 섞어 만드는 방법으로 생산했는데, 상대적으로 숙성기간이 짧고 비용이 덜해 대량생산이 가능했다.

1966년 출시되어 샘표식품의 대표선수가 된 '샘표진간장'은 개량간장 방식으로 제조하면서도 조선간장이 가진 진하고 구수한 맛을 되살려냄으로써 큰 인기를 끌었다. 이 진간장이 다양한 요리에 두루 사용되면서 독보적 위상을 차지하게 되는데, 이때부터 집에서 만드는 간장과 구분해 공장에서 대량으로 생산하는 시판간장을 진간장이라고 부르게 되었다. 이 샘표진간장은 다양한 시리즈를 통해 꾸준하게 인기를 끌면서 샘표를 우리나라 간장의 대표주자로 인식하게 만들었다.

1968년부터 서울시에서 진행한 장독대 없애기 캠페인도 샘표를 도왔다. 가정에서 장독대에 장을 보관하면 위생이나 공간 등에 문제가 되니, 장독대를 없애고 시중에서 판매되는 장을 사서 먹자는 캠페인이었다. 도시밀집화가 진행되면서 집집마다 장독대를 놓는 것이 어려워질 테니, 주거환경 개선 측면에서도 필요한 조치였다. 당시 캠페인 영상을 보면 된장이나 고추장은 아직 그 비율이 낮았지만 간장은 이미 전체 수요량의 50퍼센트 이상을 시판 간장이 차지하고 있었음을 알 수 있다.

이런 흐름에 더해 서울시와 민간이 합쳐 대규모 공장을 짓고 민간, 특히 영세 서민에게 간장과 된장을 공급하면서 점차 간장 시장은 계속 성장했고, 샘표식품은 그 성장을 주도하며 탄탄한 브랜드 입지를 만들어갔다.

물론 위기가 없었던 것은 아니다. 샘표 등 대기업 외에도 사실 간장 시장에는 50~70여 개의 영세 기업들이 난립하고 있었는데, 특히 1985년 무허가 간장업체들의 비위생적 제조환경이 당국에 적발되면서 큰 사회적 이슈로 떠올랐다. 업계 1위였던 샘표 역시 의심을 받으며 큰 타격을 입게 된다.

이때 CEO가 직접 TV 광고에 출연해 "샘표식품은 안전하다"라고 이야기를 하는 한편, 생산공장을 개방해 견학프로그램을 만들어 실 고객층인 주부들을 초청했다. 제품 제조 현장을 공개하는 등의 노력으로 소비자 신뢰를 회복할 수 있었고, 타사 대비 안전성의 우위를 입증하면서 오히려 입지를 더욱 탄탄하게 만들 수 있었다. 위기를 기회로 반전시킨 사례라 할 수 있다.

진간장에 이은 샘표의 베스트셀러 두 번째 주자는 '샘표양조간장 501'이다. 일반적으로 개량간장은 다시 양조간장, 산분해간장, 효소분해간장, 혼합간장 등으로 나뉜다. 진간장이 일종의 혼합간장이라면, 양조간장은 프리미엄급 고급간장으로 볼 수 있다.

1980년대 경제발전과 함께 중산층 가정을 중심으로 고급간장에 대한 수요가 늘기 시작하면서 일본산 제품의 수입도 함께 증가했다. 이에 샘표는 1989년 프리미엄급 간장인 샘표양조간장501을 출시한다. 501의 의미도 재미있다. 일반적으로 간장은 콩 단백질이 얼마나 잘 발효됐는지를 나타내는 기준으로 등급을 구분하는데, 간장에 포함된 단백질 함유량(T.N)이 1.0퍼센트면 '표준', 1.3퍼센트면 '고급', 1.5퍼센트면 '특급'으로 분류한다. 샘표양조간장501은 단백질 함유량 1.5퍼센트의 특급 간장이다. 이를 브랜드에 얹어 알리고 싶었지만 1.5퍼센트라고 하면 너무 정직하고 임팩트가 없어 보였는지, 이를 거꾸로 뒤집어 501로 표시했다고 한다.

제품 패키지에서도 샘표는 시장을 앞서갔다. 1970년대까지만 해도 모든 간장은 유리병에 들어 있었다. 유리병이 좋아서라기보다는 특별한 대체품이 없어서이기도 한데 1960년대는 그나마도 부족해서 맥주병을 씻어서 재활용했다. 이를 위해 샘표식품에는 맥주병 세척 라인이 따로 있을 정도였다. 유리병은 장점도 있지만 반대로 무겁고 깨지기 쉬워 유통비용이 증가하는 단점도 있다. 이를 극복하기 위해 1980년 샘표식품은 업계 최초로 페트병을 도입했다.

패키지는 내용물 보호나 운반이라는 기능적 역할 외에도 브랜드 이미지를 형성하는 중요한 역할을 한다. 디자인뿐 아니라 용기 재질만으로도 고급스러움을 더할 수도 있고 실용성이나 편리함을 강조할 수도 있다. 간장은 주방에서 가장 흔하게 쓰이는 조미료다. 페트병에 담긴 샘표간장은 가볍고 편리해 주부들의 부담을 덜어줄 수 있었다. 여기에 혁신적이고 앞서가는 브랜드 이미지는 물론 위생이나 유통에서의 리스크 감소 등 기능적 문제까지도 해결할 수 있었으니 샘표식품에게는 일거양득이었다.

간장 이름에 얽힌 재미있는 에피소드

간장을 포함한 장류 상품은 전국구 상품 외에도 지방에 공장이나 본사를 둔 향토기업들이 선전하고 있는 영역이기도 하다. 특히 부산의 향토기업인 오복간장, 마산에 근거를 둔 몽고간장 등 경남 지방에 오랜 역사를 가진 간장공장이 몰려 있다. 이는 일제시대 일본인들이 세운 양조장이 주로 경남과 마산에 위치했기 때문이기도 한데, 이 지방의 수질이 좋아 양조산업에 적합했다고 한다. 특히 마산의 몽고간장은 샘표와 대상에 이어 15퍼센트대의 시장점유율을 차지하며 전국적인 브랜드로 발돋움하기도 했다. 창업자 김종구 회장이 적산기업으로 분류된 '산전장유공장'을 해방 후 1945년 12월 인수해 '몽고장유양조장'으로 이름을 바꿔 사업을 지속했다. 브랜드로 따져본다면 1954년에 등록된 샘표보다 몽고간장이 한참 형님뻘인 셈이다.

재미있는 것은 몽고간장이 마치 '조선간장', '왜간장'처럼 간장 종류의 하나처럼 인식되기도 한다는 점이다. 사실은 진간장과 마찬가지로 몽고식품이 출시한 고유 브랜드인데, 제품의 인기와 함께 독특한 이름으로 인해 그런 오해가 생긴 것이다. 몽고간장은 '몽골'에서 전래되지 않았지만, 전혀 무관한 것은 또 아니다. 마산에 위치한 '몽고정(경남문화재 자료 제82호)'이라는 우물에서 그 기원을 찾을 수 있다. 고려 충렬왕 시절, 몽골이 일본까지 정벌하겠다며 여몽연합군을 편성해 마산지역에 주둔시켰는데, 이때 군사들의 식수 공급을 위해 건설한 우물이 바로 이 몽고정이다. 물맛은 물론 가뭄과 홍수에도 늘 일정한 수량을 유지하는 데다가 칼슘량이 풍부해 양조공업에 좋은 수질을 가지고 있다. 근처에 위치해 몽고정을 수원으로 사용했기에 몽고간장이라는 브랜드를 사용하기 시작했던 것이다.

지금에야 정제된 물을 사용해 수원에 따라 간장 맛이 좌우되는 일이야 없지만, 몽고간장은 지역 기반의 향토기업임에도 불구하고 여전히 깊고 맛있는 간장으로 인정받으며 샘표, 대상에 이어 3위의 점유율을 보이고 있다. 일제 강점기 시절까지 거슬러 간다면 100년을 훌쩍 뛰어넘은 역사를 가진 전통기업이다.

콩 조미료, 세계로 진출하다

2020년 상반기 기준으로 샘표는 전체 간장 시장의 65퍼센트 이상을 차지하고 있다. 개별 상품으로 따져도 매출액 상위 10개 중 6개가 샘표 식구다. 20퍼센트가량의 '대상'과 10퍼센트 조금 못 미치는 몽고식품이 뒤를 쫓는다. 원래부터 우리나라 시판 간장 시장을 주도했기 때문에 당연한 시장 구도라 생각할 수 있지만 대상 등 식품 대기업의 거센 도전을 뿌리치며 지키고 있는 독보적 점유율이니 나름 큰 의미가 있다.

1990년대 초반 장류 제조업이 '중소기업 고유업종'에서 제외되면서 중소기업과 지방의 향토기업 중심으로 구성되어 있던 시장에 대기업이 진출할 수 있게 된다. 그러자 1997년, 이미 미원으로 일반 가정의 식탁을 점령하고 있던 대상(당시에는 아직 회사 이름이 미원이었다)이 '햇살담은간장'으로 간장 시장에 뛰어들었다. 새로운 트렌드의 브랜드와 마케팅을 바탕으로 고급제품으로 분류되는 양조간장을 공략하기 시작했는데, 샘표에게는 큰 위협이자 위기였다.

하지만 샘표 역시 지속적 품질개선과 프리미엄급 상품의 다양화를 통해 전통적 강자의 면모를 보인다. 2001년에는 전통 조선간장을 복원한 '맑은조선간장', 2003년에는 유기농 콩과 밀로 만든 '유기농자연콩간장', 2004년에는 참숯으로 걸러 맑고 깨끗한 향을 낸다는 '참숯으로두번거른양조간장' 등 새로운 트렌드에 맞춘 신상품을 지속적으로 보강해갔다. 이 중에서도 참숯으로 두 번 거른 양조간장은 출시 10개월 만에 100억 원 매출을 돌파하는 등 현대인의 건강과 몸을 중시하는 트렌드를 반영한 큰 성공작으로 평가받는다.

간장을 포함한 우리나라 장류 시장은 CJ, 대상, 샘표 등 3사의 과점형태다. 고추장과 된장에서는 CJ가 1위를, 간장에서는 샘표가 1위를 달리는 가운데 대상의 청정원이 간장을 포함한 3개 장류 시장에서 모두 2위를 차지하며 호시탐탐 1위를 노리고 있다. 하지만 간장 시장에서 샘표의 지위는 실제 매출액뿐 아니라 브랜드 이미지 측면에서도 확고하다. 이미 75년의 역사를 통해 어머니의 손맛이 딸의 식탁으로 자연스럽게 이어지면서 샘표는 우리나라 간장 맛의 표준이 되었기 때문이다.

샘표간장은 대한민국 간장 시장의 개척자로서 우리 맛을 지키고 연구하는 동시에 세계 무대로 발을 넓히는 데도 앞장서고 있다. 1958년에 국내 최초로 장류개발연구소를 설립해 전통식품 연구를 시작한 이래 2003년에는 식문화 연구소 '지미원', 2013년엔 국내 최초의 발효전문연구소 '샘표우리발효연구중심'을 세운 바 있다. 글로벌 시장 공략을 위해 세계 최초의 요리과학연구소로 알려진 스페인 '알리샤연구소'와 공동연구를 진행하고, 세계 최대 유기농·건강식품 박람회인 자연식품박람회Natural Products Expo West에서 국내 식품 기업으로는 처음으로 '차세대혁신제품상Nexty Awards'을 받는 등 세계에서도 통하는 우리 맛을 위해 애쓰고 있다.

이런 노력으로 2012년 출시한 '연두'는 국내 시장은 물론 세계시장 공략에도 성과를 거두고 있다. 간장 전문 기업답게 연두 역시 콩으로 만든다. 기존 제품과 전혀 다른 조미료라는 자신감에서 '요리

에센스'라는 새로운 카테고리로 포지셔닝하고 있다. 간장으로 시작
해 다양한 조미료를 통해 글로벌 식탁을 공략하겠다는 샘표의 의지
를 읽을 수 있다.

3
화장품에서 시작된 치약의 역사
럭키치약

LG그룹을 탄생시킨 주인공, 럭키크림과 럭키치약

이를 닦지 못하는 하루하루를 언제까지 견딜 수 있을까? 형형색색의 디자인과 다양한 기능으로 무장한 칫솔과 충치 예방은 물론 입냄새와 잇몸 질환을 막아주고 때로는 치아를 하얗게 만들어준다는 온갖 종류의 치약들로 둘러싸인 현대인에게, 치약과 칫솔을 빼앗고 며칠간 지내보라는 것만큼 큰 고문도 없을 듯하다.

그런데 이를 닦는 것을 왜 양치養齒라고 할까? 옛날에는 치약 이전에 소금으로 이를 닦았다지만 소금도 귀한 것이었기에 그전에는 그냥 물로 입을 헹구는 것이 보통이었다. 그런데 때로는 가는 모래를 소금 대신 쓰거나, 나뭇가지를 얇게 만들어 지금의 이쑤시개처럼 사용하기도 했다. 이때 버드나무 가지가 주로 쓰였는데, 끝을 솔처럼 뭉개서 이를 닦기도 했다. 여기에서 버드나무 가지를 뜻하는 '양지楊枝'에 행위를 가리키는 접미사 '질'이 더해져 '양지질'로 칭하던 말이 점차 세월이 흐르며 개념이 변해 치아를 닦는 일이니까 '양지'에서 '양치'로 바뀐 것이라고 한다.

지금은 너무도 당연한 것이지만, 우리가 치약과 칫솔로 매일 아침 이를 닦기 시작한 것은 그리 오래된 일이 아니다. 구한말 개화기 시절 궁중과 고위 관료들이 일본으로부터 들어온 라이온LION사의 가루치약을 사용했다지만(1889년 궁궐에서 이 제품을 사용했다는 기록이 우리나라 최초의 치약 사용기록이다) 지금과 같은 형태의 치약이 일반 서민에게 보편적으로 대중화된 것은 1960년대라고 할 수 있으니, 사실 전 국민이 치약으로 이를 닦기 시작한 지는 이제 60년 정도 된 셈이다.

1950년대 미군부대에서 흘러나오는 '콜게이트'를 통해 치약이라는 신문물을 접하기도 했다. 하지만 워낙에 비싼 제품인지라 일부 부유층이나 사용했을 뿐, 대부분은 여전히 소금을 으깨 손가락으로 쓱쓱 닦아내는 것으로 양치를 대신하는 형편이었다. 이 찝찔한 소금 양치질로부터 우리를 구원해준 주인공이 '럭키치약'으로, 1954년 '락희화학'에서 만든 최초의 국산 치약이다. 생뚱맞아 보일 수 있지만, 럭키치약 이야기를 하려면 먼저 화장품인 '럭키크림' 이야기부터 시작해야 한다. 두 제품 모두 락희화학의 히트상품으로, 오늘날 LG그룹을 있게 한 주인공이다. 그야말로 '럭키'했던 화장품과 치약의 이야기로 들어가보자.

LG그룹은 회사 공식 웹사이트에 1947년 1월 락희화학공업사의 설립을 그룹의 출범일로 소개하고 있다. 하지만 창업자 구인회 회장이 처음 사업을 시작한 것은 이보다 거의 20년 전인 1931년 '구인회상점'을 열면서부터다. 동생 구철회와 함께 시작한 그의 사업은 부침이 있었지만 이내 청과물, 생선 등 식료품 유통사업으로 확장해가면서 1938년에 '주식회사구인상회'로 근대적 기업의 면모를 갖춰갔다.

해방과 함께 더 큰 꿈을 이루기 위해 근거지를 부산으로 옮긴 그는 '조선흥업사'를 설립하는데, 미군정청이 승인한 무역업 허가 1호 업체였다. 그러다 우연한 기회에

럭키치약 광고가 들어간 봉투

소금 양치에서 서민들을 구원한 주인공인 럭키치약은 1954년 락희화학에서 만든 최초의 국산 치약이다. 오늘날 LG그룹을 있게 한 주인공이기도 하다. (국립민속박물관 소장)

국산 화장품 제조사와 연결되어 이 화장품을 판매하기 시작하면서 서울까지 시장을 확장하는 등 사업적으로 성장하게 된다. 유통사업을 하며 품질의 중요성을 생각하게 된 그는 직접 제품을 만들기로 마음먹고, 때마침 독립을 원하던 화장품 제조 기술자 김준환과 함께 자신의 집에 제조설비를 갖추고 화장품을 제조하기 시작했다. 1947년 1월, 이렇게 락희화학이 출범했고, '럭키크림'도 세상에 첫선을 보인다. LG그룹 브랜드의 근원이기도 한 '럭키Lucky'와 이를

음차해 비슷한 의미를 지니도록 '즐거울 락樂'에 '기쁠 희喜' 자를 붙여 만든 '락희'라는 브랜드 모두 이때 함께 탄생했다.

검은색 용기에 미국의 영화배우 디나 더빈Deanna Durbin의 얼굴을 내세운 '럭키크림'은 해외에서 들어온 수입 제품이라는 말이 나돌 정도로 큰 인기를 끌었지만 이내 화장품 용기에서 문제가 발견됐다. 당시 화장품을 담은 크림통은 석탄산수지라는 재료로 만들었는데, 품질이 조악해서 운반이나 사용 중에 뚜껑이 깨지거나 금이 가는 일이 자주 벌어졌던 것이다. 깨지지 않는 크림통을 만들 방법을 찾던 그는 당시 미군 PX를 통해 흘러나오는 제품들에서 '플라스틱'을 발견한다. 플라스틱은 깨지지 않고 튼튼한 포장 용기로서 제격이었다.

플라스틱이 뭔지도 잘 모르던 시절이었지만 막상 연구해보니 의외로 원료와 기계만 있으면 비교적 쉽게 만들 수 있는 제품이었다. 하지만 당시로서는 그 기계 값이 어마어마했다. 절대 쉬운 결정이 아니었지만, 한국전쟁이 한창이던 1952년, 구인회 회장은 거금 5억을 들여 플라스틱 제조기 두 대를 들여온다. 전쟁으로 모든 것이 불안하고 어수선한 시절, 기업의 명운을 걸고 감행한 이 큰 투자가 결국 락희화학의 운명을 바꾸고 오늘날의 LG그룹을 일군 결정적 계기가 된다.

플라스틱 덕에 럭키크림의 문제는 말끔하게 해결되었고, 락희화학은 거금을 들여 사온 기계를 활용하기 위해 화장품 케이스 외에도 다양한 플라스틱 제품을 만들기 시작했다. 플라스틱 빗·비눗갑·세숫대야·칫솔·식기류·훌라후프 등 다양한 품목들을 '오리엔탈'

이라는 브랜드를 붙여 제조, 판매했는데, 당시만 해도 일본, 홍콩 등에서 수입해야 할 정도로 귀했던 제품들이어서 그런지 이 상품들은 큰 인기를 얻었다.

이처럼 플라스틱 제품들이 인기를 끌면서 화장품 사업보다 더 큰 이익을 내기 시작하자 락희는 1953년 화장품 사업에서 철수하는 대신 플라스틱 사업을 주력업종으로 선정하게 된다. 결과적으로 럭키크림은 플라스틱 사업의 산파 역할을 톡톡히 해내며 LG그룹의 초석을 다진 셈이다.

LG는 그룹의 출발점이 된 화장품 사업을 완전히 포기하지는 않았다. 1984년에 '드봉'으로 화장품 사업에 재진출한 이후 태평양, 한국화장품 등과 함께 1990년대 한국 화장품 산업을 이끌었다. 2000년대에는 아모레퍼시픽과 함께 대한민국 화장품 업계를 양분하고 있으며, 지금은 중국, 동남아 등 글로벌로 영역을 확장하며 K-뷰티 산업을 선도하고 있다.

한국 산업사 최초로 미제 브랜드를 몰아내다

그런데 이런 플라스틱 상품들의 인기 속에서도 유독 칫솔의 판매가 부진했다. 칫솔은 치약이 있어야 비로소 활용 가치가 있는데, 아직 이렇다 할 만한 치약 제품이 없었던 것이다. 그나마 미군부대에서 흘러나오는 콜게이트는 가격도 비쌌지만 구하는 것도 쉽지 않았고, 소금으로 이를 닦던 일반 서민들에게 칫솔은 그다지 효용성이 높은 제품이 아니었다. 결국 칫솔 판매량을 늘리기 위한 락희의 결정은 '치약을 만들자'였다. 화장품 제조에서 시작해 플라스틱 사업을 거쳐 한국 최초의 치약인 럭키치약은 이렇게 해서 태어난다.

당시 치약에 대해 아무런 지식도 기술도 없던 락희로서는 제조 기계를 수입하는 동시에 콜게이트 치약을 분석하며 제품 개발에 착수했다. 이렇게 해서 1954년 10월, 연구에 착수한 지 1년 만에 럭키치약 첫 제품을 생산하는 데 성공한다. 하지만 여전히 향이나 맛 측면에서 콜게이트에 비할 수 없었고, 내부적으로도 만족스럽지 못했다. 입으로 들어가는 제품이었기에 한국인의 미각과 후각에 맞는 제품이어야 된다는 기준도 세웠다. 어렵게 미국 치약제조업체로부터 기술을 전수받기도 했다. 그렇게 1년여 연구를 거쳐 1955년 가을, 맛과 향이 개선된 2차 럭키치약을 선보일 수 있었다. 참고로 칫솔은 이미 1952년부터 만들어 팔고 있었다.

최초의 국산 제품이었기에 당당히 한글로 '럭키치약'이라고 써서 자신 있게 시장에 내놓았지만 처음에는 국산 제품에 대한 불신으로 인해 어려움을 겪어야 했다. 이에 "미국 원료, 미국 처방, 독일 기계로 만들어 품질이 미제와 똑같은 럭키치약"이라는 광고를 만들어 소비자들에게 알리기 시작했다. 역시 이때는 '미제'라는 말이 먹혔는지, 본격적으로 럭키치약의 질주가 시작된다.

우선 치약 자체가 아직 범용적이지 않았기에, 다양한 판촉 활동과 체험 이벤트를 통해 치약의 효용성을 알리는 것부터 시작했는데 1956년 창경원에서 열린 산업박람회에서는 현장 방문객에게 10만 개의 샘플을 배포하는 등 당시로서는 꽤 규모감 있는 샘플링을 실시하기도 했다. 군부대에 치약을 납품하게 되면서, 제대한 사람들이 자연스럽게 럭키치약을 쓰게 된 것도 큰 역할을 했다.

이렇게 럭키치약은 출시 3년 만에 세계 치약의 최강자 콜게이트를 물리치고 국내 치약 시장을 석권한다. 산업화 역사로 치자면 비교할 수 없을 만큼 짧은 역사를 지닌 국산 제품으로서는 기적과도 같은 일이었다. 또한 국산제품이 해외제품을 몰아내고 경쟁에서 승리한 첫 번째 기록이기도 하다. 이렇게 럭키치약 덕분에 드디어 우리나라에서도 집집마다 치약과 칫솔이 함께 놓이기 시작했다.

1960년대 들어서도 럭키치약은 다양한 마케팅을 통해 치약의 저변확대를 위해 노력한다. 자동차 지붕 위에 튜브 모양의 럭키 치약 모형을 설치하고 전국을 누비며 치약 사용의 필요성을 홍보하는가 하면 광고 홍보에도 많이 투자했다. 럭키치약과 비누가 함께 등장한 우리나라 최초의 애니메이션 광고도 제작되었다. 춘향전을 모티프로 삼아 이몽룡을 떠나보내는 춘향이 럭키치약을 선물하고 답례품으로 이도령이 춘향에게 럭키비누를 선물하는 이야기였는데, 지금 보면 유치하기 짝이 없겠지만, 당시로서는 혁신적이고 앞서가는 광고 크리에이티브라 할 수 있겠다.

1등 브랜드의 시장 넓히기 전략에 따라 1960년대 중후반부터는 치약이 어느덧 생활필수품으로 자리 잡기 시작한다. 그러자 평화유지·유한양행·우일화학·남성화학 등 여러 회사가 치약 생산에 뛰어들면서 새로운 경쟁체제가 만들어진다. 이들은 불소를 첨가하는 등 제품 차별화와 함께 다양한 경품을 앞세운 물량 공세로 소비자들을 유혹했다. 치약을 팔기 위해 TV·전축·미싱·라디오 등이 경품으로 등장했는데, 그중에 우일화학은 1캐럿짜리 다이아몬드 반지를 내걸기도 했다. 치약에 다이아몬드까지 경품으로 줄 정도라면 당시 판매 경쟁이 얼마나 심했는지 조금이나마 짐작할 수 있다.

경쟁업체들의 추격에 럭키치약 역시 판촉전과 함께 가격 인하로 맞불을 놓았다. 비교적 영세했던 경쟁업체들은 오래 버티지 못했고, 다시 시장을 장악한 럭키치약은 1970년대 후반까지 시장점유율 95퍼센트라는 경이로운 수치를 기록하며 근대산업화 체제에서 흔히 보기 힘든 실질적 독점시장을 형성했다. 여기에는 정부의 경제정책도 한몫했다.

1970년대 초반만 해도 인플레가 극심해 정부의 모든 정책이 물가를 잡는 데 집중되어 있었는데, 생활필수품인 치약도 물가지수 산정 품목에 들어가 있었다. 이런 이유로 정부는 치약의 가격상승을 우려해 신제품 개발을 억제했을 뿐 아니라 심지어 신제품을 개발해도 허가를 내주지 않았다고 한다. 정부 정책으로 가격을 올리기 어려운 단점도 있었지만 반대로 경쟁자도 없었기에 럭키치약은 시장을 독점하며 승승장구할 수 있었다.

하지만 1980년대 들어서 이 정책이 완화되면서 꽤 강력한 경쟁 브랜드들이 출현한다. 태평양의 '메디안', 부광약품의 '안티프라그' 등이 충치 예방 등을 내세워 치약 시장에 도전했으며, 잇몸 질환이나 플라그 제거, 시린 이 등 특정 부위의 효과를 부각하며 새로운 기능성 치약 시장을 형성했다. 새로운 경쟁환경에서 LG를 구한 것은 럭키치약을 이은 또 하나의 장수 브랜드 '페리오'다.

경쟁 치약 브랜드의 추격

페리오는 1981년 처음 선보인다. 옛날 럭키치약을 써본 사람이라면 알겠지만 이 알루미늄 튜브는 치약을 끝까지 짜서 쓰는 것이 매우 불편했다. 이 불편함을 해소하고, 아직도 수입품을 선호하는 중산층 이상 가구를 위해 고급스러운 신상품을 연구하기 시작했다. 플라스틱 튜브가 적절한 대안으로 제시되었지만 제조 단가의 상승이 불가피했다. 같은 브랜드로 이 정도 가격을 올리고 프리미엄 이미지를 만드는 것은 쉽지 않았기에, 새로운 브랜드를 선보이기로 했다. 이렇게 해서 럭키치약의 뒤를 잇는 '페리오 치약'이 탄생하게 된다.

페리오는 튜브만 바뀐 것이 아니었다. 치약 사상 최초로 흰색이 아닌 하늘색으로 만들어져 청량감을 더했을 뿐 아니라, 기존 입 냄새제거나 충치 예방에서 나아가 잇몸질환을 예방해준다는 기능성 치약 시대를 새롭게 열었다. 브랜드 이름 역시 '치주, 잇몸'을 뜻하는 'Periodontal'에서 따왔다. 그 이후에도 치석 제거에 효과적인 '페리오닥터', 시린 이를 예방해주는 '페리오센서티브' 등 치약이 할 수 있는 여러 가지 기능들을 지속적으로 더해가며 종합 구강 케어 브랜드로 발돋움했다.

페리오는 태평양, 부광 등 경쟁사의 공세에도 끄떡없이 럭키치약과 함께 국내 치약 시장을 주도했지만 1990년대 후반 이제까지와는 다른 거센 도전에 직면한다. 애경산업의 '덴탈클리닉2080'이 그 주인공으로 1998년 출시와 함께 공격적인 마케팅을 통해 단박에 페리오를 위협하는 경쟁자로 떠오르게 된다. 덴탈클리닉2080은 출시 이듬해인 1999년 시장점유율 5.8퍼센트에서 2000년에는 10.9퍼센트로 오르더니, 7년 만인 2005년에는 시장점유율이 20퍼센트까지 올랐다. 이제까지 치약 시장에서 아무도 달성하지 못했던 의미 있는 2위 추격자의 위치를 차지한 것이다. 지금까지도 이 치약은 페리오와 양강구도를 형성하고 있는데, 럭키치약과 페리오가 합쳐서 70년 가까운 역사를 지닌 것에 비하면 비교적 짧은 기간에 대등한 브랜드 지위를 확보했다.

이런 배경에는 재미있는 숫자를 활용한 독특한 이름이 큰 역할을 했다. '2080이 뭐지?' 하는 궁금증에 대해 "20개의 건강한 치아를 80세까지"라는 슬로건을 내세우면서 소비자에게 브랜드 아이덴티티를 쉽게 전달하고 각인시키는 데 성공했다. 마케팅 관점에서 숫자를 활용하면서 호기심을 자극하고, 이어서 왜 그 숫자인지를 잘 설명해주면 소비자에게 더 큰 신뢰를 얻을 수 있는 장점이 있다. 애경산업의 덴탈클리닉2080은 이 측면에서 브랜드 네임과 마케팅이 꽤 훌륭하게 조화를 이룬 경우라고 할 수 있다. 일본에서 유행한 "80세까지 20개의 치아를 유지할 수 있으면 건강하게 늙을 수 있다, 8020"이라는 캐치프레이즈와 이를 이용한 치약브랜드 '8020'을 모방했다는 주장도 있다.

페리오 역시 지속적인 제품개선과 브랜드 리뉴얼을 통해 대응했다. 특히 2003년에는 한 브랜드로 충치 예방, 구취 제거, 잇몸 보호의 기능을 각각 강화한 세 가지 제품을 선보이는 새로운 브랜드 리뉴얼을 통해 시장점유율을 강화할 수 있었다. 이후에도 계속해서 화이트닝 기능을 강화한 제품, 시린 이 증상을 예방하고 완화해주는 제품이나 어린이용 제품 등 소비자 욕구와 기호에 맞춰 제품 라인업을 다양화하면서 여전히 국내 치약 시장의 최강자로 군림하고 있다. 2019년 상반기 기준 총 17억 개가 판매되었는데, 국민 1인당 34개를 사용한 분량으로 이를 늘어놓으면 지구를 9.5바퀴나 돌 수 있을 만큼의 양이라고 한다.

치약의 한류를 이끈 죽염치약

LG를 대표하는 또 하나의 치약이 1992년 출시된 '죽염치약'이다. 예부터 전해내려온 죽염의 효과를 치약에 차용해 큰 인기를 얻고 있는데, 한국 시장은 물론 페리오도 해내지 못한 중국 시장 공략에 성공하며 치약의 한류 시대를 이끌고 있다. 특히 2008년 일찌감치 중국 정부로부터 '저명상표'로 지정되며 확고한 자리를 잡고 있다. 중국의 저명상표 제도는 소비자로부터 높은 인지도와 신뢰, 명성을 가진 브랜드를 지정해 광범위한 영역에 걸쳐 강력한 상표권 보호가 가능케 해주는 제도다. 여기에 지정되는 것만으로도 중국 시장 내 위상을 증명할 수 있기에 많은 글로벌 기업들이 이 자격을 획득하기 위해 노력하고 있다. 물론 그만큼 절차와 기준이 까다롭기 때문에 국내 기업 중에는 삼성, 엘지 등을 포함한 십여 개 브랜드만 인정받았을 정도다. 중국 시장에서 죽염치약이 갖는 위상을 보여주는 단적인 예다.

1990년대 초반 출시 초창기에는 주로 1940년대 이후 중장년층에서 인기를 끌었지만 잇몸 질환에 탁월한 효능이 알려지면서 연령대에 상관없이 소비 계층이 두터워졌다. 처음에 찝찔한 맛이 거부감을 일으키지만, 반대로 그 맛이 뭔가 몸에 좋을 것이라는 믿음을 가져오기도 한다. 40년 가까이 1등을 유지하며 국민 치약으로 자리 잡고 있는 '페리오'가 4년간 1위를 빼앗긴 적이 있는데, 당시 1위를 빼앗은 주인공이 바로 '죽염치약'이었다고도 한다.

죽염치약 개발에는 작은 일화도 전해진다. 페리오 이후 잇몸 질환 해결에 근본적 도움이 되는 제품을 고민하던 LG화학 연구팀에 개암사 주지스님인 효산스님이 "개암사 주지에게만 전해지는 죽염 제조비법을 공개할테니 온 국민의 잇몸 건강을 위해 좋은 제품을 만들어달라"는 제안을 해왔다. 이에 LG연구팀이 효산스님의 비법을 토대로 5년여간 연구개발을 거쳐 1992년 세계 최초의 죽염성분 치약을 만들게 된 것이다. 죽염치약에 쓰이는 죽염은 효산스님으로부터 전수 받은 대로 왕대나무 안에 깨끗한 천일염을 다져 넣고 수백도의 가마 속에 넣어 아홉 번을 구워 만드는 이른바 '구증구포' 방식을 그대로 적용하고 있다. 효산스님은 민간에서 전해지던 자죽염 제조법을 체계적으로 다듬고 연구해 다시 전승시킨 공로와 가치를 인정받아 1999년 전라북도 무형문화재(23호)로 지정되기도 했다.

럭키치약으로 시작한 LG그룹의 치약 사업은 페리오와 죽염으로 이어지면서 70년 가까이 국내 시장을 리드하고 있을 뿐 아니라 글로벌 진출에도 박차를 가하고 있다. 하지만 LG그룹사에서 럭키치약의 의미는 여기서 그치지 않는다. 초창기 히트상품으로 락희의 매출과 성장에 크게 기여한 것도 사실이지만, 좀더 근본적으로 주력산업의 방향성을 결정짓는 중요한 방아쇠 역할을 했기 때문이다.

그 시작은 플라스틱 제조에 이어, 치약의 원료인 글리세린을 직접 생산하기로 결정하면서부터다. 제품의 수분 손실을 막아 건조해지지 않도록 해주는 성질을 가진 글리세린은 치약에도 쓰이지만, 화장품이나 샴푸 등에도 폭넓게 쓰이는 성분이다. 락희가 글리세린을 직접 생산하기로 한 것은 치약 원료 확보가 주된 목적이었지만, 글리세린이 비누를 만들면서 나오는 부산물이라는 점에서 이 결정은 락희가 비누, 세제 시장으로 진출하게 됨을 의미했다.

실제로 락희유지공업을 통해 1960년부터 글리세린을 생산하기 시작한 락희는 이때부터 세탁비누와 미용비누를 생산하기 시작했고, 이는 곧 1960년대 중반 국내 최초의 합성세제 '하이타이', 주방세제 '에이퐁', 헤어샴푸 '크림샴푸' 등의 개발로 이어진다. 이 상품들이 연속으로 성공해 락희는 크게 성장했을 뿐 아니라 자연스럽게 원료에서부터 완제품 제조 판매까지 생활용품 분야 수직계열화 기반을 만들면서 우리나라를 대표하는 화학기업이자 생활용품 기업으로 성장하게 된다. 크림통 하나가 가져온 연쇄 반응치고는 꽤 성공적인 스토리다.

2005년, 럭키치약이 잠시 우리 곁에 돌아온 적이 있었다. LG생활건강이 레트로 열풍을 반영해 1020세대를 겨냥해 럭키치약을 '럭키스타'로 리뉴얼해 재출시한 것이다. 하지만 한 번 힘이 빠진 브랜드를 되살리는 게 쉽지는 않았는지 지금은 페리오와 죽염치약에 집중하고 있는 모양새다. 비록 부활에는 실패했지만, 럭키치약은 앞서 살펴본 대로 한국을 대표하는 글로벌 기업 LG그룹을 낳은 훌륭한 산파 역할을 했을 뿐 아니라, 페리오와 죽염 등 또 다른 장수 브랜드의 기원이 되었다. 게다가 우리나라에 양치질을 보급함으로써 전 국민의 치아건강에 이바지했으니, 이제부터라도 아침저녁으로 이를 닦을 때 가끔씩은 럭키치약을 떠올릴 듯하다.

4

국내 최장수 의류 회사의 기원
백양과 독립문

양말에서 시작된 난닝구, 스페인에서 건너온 메리야스

전 세계 온라인 쇼핑 세대에게 아마존은 더 이상 남아메리카 열대 우림을 가로지르는 세계 최대의 강이 아니다. 그들에게는 세계에서 가장 큰 온라인 쇼핑몰일 뿐이다. 오히려 쇼핑몰 이름을 따서 강 이름을 지었냐고 물어볼 판이다. 이와 비슷하게 2020년대 대한민국 10~20대에게 '난닝구'를 물어보면, 유명쇼핑몰 혹은 인기 BJ가 먼저 떠오를지도 모른다. 그 기원이 우리 할아버지, 아버지께서 늘 입고 계시던 목이 축 늘어진 흰색의 러닝셔츠에서 출발했다는 사실을 희미하게나마 인식하는 것을 보면서 그나마 아직 세대 간 연결고리가 조금은 남아 있나 하는 부질없는 안도감을 갖기도 한다.

난닝구보다 한 세대 더 앞선 단어로 '메리야스'가 있다. 지금은 거의 쓰이지 않지만, 한때는 내의를 만드는 회사 이름에서 흔하게 찾아볼 수 있던 말이었다. 러닝셔츠를 비롯한 남자들의 속옷 상의를 가리키던 이 말은, 그 유래를 찾다보면 뜻밖의 사실에 놀라게 된다. 우선 일본말로 착각하기 쉽지만 실상은 저 멀리 라틴어에 뿌리를 두고 있다는 점이다. 스페인어 '메디아스Medias' 혹은 포르투갈어 '메이아스Meias'가 일본을 통해 전해지면서 일본식 발음이 더해져 지금의 메리야스로 불리게 되었다. 게다가 이 말은 상의나 내의와는 관계가 먼, '양말' 또는 '스타킹'에 가까운 뜻을 가지고 있다. 어쩌다 지구 반대편 스페인에서 건너온 말이 그나마 원래 뜻과도 다른 말로 쓰이게 된 것일까? 구한말 유입되기 시작한 서양식 복식과 1940년대부터 시작된 국내 토종 내의 기업들의 역사를 들춰보면 그 답을 찾을 수 있다.

우리에게는 속옷을 뜻하는 메리야스는 사전적 의미로는 '솜실(면사)과 털실(모사)로 촘촘하게 짠 천이나 옷감'을 말한다. 이제는 '편물編物' 혹은 '니트Knit'라고 하는데, 쉽게 말하면 뜨개질 방식으로 만드는 옷감을 생각하면 된다. 실을 가로와 세로로 교차시켜 만든 '직물' 대비 편물은 신축성과 탄력성이 좋아서 잘 늘어나기 때문에 중국에서는 크고 작음의 '대소' 앞에 '없다'는 뜻의 '막莫'을 붙여 '막대소莫大小'라는 이름으로도 불렸다. '크기에 관계 없이 줄었다 늘었다 한다'는 이 말은 우리나라에도 전래되어 메리야스 공장 이름에 'OO막대소'식으로 쓰이기도 했다.

이 편물의 기원은 명확하진 않으나 메소포타미아나 아라비아 문명에서 양말 형태의 편물(모피 조각을 동물 뼈로 만든 바늘로 얼기설기 꿰

매어 발이나 몸을 보호하기 위한 옷감으로 사용했던 것으로 추정한다)이 발견되는 것으로 보아 기원전부터 이미 초보적 형태의 옷감으로 만들어 사용했던 것으로 보인다. 그러다가 중세 유럽 왕실과 귀족들이 편물로 만들어진 양말이나 스타킹을 신으면서 널리 퍼지기 시작했고 우리나라에도 역시 19세기 서양 선교사들이 신고 들어온 양말로 전해졌다. 버선밖에 없던 우리나라 사람들에게 신는 사람

백양 메리야스 광고가 실린 달력 (일부)
백양은 메리야스 편직기의 국산화를 통해 국내 내의 산업과 메리야스 공업의 성장기를 이끌었다. (국립민속박물관 소장)

의 발 크기에 따라 늘었다 줄었다 하는 양말은 신기하고도 편리한 물건이었다.

개화기 시절 양복 입고 구두 신은 신사숙녀들의 등장과 함께 이제 우리나라에서도 양말은 필수품이 되었고, 1900년대 들어 일본으로부터 기계를 들여와 직접 양말을 만드는 공장들이 하나둘씩 생겨났다. 일찌감치 스페인, 포르투갈 등과 교역하면서 메리야스를 받아들였던 일본을 통해 우리나라에도 들어오게 된 것이다. 그런데 이 말이 양말이나 편직물 옷감이 아닌, 민소매 속옷 상의를 가리키게 된 것은 1940년대 이 편직물 기계의 국산화와 함께 주로 내의류

를 중심으로 국내 메리야스 공업이 크게 발전했기 때문이다.

메리야스 편직기의 국산화를 통해 국내 내의 산업과 메리야스 공업의 성장기를 이끈 주인공은 국민 내의 '백양'으로 잘 알려져 있는 비와이씨BYC이다. 1946년, 백양의 창업자인 한영대 회장이 큰 아버지가 운영하던 상점을 물려받아 한흥메리야스라는 양말공장을 세우며 시작되었다. 수동 양말 기계로 양말을 만들어 팔면서 그는 이 기계를 좀더 크게 만들면 양말이 아니라 내의까지 만들 수 있지 않을까 생각했다. 양말이 귀하던 시절인지라 사업에는 문제가 없었지만 늘 새로운 시장과 더 큰 성공에 목이 마른가 보다.

양말 기계를 키워서 새로운 편직기를 만들겠다는 아이디어는 기계를 만드는 공장에서부터 난관에 부딪혔다. "듣도 보도 못한 기계를 만드느라 시간을 허비할 수는 없다"는 말로 야멸차게 문전박대를 당한 것이다. 하지만 그는 직접 설계도를 그려가며 공장 사장님을 설득한 끝에 수차례의 시행착오를 거치면서 결국 5개월이나 걸려 원하는 기계를 만들어낼 수 있었다. 그런데 이번에는 정작 이 기계에 맞는 바늘이 없어서 바늘도 만들어야 했다. 그래서 양말 기계에 쓰이는 바늘을 하나하나 숫돌에 갈아서 기계에 맞춰가며 조립했다. 해방 직후 우리나라 산업 현장의 열악함을 그대로 보여주는 모습이었다. 이렇게 해서 한흥메리야스는 1948년, 회사 설립 2년 만에 드디어 자체 제작 내의 편직기를 완성해 이 기계로 최초의 국산 내의를 만들기 시작했다.

국민 내의 '백양'의 수출사

한흥메리야스는 처음에는 하루 40벌 정도 생산하는 데 그쳤지만, 2년 만인 1950년에 이미 직원이 30여 명에 달할 정도로 가파르게 성장했다. 여기에 1955년 창경원에서 개최된 산업박람회에서 대회장상을 받으며 전국적 인지도를 얻게 된다. 이후 백양은 앞선 제품 개발과 기술연구, 해외 진출 등으로 우리나라 메리야스 산업의 중흥기를 이끄는 대표주자 역할을 한다. 그중에서도 오늘의 백양을 있게 만든 대표상품이 바로 흰색의 민소매 러닝셔츠다. 백양이 1958년 아염산소다를 활용한 표백기술을 국내 최초로 개발한 후 나온 상품인데, 이로 인해 비로소 우리 국민은 빨았는지 안 빨았는지 모를 누런색의 애매한 내의가 아닌 눈처럼 흰 깨끗한 속옷을 입을 수 있게 된 것이다.

이보다 1년 앞선 1957년, 한흥메리야스는 '백양'이라는 브랜드를 냈는데, 깔끔한 흰색과 부드럽고 편안한 감촉을 주는 내의 속성을 잘 표현한 이름과 상징이었다. 브랜드가 유명해지고 시장을 주도하면서 1979년 아예 회사 이름을 '주식회사백양'으로 변경한다.

국가가 해야 할 일을 일반 사기업인 백양이 앞장서서 한 것도 있다. 우리가 현재 입는 속옷의 사이즈 구분은 백양이 처음 만든 것인데, 특정 기업이 만든 분류체계가 국가적 표준으로 받아들여진 특이한 사례다. 모든 물자가 부족하고 내의가 아직도 생소했을 1950년대 후반까지만 해소 속옷은 대인용과 소아용 등 두 가지 크기로만 나뉘어 있었다. 옷에 몸을 맞추는 지경이었는데, 이때 백양은 한국인 가슴둘레를 기준으로 성인용 제품 사이즈를 85·90·95·100센티미터 등 4단계로 세분화해서 생산하기 시작했다. 이렇게 만들어진 4단계 사이즈는 1960년대 초 메리야스 내의 규격화 때 그대로 적용됐다. 이후 커진 국민 체격을 반영해 105·110센티미터 등 대형 사이즈가 추가됐는데, 이 기준은 현재까지도 국내 내의 업계는 물론 패션업계까지 폭넓게 쓰이고 있다.

1960년대부터는 해외 수출로도 눈길을 돌린다. 우리나라 정부는 1960년대 들어 외화 획득 등을 위해 기업들에게 "수출만이 살 길"이라며 해외 시장 진출을 적극적으로 권유했고, 백양 역시 이 시책에 호응했다. 백양의 첫 수출 대상국은 일본이었는데, 미쓰비시가 백양의 품질을 보고 먼저 수출 제안을 해왔다. 일반적이라면 환영할 만한 제안이지만, 한 회장은 아직 품질 수준이 만족스럽지 못했기에 이 제안을 거절했다. 품질을 속여서 수출해봤자 회사에도 좋지 않지만, 나라에도 망신이라는 생각이었다. 하지만 미쓰비시는 이듬해 다시 백양의 제품을 검사하고 제조 과정도 살펴본 후에 모든 공정이 '아주 우수'하고 일본 시장에 내놓아도 전혀 손색이 없는 품질이라며 다시 수출을 제안했고, 처음에는 거절했던 한 회장은 품질 수준이 증명되자 비로소 수출계약을 체결했다. 우리나라 내의 산업으로는 첫 수출이었다. 이후 해외 수출은 일본을 넘어 동남아, 유럽 시장 등으로 확대되며 매년 증가했다. 특히 BYC는 중동지역에서 인기가 높아 사우디아라비아·아랍에미레이트·쿠웨이트·바레인·요르단 등에서 20년 이상 수출을 이어가는 중이다.

1990년대까지 국내 내의 시장을 장악하며 질주하던 백양은

2000년대 이후 게스Guess, 캘빈클라인Calvin Klein, 리바이스Levis 등 해외 패션 브랜드가 브랜드 파워와 디자인을 무기로 국내 이너웨어 시장을 공략하면서 큰 위기를 맞게 된다. 여기에 아웃도어 브랜드들도 내의 시장에 진출하면서 이중고를 겪어야 했다. 비교적 사업 초창기부터 해외 시장을 적극 공략했던 BYC는 동시에 생산원가를 낮추기 위해 중국이나 개성공단 등으로 제조시설을 옮겼지만 해외 브랜드들과의 경쟁에 밀리면서 급격하게 위축되었다. 오래된 역사는 거꾸로 '아저씨 브랜드'라는 인식을 주면서 백양의 발목을 잡았고, 저렴한 가격과 심플한 디자인으로 무장한 기능성 원단의 유니클로Uniqlo는 젊은 고객을 모조리 빼앗아갈 기세로 국내 내의 시장을 잠식했다.

기약 없는 위기의 터널을 지나는 듯했던 BYC는 최근 들어 기능성 소재와 함께 조금씩 부활의 모습을 보이고 있다. 아저씨와 아줌마 전유물로 여겨졌던 빨간색의 두툼한 겨울 내의를 신소재를 활용해 얇은 내의로 만들면서 옷맵시를 중요시해 내복을 외면하던 젊은 층의 눈길을 다시 잡는 데 성공하고 있다. 환경을 중요시하는 사회적 분위기 속에서 난방을 자제하고 내의를 입자는 캠페인도 BYC에게는 힘이 되었다.

실제로 BYC는 2010년에 출시한 '보디히트'에 이어 2014년의 '보디드라이'를 주축으로 과거 2000년대 초중반의 전성기를 되찾고 있다는 평가를 받고 있다. 여기에 2019년 중반부터 불어닥친 일본 상품 불매운동의 여파로 유니클로가 한국에서 입지가 좁아진 덕도 톡톡히 보고 있다. 최근에는 젊은 모델을 기용하고, 다양한 이벤트와 마케팅을 실행하면서 어렵게 잡은 기회를 놓치지 않으려 하고 있다.

가장 오래된 토종 의류 브랜드

BYC의 백양이 현재 우리나라 최장수 내의기업이자 리딩기업이긴 하지만 브랜드로 따지면 백양보다 3년이나 더 오래된 브랜드가 있다. 기업사로 따져도 백양과 단 1년의 시차를 두고 태어난 한국 최장수기업이며, 1960~70년대 백양, 쌍방울과 함께 내의업계 트로이카 체제를 구축했던 '독립문'이 그 주인공이다.

이름에서 짐작할 수 있듯이, 독립운동가로 활약한 김향복 선생이 창업한 회사로, 그가 서대문형무소에서 옥살이를 하며 보던《독립문》을 떠올리며 정한 브랜드라 한다. 1947년 '대성섬유공업사'로 시작한 사업이 확장해가면서 1953년 '평안섬유공업사'로 이름을 바꾸었고, 이듬해 1954년 5월 독립문을 상표등록했다. 김향복 선생이 평안도 출신이었기에 회사 이름에는 평안이 들어가게 되었다. 1971년에는 평안섬유공업의 영어 이름을 따서 피에이티PAT(Pyong An Textile)를 새롭게 출시, 내의에서 성인 캐주얼 브랜드로도 사업 영역을 확장했다.

패션브랜드로는 독특하게 코뿔소를 트레이드 마크로 삼아서 오히려 신선했는데, 이 역시 국내 토종 패션브랜드 중에는 오래된 브랜드 반열에 올라서 있다. PAT를 출시하면서 'PAT독립문'이라고

두 개의 브랜드를 결합해 사용하는 등 기존 브랜드가 가지고 있는 자산을 신생 브랜드의 성장에 레버리지하는 등 나름의 브랜딩 전략을 효과적으로 활용하기도 했다.

독립문은 1950~60년대를 지나며 섬유산업이 국내 주요산업으로 성장할 때, 원단을 두껍게 만들어 내구성을 높이는 등 차별적 품질과 라디오 광고로 인지도를 쌓으면서 전성기를 누렸다. 스웨덴, 네덜란드 등 유럽 시장까지 개척하며 20대 수출기업에 오르는 등 승승장구했지만 안타깝게도 그 이후에는 내리막길을 걷고 있다.

1970년대 후반 오일쇼크 충격으로 법정관리에 들어간 이후 20년 가까운 노력을 거쳐 1998년에 가까스로 정상화되었지만 이때는 이미 내의 업계의 경쟁이 너무 치열하고 트렌드도 바뀐 상황이었다. 결국 예전의 힘을 완전히 극복하지는 못한 채 최근에 다시 새로운 주인을 맞이하면서 재기를 노리고 있다. 독립문을 인수한 엠케이코리아MK Korea는 우리나라 서울 강남의 사거리 이름이 될 정도로 유명한 청바지 브랜드 '뱅뱅'의 2세 경영인인 권성윤 대표가 이끌고 있다. 독립운동가가 세운 민족기업이 회사로서의 실체는 사라졌지만, 독립을 바라며 동포를 위해 좋은 제품을 만들어 기여하겠다는 정신만큼은 그대로 살아 있는 대한민국 브랜드로 잘 성장하기를 바란다.

쌍방울의 화려한 성장과 아쉬운 몰락

난닝구와 메리야스 이야기에 쌍방울을 빼놓을 수는 없다. 출발은 백양이나 독립문보다 조금 늦었지만 1990년대까지 백양과 쌍벽을 이루며 국내 내의산업을 이끌어온 전통의 브랜드로, 한때 프로야구 단까지 운영할 정도로 사세를 확장했지만 결국은 그런 무리한 확장이 문제가 되어 지금은 회사의 주인이 바뀐 채 옛날의 명성을 되찾기 위해 분투하고 있다. 쌍방울의 브랜드 발자취를 통해 1990년대 우리나라 패션 내의 시장도 잠시 돌아보자.

1940년대 후반부터 생산설비의 국산화를 통해 산업화의 시동을 걸었던 국내 내의업계는 수많은 공장들이 난립하던 1950년대를 지나 1960년대를 거치며 백양, 독립문, 쌍방울 등 3강 체제가 만들어졌다. 이들을 중심으로 제품뿐 아니라 생산설비까지 해외 수출하는 등 1970년대 중흥기를 맞이했지만 외부 요인으로 인한 위기를 극복하지 못한 독립문이 경쟁 대열에서 이탈하자, 이 빈 자리를 '태창'이 채우며 신 3강 체제를 이루기도 했었다.

쌍방울은 1954년 이봉녕, 이창녕 형제가 세운 '형제상회'를 모태로 한다. 그 이전에 형인 이봉녕은 시골 아낙네들이 만든 양말을 받아서 장날에 시장에 내다 파는 노점상으로 장사를 시작했는데, 3년 만에 제대로 된 점포를 얻고 동생까지 합류시키며 정식으로 이름을 걸고 사업을 시작하게 된다. 형제의 사업수완이 좋았기에 개점 1년 만에 점포 크기를 세 배로 늘리면서 양말 외에도 다양한 잡화와 내의류까지 사업을 확대했는데, 사업 규모가 커지면서 물량 공급에 문제가 생길 정도였다.

　기존처럼 개인이나 소규모 업체만으로는 판매물량을 모두 댈 수가 없게 되자 이들 형제는 대형제조업체들과도 거래를 시작했는데, 거꾸로 이들이 제때 물건을 공급해주지 않거나 이들의 요청을 무시하는 등 불합리한 모습을 겪으면서 직접 만들어서 팔아야겠다는 생각을 하게 된다. 때마침 1950년대 후반부터 속옷업체들이 구조조정되면서 1962년 직접 공장을 세우고 '삼남메리야스공업사'를 출범시킨다. 그 후 1963년에 다시 '쌍녕섬유공업사'로 이름을 바꾸고 기존 '삼남표'를 대체할 브랜드로 1964년 10월에 '쌍방울'이라는 브랜드를 출시한다.

　제조업에는 뒤늦게 뛰어들었지만 쌍방울은 서울 진출을 시작으로 전국적 유통망을 확보하며, 내부적으로는 품질관리 시스템을 도입하는 등 빠르게 성장했다. 이후 1970년대 들어서도 계속해서 고속성장을 거듭하며 백양과 치열한 1위 전쟁을 펼치게 된다. 1970년대 후반에 두 회사의 시장점유율이 70퍼센트대에 이를 정도였는데, 뚜렷한 격차가 나지 않았기에 두 회사 간의 경쟁은 매출뿐 아니라 자존심 싸움이기도 했다. 이때 쌍방울의 쌍녕섬유공업사는 1977년 회사 이름을 브랜드를 승격시켜 '㈜쌍방울'로 바꾸는데, 그러자 백양 역시 1979년 한흥물산에서 '㈜백양'으로 교체한다. 두 회사 간의 치열한 경쟁과 신경전을 단적으로 보여주는 사례다.

　1980년대 들어 패션 트렌드가 유행하면서 내의업계에도 변화의 바람이 일었는데, 추격자 쌍방울이 먼저 포문을 열었다. 미국이 '자키Jockey'와 기술제휴를 통해 1986년과 1988년 각각 남성용과 여성

88서울올림픽 당시 쌍방울 광고판

1980년 이후 패션 트렌드가 바뀌면서 쌍방울은 미국 자키와 기술제휴를 통해 패션내의를 출시했고, 1987년 '트라이' 브랜드 광고로 큰 인기를 얻었다. (국립민속박물관 소장)

용 패션내의 '자키Jockey'를 출시한 것이다. 이제까지 천편일률적이었던 흰색 속옷에 질려 있었는지, 젊은 층 중심으로 패션내의가 큰 인기를 끌자 백양은 BYC(1986)를 론칭하며 고급화·패션화로 대응했다. 여기에 태창이 '빅맨(1987)'으로 가세하면서 고급 패션 내의 시장이 주력 시장으로 성장하게 된다. 그러자 외국 브랜드를 들여와 패션 내의 시장을 열었던 쌍방울은 고유 브랜드가 필요하다고 판단해 1987년, 자체 브랜드인 '트라이TRY'를 출시한다.

트라이의 돌풍은 대단했다. 인기 탤런트 이덕화를 주인공으로 내세운 특이한 TV 광고음악이 큰 역할을 했다. "지금 이 순간 내게로 말없이 다가와 날 부르는 그대 / 오 트라이!"라는 광고음악은 당시 큰 히트였고, 의미는 잘 모르겠지만 엘리베이터가 닫힌 후 그 문을 치면서 고뇌하는 그의 모습은 여러 가지 패러디를 낳으면서 트라이를 국민 내의 반열에 올려놓았다(혹시 이 광고를 모르는 분이라면 광고 영상을 찾아보시길 바란다). 고급 패션 내의 시장에 진입하면서도 동시에 속옷의 편안함을 강조한 "편안합니까?", "편안합니다" 유의 광고 카피도 인기를 끌며 쌍방울을 업계 1위로 올려놓았다.

하지만 쌍방울의 고공행진은 IMF를 맞아 멈춰야 했다. 트라이 등 내의류에서의 경쟁력은 탄탄했지만, 패션 이외에 분야에 사업을 확장했던 것이 결국 독으로 돌아왔다. 쌍방울은 무주리조트 등 레저사업에 크게 투자했는데 이 과정에서 막대한 빚을 지게 되었고, IMF 구제금융의 여파로 무너진 우리나라 많은 기업들과 마찬가지로 쌍방울 역시 이 위기를 넘기지 못했다. 결국 1997년 10월, 부도 처리된 이후 여러 차례 주인이 바뀌면서 재기를 모색하고 있는데, 여전히 가장 큰 자산인 쌍방울과 트라이는 건재하다. 특히 2011년부터는 다시 회사 이름을 (주)쌍방울로 변경하고 여러 가지 경영혁신을 시도하며 과거의 명예를 되찾기 위해 노력하고 있다.

비비안과 비너스의 란제리 대결

메리야스 산업이 남성 속옷 중심이었다면, 스타킹과 브래지어로 대표되는 여성용 란제리 시장에서는 전통적으로 '비비안'과 '비너스'라는 두 브랜드가 경쟁해왔다. 같은 속옷이지만 서로 크게 관련 없어 보이던 이 두 산업에 변화가 생겼는데, 쌍방울이 모회사인 광림과 함께 비비안의 신영을 인수한 것이다. 과거에 비해 힘은 많이 줄었지만, 우리나라 내의 시장의 전통을 쌓아온 1세대 토종 브랜드가 한 가족이 되었다니 반갑기도 하면서 동시에 이들의 위기감이 느껴지는 대목이기도 하다. 1950년대에 우리나라엔 개념마저 생소했을 란제리를 들여오며 70여 년간 여성용 속옷 시장을 개척해온 비너스와 비비안이지만 백양이나 쌍방울처럼 새로운 경쟁환경에 부딪혀 옛날보다는 많이 위축된 모습을 보이고 있다.

일본을 오가며 사업을 하던 이운일 회장이 1954년 직접 '신영염직공업사'를 세우면서 여성의 몸매를 아름답게 가꿔나간다는 뜻에서 미의 여신 '비너스'를 브랜드로 내세웠다. 이후 1970년에 일본 '와코루' 사와 합작하며 '한국와코루'로 바뀌었다가, 1994년에는 다시 '신영와코루'가 되었다. 이 때문에 일본 기업 불매운동의 리스트에 오르는 등 곤욕을 치르기도 했다. "사랑의 비너스"로 끝나는 TV 광고음악을 기억하는 이가 많을 텐데, 1976년에 첫 선을 보인 이 노래는 군대에서 아침 구보를 할 때 불렸을 만큼 많은 남성에게 인기를 끌었다.

신영보다 3년 뒤인 1957년 설립된 '남영나일론'은 창업주 남상수 회장이 3년 전 '남영산업'을 설립하고 속옷을 수입 판매하는 무역업을 하다가 아예 란제리 제조까지 뛰어든 케이스다. 이듬해인 당시 나일론으로 만든 스타킹은 암시장에서나 거래되는 사치품이었는데, 남영이 최초의 독자 기술로 1958년 국산 나일론으로 된 '무궁화스타킹'을 만들어냈다. 초반에는 뒷부분에 봉제선이 보였는데, 1962년이 되어서야 이 봉제선을 없애는 기술을 터득할 수 있었다고 한다. 봉제선을 없앤 심리스 스타킹과 브래지어 등 제품이 많아지고 인기를 끌면서 이들을 대표하는 브랜드가 필요하다는 생각에 1965년부터 '비비안'을 사용하기 시작했다. 미국에서 많이 사용하는 여자 이름이라 친근하고 부르기 편했기 때문에 선택했는데, 실제 상표등록은 1974년에 이뤄졌다.

1983년에는 심리스 스타킹을 한 단계 업그레이드한 '비비안 고탄력 스타킹'을 내놓는다. 기존 나일론 스타킹은 한 번 신으면 늘어나서 형태가 돌아오지 않고 줄줄 흘러내리는 것이 단점이었는데, 고탄력 스타킹은 다리에 착 달라붙어 모양을 매끈하게 잡아줄 뿐 아니라 질기기도 해서 여러 번 신을 수 있는 장점까지 있었다. 초기에는 가격이 비싸 시장 진입에 애를 먹었지만 원료를 국산화하고 패키지 등에 변화를 주며 고탄력의 강점을 부각했다. 이후 1990년에 600만 켤레가 팔리던 것이 5년 뒤인 1995년에는 5,600만 켤레가 팔릴 정도로 큰 인기를 끌었다.

고탄력 스타킹의 변신은 거듭됐다. 스타킹이 단순히 추위를 막는 제품이 아닌 패션 아이템이라는 인식이 생기면서 큼지막한 꽃무늬를 비롯해 스트라이프, 도트, 망사 등 다양한 패턴을 적용한 디자인이 쏟아져 나오기 시작했고, 고탄력 스타킹 기술을 바탕으로 다양한 레깅스 제품도 시장에 나타나기 시작했다. 고탄력에 밀린 나일론 스타킹은 1990년대 말 생산을 중단했다.

사실 1960~70년대만 해도 우리나라에서 여성 란제리를 만든다는 것은 쉬운 일이 아니었다. 외국에서 들여온 샘플은 우리나라 여성 체형에 안 맞았을 것이고 신제품을 입어보고 착용감이나 사이즈의 문제점 등을 이야기해줄 만한 속옷 피팅모델을 찾기도 쉽지 않았다. 상품을 만들어도 광고하는 게 쉽지 않았다. 당시 보수적인 사회 분위기 속에서 속옷만 입고 당당하게 얼굴을 드러내는 모델을 찾기란 쉽지 않았다. 어쩔 수 없이 일러스트를 사용하거나 얼굴 없이 제품만 나오게 해야 했다. 혹은 실물 같은 마네킹에 속옷을 입힌

후 촬영한 사진을 사용하는 정도였다.

하지만 1980년대부터 상황이 조금씩 달라지기 시작했다. 볼륨 있는 가슴에 대한 욕망이 커지기 시작했고, 아름답고 고급스러우며 기능적인 속옷에 대한 욕구도 함께 커졌다. 이 흐름을 타고 비너스가 내놓은 상품이 '메모리브라(1988)'였다. 형상기억합금이 가슴 모양을 기억했다가 세탁 후 다시 착용할 때 그 모양으로 되돌아가는 기능은 당시 철사로 조여진 답답한 브래지어를 사용해야 하는 여성들에게는 완전히 새로운 세상이었다. 속옷에 대한 욕구가 다양해지는 시점에 과학과 패션이 만나는 순간이었다.

메모리브라에 대한 비비안의 반격은 "수술을 안 해도 가슴이 커 보이게 하는 브래지어", 즉 '볼륨업브라'였다. 가슴이 닿는 컵 안쪽에 주머니를 삽입해 볼륨감을 주는 것인데, 지금에야 일반적이지만 당시로는 그야말로 혁명적인 아이디어였다. 이 제품은 발매 열 달 만에 100만 장이 판매될 정도였다고 한다. "가슴은 볼륨업"이라는 짧고 명쾌한 광고카피도 제품 성공에 큰 역할을 했다.

이처럼 앞서거니 뒷서거니 하며 국내 란제리 시장의 성장과 발전을 합작해온 비너스와 비비안은 모두 창업 이후 한 우물을 파며 내실을 다졌기에 1990년대 후반 IMF라는 큰 파도도 무사히 넘을 수 있었다. 하지만 2000년대 접어들면서 그 입지는 점차 좁아지고 있다. 생활 수준의 향상으로 해외 고급브랜드에 대한 수요가 늘어나는가 하면, 앞서 본 유니클로 등 중저가 SPA브랜드가 다양해지면서 이중고를 겪어야 했다. 여기에 디자인과 참신함을 무기로 내세운 신생 패션브랜드까지도 늘어나면서 마땅한 대응책을 찾지 못한 채 전반적으로 부진한 상황이다. 기업의 첫 번째 과제는 생존이기에, 비너스는 부동산 자산 등을 매각하며 경영 효율성을 위해 노력하고 있고, 비비안은 앞서 살펴본 대로 쌍방울과의 결합을 통해 새로운 기회를 모색하는 쪽으로 방향을 잡은 듯하다.

각자 자기 분야를 앞장서서 개척하면서 시장을 만들고 지켜온 브랜드들이 시대의 변화와 흐름에 적응하지 못하고 휘청거리는 것을 볼 때마다 아쉽고 안타깝다. BYC와 쌍방울은 물론, 비너스와 비비안 모두 우리나라 내의 업계를 일으켜 온 토종 1세대 브랜드로서, 오랜 역사를 지닌 브랜드만의 경쟁력을 되찾길 바란다.

5
국산 조미료의 기원을 찾아서
미원과 다시다

MSG 소동에 휘말린 미원

살다보면 사람도 억울할 때가 많지만, 브랜드 역시 마찬가지다. 대표적으로 1989년 벌어진 '삼양라면'의 우지파동이 있다. 라면 제조에 공업용 소기름(우지)을 사용했다는 투서 하나로 시작된 이 사건은 나라 전체를 떠들썩하게 만들며 라면 업계 전체를 긴장하게 했다. 오랜 법정 공방 끝에 아무런 잘못이 없는 것으로 밝혀졌지만 삼양라면은 이미 공업용으로나 쓰이는 질 낮은 기름으로 사람이 먹는 라면을 튀겨낸 파렴치한 기업으로 몰린 다음이었다. 이 사건의 여파로 삼양라면은 시장점유율이 10퍼센트대로 추락하며 존폐의 위기를 겪어야 했다.

상황은 조금 다르지만, 대상의 미원 역시 삼양라면 못지않은 억

울함과 괴로움의 시간을 보내야 했다. 1990년대 초 경쟁사의 자극적 공격으로 시작된 MSG(MonoSodium Glutamate, 글루타민산나트륨)의 유해성 논란 때문이었다. 사실 그 이전에 이미 MSG는 인체에 무해하다고 밝혀져 있었지만 온 가정과 식당에서 쓰는 전 국민적 조미료였기에 의혹의 불길은 거세게 번져갔다. 당시 이 논란이 얼마나 대단했는지 발음하기도 어려운 MSG라는 단어가 온 국민에게 익숙해질 정도였다. 맛집으로 소문난 식당이 미원을 쓴다고 밝혀지면 거의 사기꾼 취급을 받으며 손가락질의 대상이 되었다. 지금도 미원하면 MSG가 떠오르고, 몸에 좋지 않을 것만 같은 '화학조미료'라는 인식이 뒤따라 다닌다. 이로 인해 회사 이름까지도 '미원'에서 '대상'으로 교체할 정도였다.

하지만 혹독한 시련에도 미원은 버텨냈고, MSG가 우리 몸에 해롭지 않음은 그 이후에도 꾸준히 밝혀지면서 최근에는 다시 부활의 조짐을 보이고도 있다. '어떤 음식이든 맛있게 만들어주는 마법의 가루'라는 옛 명성을 되찾아가는 미원과 함께 우리나라 조미료 시장의 브랜드와 역사를 함께 살펴보자.

우리나라 최초의 인공조미료 '미원'은 1956년 1월 임대홍 회장이 부산에 '동아화성공업'을 설립하면서 시작된다. 당시 임대홍은 부산에서 무역업을 하고 있었는데, 쌀보다도 비싸게 팔리는 '아지노모도'에 관심을 갖게 되면서 아예 일본으로 건너가 이 조미료의 주요 성분인 '글루타민산' 제조 기법을 익히고 돌아와 직접 조미료 공장을 세웠다. 그리고 같은 해 6월, '신선로' 상표와 함께 미원을 상표등록했는데, 아직도 미원에는 이 신선로 상표가 사용되고 있다.

이듬해인 1957년부터는 신문광고에도 미원이 보이기 시작했다. 출시 후 단숨에 국민조미료로 자리 잡은 미원은 1980년대 중반까지 국내 조미료 시장의 절대강자로 군림한다. 미원이 곧 조미료를 의미할 정도였고, 식당은 물론 일반 가정집까지 미원을 사용하지 않는 집이 없을 정도였다.

인공조미료는 일본이 종주국이다. 1908년, 지금의 아지노모도의 아버지인 이케다 기쿠나에池田菊苗 박사가 다시마를 우릴 때 나오는 특유의 맛을 연구하면서 이 맛을 내는 성분을 추출하고 '우마미'라고 명명했다. 우리말로는 '감칠맛'이라 부른다. 이 감칠맛의 주인공이 글루타민산인데, 물에 잘 녹지 않아 그대로 음식 조리에 사용하기 어려워, 여기에 나트륨을 결합해 요리에 사용할 수 있도록 만든 발명품이 바로 MSG이다. 이 MSG를 최초로 상품화한 것이 아지노모도로, '맛의 바탕, 근원'이라는 뜻이다. MSG는 우리나라뿐 아니라 세계적으로 유해성 등에 대해 많은 논란이 있었지만, 지금은 안전성이 입증된 발효물질로써 세계 각국에서 사용되고 있다.

아지노모도는 일제 강점기 시절 우리나라로 전해졌다. 1910년 조선에 특약점을 설립해 처음으로 발을 들인 후 다양한 광고를 통해 조선의 식탁을 점령해갔는데, "새해 음식엔, 벤또(도시락의 옛 일본말)에 반찬을 만들 때, 국물 맛을 낼 때 잊지 말 것, 손님상의 음식에는, 지짐이가 끓릴 때에는" 등 부엌에서 벌어질 법한 당시 거의 모든 생활상을 담아내며 오랜 기간 다양한 광고를 집행했다. 그 시절 가장 큰 광고주 자리를 차지했을 뿐 아니라 비록 우리 고유 브랜드는 아니지만 대한민국 광고사 관점에서는 최초의 장기 브랜딩 캠

출시 초기 미원과 미풍

출시 후 단숨에 국민 조미료로 등극한 미원과 이에 도전장을 던진 미풍은 마케팅과 영업 현장에서 치열하게 경쟁하며 법정 분쟁까지 벌였다. (국립민속박물관 소장)

페인으로 인정받고 있기도 하다. 아지노모도가 국물, 찌개 등 우리나라 식습관에 잘 맞았던 것도 큰 인기를 끌었던 이유이기도 하다. 아지노모도는 중일전쟁 이후 1937년 12월에 조선의 생산공장을 중단했지만 1943년까지는 서울 영업소를 유지했다.

이처럼 오랫동안 조선의 밥상 맛을 사로잡은 아지노모도였기에 해방과 함께 공급이 어려워지자 쌀보다 비싼 가격에 거래되는 밀수 품목에 오르게 되는데, 일반인들이 어디 밀수품을 구하기 쉬웠을까. 그런데 이때 아지노모도를 그대로 닮은 미원이 나타났으니, 그동안의 요리 실력 밑천이 들통 나기 전에 주부들은 미원을 부엌에 들여놓을 수밖에 없었을 것이다. 사실 미원이라는 이름도 '맛의 근원'이라는 아지노모도의 의미를 거의 그대로 가져온 것이고, 신선로 마크와 패키지 디자인 역시 아지노모도와 구별이 쉽지 않을 정도였다.

비록 카피 제품이지만 잘 맞아떨어진 이름과 적절한 시점, 제품력과 저렴한 가격을 무기로 미원은 아지노모도가 빠진 한국의 조미료 시장을 빠르게 장악했다. 1960년부터는 발효기법에 의한 생산으로 전환하고, 이후 1962년에는 회사 이름을 아예 미원주식회사로 교체했다.

선물 세트로 인기가 높았던 것도 1960~70년대 미원의 특징 중 하나였다. 1962년에 1킬로그램들이 금속 캔의 미원을 상자처럼 포장해서 선물할 수 있게 내놓은 것이 호평을 받으면서 비롯되었는데, 해를 거듭하면서 찾는 사람이 늘어 추석이나 연말연시 명절에 주고받는 선물 상품으로 자리 잡은 것이다. 여전히 명절에는 주부를 위한 먹거리 선물세트가 인기를 끌고 있는데, 그런 선물세트의 시초라 하겠다. 이후 미원은 동아시아 전역으로 수출할 만큼 성장했고 '1가구 1미원'이라고 불릴 정도로 가정의 필수품이자 조미료의 대명사로서 오랜 세월 자리 잡았다.

'미풍'과 벌인 세기의 결전

선발주자의 성공이 있으면 언제나 그렇듯이 경쟁 제품이 등장할 차례다. 미원에 도전장을 던진 당시 제품으로는 신한제분의 '선미소'와 '맛나니', 원형산업의 '미풍', 제일식품화성의 '미성', 영생산업의 '육미소', 신앙촌의 '7000번미소', 진미식품의 '진미', 삼양식품의

'맛그만', 제일물산의 '일미', 한양산업의 '미영' 등 십여 개에 달할 정도였다. 결과적으로 어느 제품도 미원을 넘어서진 못했지만, 이 경쟁을 통해 소비자들은 즐거워했고, 제품 경쟁력 또한 한 단계 발전하는 계기가 된다. 이 중에 백미는 '미풍'과의 경쟁이었다.

지금은 우리가 잘 아는 CJ주식회사가 된 제일제당공업은 1963년 '미풍'을 만든 원형산업을 합병하면서 '백설표' 브랜드를 붙여 인공조미료 시장에 뛰어든다. 이때부터 1970년대 후반 '다시다'를 통해 2세대 종합조미료 시대가 열릴 때까지 두 회사는 수차례의 고소 및 고발까지 진행하며 치열한 경쟁을 펼쳤다. 원료나 제조기법 등에서 아직 크게 서로 다르지 않은 탓에 제품력 자체에는 큰 차이가 없어 사은품을 앞세운 판촉 전쟁이 뜨거웠다. 미풍이 먼저 무채칼, 고무장갑 등 김장세트를 사은품으로 제공하면서 포문을 열자, 미원은 이에 질세라 고급 비치볼, 미원병 등을 제공하면서 맞불을 놓는 식이었다.

1970년대 초 벌어진 금반지 경품 이벤트로 두 브랜드 간의 경쟁은 정점에 달한다. 미풍이 먼저 "조미료 빈 봉지 5장을 모아오면 선착순 10명에게 스웨터나 고급 내의를 준다"는 파격적 사은행사를 시작했다. 당시 3천 원짜리 스웨터라면 한 달 월급의 10퍼센트 정도에 달하는 꽤 고가의 경품이었다. 미원의 대응은 더 자극적이었다. 이름도 "새 포장 발매 기념 사상 최대의 호화판 사은 대잔치"였다. 대놓고 '호화판 사은 대잔치'를 표방하며 미풍과 똑같이 "빈 봉지 5장을 모아오면" 이번에는 "1만 명에게 금반지를 제공"하는 파격적 행사였다. 역대급 사은행사에 쏟아지는 경품 응모 엽서로

옛 미원 광고

2세대 종합조미료 시장에 대응하기 위해 미원쇠고기맛나, 감치미 등 다양한 제품을 출시했다. (ⓒ미원)

우체국이 큰돈을 벌 정도였다고 하니 가히 그 규모가 얼마였는지 짐작하기도 어렵다. 당시 직원들 역시 밀려드는 미원 봉지를 정리하느라 진땀을 뺐다고 한다. 사은품 경쟁이 과열조짐을 보이자 결국 정부가 나서 자제시키면서 일단락되었다.

하지만 쉽게 끝날 전쟁이 아니었다. 미풍이 아예 일본 아지노모도와 기술합작을 체결하고 당대 인기 코미디언 구봉서를 모델로 기용해 "미풍으로 아지노모도를 맛보세요"라며 광고전을 펼치자 미원은 "일본 조미료의 상표를 업었다고 해서 맛이 좋아질 수는 없습니다"라고 반박한다. 여기에 미원은 1960년대 후반 인기 절정의 영화배우 김지미와 전속모델 계약을 하며 국내 최고 모델료 기록을 세우기도 했다. 설탕 품귀 현상이 벌어진 1972년에는 제일제당이 설탕과 미풍을 끼워 파는 전략으로 주부를 공략하자 미원은 바로 제품 가격을 인하하며 떠나려는 주부들의 발걸음을 붙잡았다. 한

치의 양보도 없는 격전이었다.

십여 년의 치열한 조미료 혈투의 승자는 미원이었다. 공격적인 마케팅과 법정 분쟁, 언론전과 아지노모도와의 기술제휴 등 온갖 방법을 동원했지만 미풍은 끝내 미원의 아류 브랜드라는 인식을 이기지 못하고 도전을 접어야 했다. 실제로 이 전쟁에서의 패배가 얼마나 뼈아팠는지, 제일제당공업을 시작으로 삼성그룹을 일군 이병철 회장은 《호암자전》에서 "세상에서 내 맘대로 안 되는 세 가지는 자식 농사와 골프, 그리고 미원"이라고 푸념하기도 했다. 1990년대 제일제당은 마케팅에 강한 회사로 유명했는데, 어떻게든 미원을 이겨보기 위해 다양한 마케팅 전략을 세우고 실행하면서 내부적으로 마케팅 역량을 키울 수 있었다고 하는 말이 있을 정도였다. 하지만, 이는 조미료 전쟁의 전반전에 불과했을 뿐, 후반전에 역전을 노린 제일제당은 다시 숨고르기에 돌입했다.

절치부심으로 이뤄낸 짜릿한 뒤집기 한 판

1차 전쟁에서는 패배했지만 조미료 시장을 향한 제일제당의 의지는 아직 꺾이지 않았다. 미풍으로는 미원을 대적할 수 없다고 판단, 1975년 '천연 조미료'라는 콘셉트를 내걸고 '다시다'를 시장에 내놓는다. 이른바 조미료의 2세대 시장이 열리는 순간이었다. 종합 조미료 시장에서 45년이 넘게 부동의 1위를 차지하고 있는 우리나라 조미료의 대명사인 다시다는 그렇게 미풍에서 얻은 실패를 딛고 시작되었다.

"따라하지 말 것."

"천연 지향적일 것."

새로운 조미료 개발을 시작하면서 이병철 회장이 주문한 내용이다. 1차 조미료 전쟁에서 패하면서 얻은 시장의 개념을 바꾸지 않고는 이길 수 없다는 사업가의 본능적 판단이었다. 이 두 가지 특명을 받아든 제품개발팀은 육수가 맛있다는 서울 시내 음식점을 뒤져가며 그 국물 맛의 비밀을 파헤치기 시작했다. 쇠고기, 생선, 양파 등 천연 원료를 섞어 이상적인 배합비를 찾아가며 제품개발에 2년을 투입했고, 그렇게 해서 1975년 11월에 "새로운 영양 조미료, 다시다"가 세상에 선을 보이게 된다.

다시다는 등장과 함께 큰 인기를 끌었다. 국·찌개·국수·장국·조림 등 거의 모든 한식 요리에 간편하게 사용할 수 있었을 뿐 아니라, 형편이 넉넉하지 못한 일반 서민가정에서도 손쉽게 소고기 국물 맛을 낼 수 있었으니 단순히 맛을 좋게 해주는 미원과는 또 다른 차원의 조미료였다. 다시다는 출시 2개월 만에 생산량을 초기 20톤에서 200톤으로 열 배나 늘릴 만큼 입소문을 타고 빠르게 전파됐다.

여전히 미원의 지위는 강고했지만, 다시다와 함께 서서히 조미료 시장은 1세대 발효조미료에서 2세대 종합조미료 시대로 옮겨가고 있었다. 1980년대 들어서며 종합조미료 시장에서 65퍼센트 넘는 시장점유율로 시장을 장악한 다시다는 1983년부터는 다시다 한 품목으로 전체 발효조미료 시장을 넘어서기 시작했다. 조미료 시장의 1차 세대교체가 완성되는 장면이기도 했고, 미원에 밀려 고배를 마셔야 했던 제일제당으로서는 근 20년간 묵힌 숙원을 푸는 순간이었다.

다시다의 성공에는 여러 가지 요인이 있겠지만, 브랜드 이름도 크게 한몫했다. 미원, 미풍 등 한자 브랜드 일색이었던 당시 시장에서, "입맛을 다시다"에서 출발한 우리말 이름은 새로움과 친근함을 주기에 충분했다. 기업이 하고 싶은 말을 담는 것이 아니라, 소비자 입장에서 맛있는 음식을 보면 반사적으로 나오는 본능적 행동을 브랜드 네이밍에 반영한 것도 당시로서는 꽤 신선한 접근이었다.

1980년대부터 조금씩 MSG의 유해성 논란이 시작된 것도 다시다에게는 긍정적으로 작용했다. 다시다 역시 MSG를 포함하고 있었지만 미원에 비해 그 인식이 옅었을 뿐 아니라 처음부터 천연 조미료를 표방하며 미원과 대립각을 세웠기 때문에 MSG 논란으로 인한 타격은 미원이 훨씬 크게 입을 수밖에 없었다.

하지만 다시다 성공의 일등공신은 무엇보다도 배우 김혜자를 앞세운 광고 마케팅이었다. 다시다는 첫 출시 때부터 김혜자를 모델로 내세웠는데, 이후 2001년까지 자그마치 27년간 계속해서 다시다 모델로 활동하며 최장수 브랜드 모델로서 기네스북에 오르기까지 했다. 론칭과 함께 시작된 TV 광고 속에서 국물을 한 숟가락 살짝 맛본 후 "그래, 이 맛이야" 하는 그녀의 정감어린 목소리는 곧 다시다의 대표 이미지가 되었다.

이어서 1987년에 시작한 '고향의 맛' 캠페인은 다시다를 비교하기 힘든 절대 강자로 만들었다. 산업화 물결 속에서 고향을 등지고 도시에서 각박한 현실을 마주한 채 힘든 일상을 살아가는 현대인들에게 고향이라는 단어는 마음속 한 켠에 늘 기댈 수 있는 그런 존재였다. 게다가 늘 그리운 어머니의 손맛을 더했다. 브랜드를 전면에 내세우지 않고도 다시다를 전 국민의 브랜드로 격상시킨 성공적인 마케팅 캠페인이었다.

1990년까지는 토속적인 생활 속의 맛을 주제로 '어머니의 손맛', '추수', '명절', '혼례식', '다시다의 봄, 여름, 가을, 겨울' 등 다양한 에피소드가 제작되었고, 이후 '잃어버린 고향의 발견'으로 주제를 확장해 북한 음식으로 대상을 확장, 실향민의 아픔을 달래는 '황해도 연백', '연변 일송정', '연변 연길시장', '민통선 김정구' 편 등을 선보였다. 이는 1990년대까지도 계속 이어져서 지역별 별미음식을 소개하는 '맛의 근원을 찾아서' 시리즈, '지리산 싸리버섯찌개', '서귀포 해물뚝배기' 시리즈가 이어졌다. 1990년대 후반 IMF를 겪던 시절에는 '아버지', '날 받아놓은 딸', '산후 조리' 편 등을 통해 고향의 또 다른 말이나 마찬가지인 가정의 소중함을 일깨우는 따뜻한 광고를 통해 국민의 마음을 어루만지기도 했다.

10여 년 넘게 일관된 콘셉트로 진행된 이 캠페인은 한국인이라면 듣는 것만으로도 가슴이 뭉클해지는 고향과 어머니, 부모님이라는 키워드를 통해 가슴 속 울림과 공감을 불러일으키며 다시다를 전 국민이 사랑하는 대한민국 대표 브랜드 자리에 올려놓는다. 오랫동안 사랑받으며 장수하는 브랜드가 되기 위해서는 제품력뿐 아니라 적절한 마케팅 활동이 뒷받침되어야 한다. 그런 면에서 다시다의 '그래, 이 맛이야'와 '고향의 맛' 캠페인은 제품력과 마케팅 캠페인이 잘 결합된 훌륭한 사례라고 할 것이다. 2010년대 권상우를 새 모델로 발탁해서 진행한 광고에서도 '고향의 맛'과 "그래, 이 맛이야"는 여전히 다시다를 대표하는 키워드였다.

반면 2세대 종합조미료 시장에 대한 미원의 대응은 좀 늦은 감이 있다. 1982년 '미원쇠고기맛나', 1988년 '감치미'를 연이어 출시하며 종합조미료 시장에 대응했지만, 이번에는 거꾸로 다시다의 벽을 넘지 못했다. 다시다의 모델 김혜자에 대응하여 1986년 배우 고두심을 모델로 발탁했는데, 당시 인기를 끌던 TV 드라마 〈전원일기〉의 시어머니(김혜자)와 며느리(고두심)가 각각 서로 다른 조미료의 얼굴이 되어 경쟁하는 셈이 되었다. 과연 최불암 회장님 댁 부엌에서는 어떤 조미료를 썼을까? 고두심 역시 1986년부터 2002년 8월까지 16년간 대상의 모델로서 장기 활동했다.

미원의 부활과 액상 조미료 시대의 등장

1차 조미료 대전에서 완패했던 제일제당이 다시다로 2차 대전에서 완벽한 역전승을 거둔 이후, 조미료 시장은 계속된 경쟁 속에서 세대 교체가 꾸준히 진행되었다. 이제는 원물을 그대로 담아 자연조미료를 표방하는 3세대(대상맛선생, CJ산들애 등)를 거쳐 분말 형태를 벗어난 4세대 액상형조미료(다시다요리수, 대상요리에한수, 샘표연두) 시대까지 흘러왔다. 다시다는 여전히 전체 조미료 시장에서 1위를 차지하고 있고, 대상과 CJ는 지금도 치열한 조미료 시장 쟁탈전을 벌이고 있다.

다시다의 진격에 밀려 조미료 시장의 왕좌를 내준 미원은 1990년대 초반 MSG의 유해성 논란에 휘말려 다시 한 번 큰 고초를 겪었다. 앞서 말했던 MSG의 유해성 논란이었는데, 해외에서도 지속적으로 인체에 해롭다는 지적이 있었지만 국내에서 본격적으로 이 문제를 촉발한 것은 1993년 출시한 LG생활건강(당시 럭키)의 '맛그린'이었다. 럭키는 새롭게 조미료 시장에 진출하면서 "맛그린은 화학적 합성품인 MSG를 넣지 않았습니다"라고 미원과 다시다 등을 싸잡아 '화학조미료'라고 공격한다. 이 캠페인은 식품위생법상 '화학조미료'라는 규정이 없었음에도 경쟁사 제품을 화학조미료로 규정하는 것이 불합리하다는 이유로 곧바로 시정명령을 받았지만, 이후 방송 등에서 계속해서 MSG의 유해성을 다루기 시작하며 이 논란은 한동안 온 나라를 뜨겁게 달구었다.

결과적으로 MSG는 인체에 해로움이 없는 안전한 소재로 입증되었지만, 한 번 만들어진 부정적 인식은 쉽게 사라지지 않았다. 이후 미원은 20여 년간 오랜 정체기를 겪었고, 1997년 회사 이름도 미원에서 '대상'으로 교체한다. 역설적으로 MSG 논란은 100퍼센트 원물을 그대로 갈아 넣은 3세대 자연조미료 시대를 여는 촉발제가 되기도 했다.

엄청난 논란에도 미원은 그 제품력과 가성비, 조미료가 주는 중독적 맛을 찾는 무의식의 본능적 입맛 덕에 업소 식당을 중심으로 명맥을 유지할 수 있었다. 한때 옛날 짜장면이 큰 인기를 끌었는데, 알고 보면 결국 미원맛이더라는 말이 거짓처럼 들리지 않는 이유다. 하지만 가정집에서는 거의 사라지면서 20여 년의 긴 침체기를 겪어야 했던 미원이 2010년대를 지나며 다시 부활의 기운을 내뿜고 있다.

이 흐름을 틈타 미원은 브랜드 패키지를 리뉴얼하고 브랜드 네임에도 '발효'를 덧붙여서 친자연 이미지를 강화하는 한편, 최근에는 젊은 고객을 타깃으로 브랜드 이미지 리빌딩을 시도하고 있다. 미원 100그램이면 소 한 마리, 닭 100마리를 살린다는 광고는 자연조미료 대비 훨씬 경제적·친환경적이라는 사회적 메시지를 유머러스한 방식으로 전달하며 좋은 반응을 얻었다.

오랫동안 밥상을 지켜온 친숙한 맛과 조미료 시장의 개척자로서 미원은 놀랍게도 여전히 다시다에 이어 조미료 시장에서 매출 2위를 지키고 있다. 가정용 수요가 늘고 있는 것도 고무적인 현상이다. 1960년대 이후 60여 년간 엎치락뒤치락 하면서 우리 밥상의 맛을 지켜온 미원과 다시다가 건강한 경쟁을 통해 계속해서 우리 식탁과 밥상을 풍성하게 만들어주기를 기대한다. 혹시라도 어머니 손맛의 비밀이 미원과 다시다였음을 깨닫고 실망하지는 마시길.

6
배고픈 국민을 구해낸 소울푸드
삼양라면

우리는 왜 라면을 사랑하는가

한국은 세계에서 인스턴트 라면을 가장 많이 먹는 나라다. 총 소비량으로 따지자면 연간 약 38억 봉으로 세계 8위에 불과하지만 인당소비량으로 치면 단연 1위에 오른다. 세계인스턴트라면협회World Instant Noodles Associaton, WINA의 통계를 보면 우리 국민 한 명은 일년에 75개의 라면을 소비하는데, 2위를 차지한 네팔이 57개, 3위인 베트남이 56개인 것을 보면 한국인의 유별난 라면 사랑을 잘 알수 있다.

예전에야 단순히 라면 한 봉지를 뜯어 표준조리법대로 끓여먹는것이 다였지만 요즘에는 라면 하나 가지고도 웬만한 요리 뺨치는다양한 레시피가 넘친다. 우리는 언제부터 라면을 먹었기에 이렇게 세계에서 라면을 가장 사랑하는 민족이 되었을까?

인스턴트 라면은 짐작하다시피 일본에서 처음 만들어졌다. 제2차 세계대전 패망 후 일본은 전체적으로 식량난에 시달리고 있었다. 닛신식품의 창업자인 안도 모모후쿠安藤百福는 한 끼 식사를 위해 길게 늘어선 포장마차의 긴 줄을 보면서 간편하게 먹을 수 있는 면 요리를 만들면 좋겠다는 생각에 오랜 연구를 거쳐 1958년 세계 최초의 즉석 라면인 '치킨라면'을 선보인다.

그 방식이 지금에야 간단해 보이지만 처음부터 쉽진 않았다. 그는 온갖 시행착오 끝에 튀김에서 힌트를 얻어 면을 튀기는 방식을 고안한다. 밀가루 면을 기름에 튀기면 그 안에 기포가 생기며 수분이 증발하며 부패 위험이 낮아진다. 튀긴 면을 건조시킨 후 나중에 뜨거운 물에 넣어 가열하면 기포 속으로 물이 들어가면서 다시 원래의 상태로 면이 풀어지도록 만든 것이 이 인스턴트 라면의 핵심 기술이다. 이 기술로 인스턴트 라면을 성공시킨 그는 기존 회사 이름을 닛신식품으로 교체하고 본격적으로 라면의 대중화에 나서기 시작했다. 닛신식품은 오늘날까지도 일본은 물론 전 세계적으로 인스턴트 라면업계를 주름잡는 대표적 식품회사 자리를 지키고 있다.

우리나라 라면의 역사는 일본의 닛신 치킨라면보다 5년 뒤인 1963년에 시작된다. 우리 역시 한국전쟁 이후 빈곤한 삶과 굶주림에 시달리는 것은 전후 일본 사회와 크게 다르지 않았다. 이때 삼양식품 창업자인 전중윤 회장은 남대문 시장에서 '꿀꿀이죽'으로 끼니를 해결하는 노동자들의 참담한 실상에, 일본 출장 시 접했던 라면을 떠올리고 해결책이 될 수 있을 것이라 생각해 라면 제조에 뛰어들었다고 한다. 그는 정부를 설득해 자금을 확보하고 '삼양제유 주식회사'를 설립해 일본을 오가며 라면 제조 기술과 생산설비를 도입, 2년 만인 1963년 9월 15일에 '삼양라면'을 출시했다.

당시 이른바 '꿀꿀이죽'은 한 미군부대에서 먹다 남은 음식들을 모아 끓인 음식인데 그나마 여기에는 햄 조각이나 소시지 같은 것들도 들어 있어 가난한 사람들에게는 나름 영양식으로 인기가 있었다. 이때 한 그릇에 5원에 팔리고 있었는데, 삼양식품은 라면 한 봉지 가격을 10원으로 책정했다. 꿀꿀이죽에 비하면 비쌌지만 당시 물가에 비하자면 이윤이 거의 없는 엄청 저렴한 가격이었다. 당시 커피가 35원, 영화는 55원, 담배가 25원 하던 때였다. 또한 일본에서는 한 봉지 중량이 85그램이었지만, 삼양라면은 100그램으로 늘렸다. 사람들의 배고픔을 조금이라도 줄이기 위한 선택이었다.

천대받던 밀가루, 분식장려정책으로 날개를 달다

지금에야 큰 인기를 얻고 있는 라면이지만, 삼양라면이 처음 나왔을 때부터 환영받았던 것은 아니었다. 모양이나 이름, 조리법 등 모든 측면에서 당시 우리 국민에게 이상한 음식이었다. 꼬불꼬불한 모양과 라면이라는 이름으로 인해 섬유나 옷감으로 생각하는 사람도 있었고, 딱딱한 모습 때문에 아예 플라스틱이 아닌가 하는 오해까지 받았다. 조상 대대로 쌀을 주식으로 삼아왔던 우리에게 밀가루로 만드는 면 음식은 생소할 수밖에 없었다.

삼양라면은 거의 1년에 걸쳐 무료 시식회를 열며 제품 홍보에 나섰다. 직원은 물론 가족까지 동원되어 극장이나 공원 등지에서 진행된 이 무료시식회 덕에 처음에는 낯설고 꺼려하던 사람들도 하나 둘씩 삼양라면의 맛에 빠지기 시작했고, 재고만 쌓여가던 첫 해와는 달리 이듬해부터는 조금씩 매출 성장을 그리기 시작했다. 여기에 정부의 분식장려정책이 더해지면서 삼양라면은 날개를 달았다.

당시 우리 농촌은 전쟁 여파로 대부분 농지가 파괴된 데다가 부족한 수리시설로 인해 가뭄과 홍수의 타격을 그대로 받을 수밖에 없었다. 농업생산력 정체로 만성적 식량문제에 시달리는 것도 모자라 1960년대 초반에 흉년이 겹치면서 쌀을 수입해야 할 상황까지 치달았다. 그러자 정부는 미국에서 원조로 들어오는 밀가루와 상대적으로 국내 생산량이 많았던 보리 소비를 촉진하는 혼분식 장려정책을 펼쳤다. 1960~70년대에는 혼분식의 장점을 홍보하기 위한 표어·포스터와 제빵·밀가루 요리 강습회, 초·중·고등학교에서 매일 점심때마다 벌어지는 도시락 검사가 일상적인 모습이었다. 심지어 1969년 11월에 정부는 매주 수요일과 토요일을 '분식의 날', 일명 무미일無米日로 정하고 이 날은 11시부터 5시까지는 쌀로 만든 음식 대신에 분식만 팔도록 했다.

이에 따라 사람들은 주로 수제비, 칼국수 등을 해먹었지만 밀가루만으로는 한 끼에 필요한 열량이나 단백질, 지방 등의 영양소를 고루 얻기가 힘들다. 포만감은 있을지언정 계속되면 영양상 불균형은 피할 수 없는 문제였다. 이때 라면은 좋은 대안이었다. 면을 기름에 튀겨 열량을 더했고, 사람들이 잘 먹지 않는 닭 부속품으로 우

1960~70년대 혼분식 장려 운동

이 시기 정부는 매주 수요일과 토요일을 분식의 날, 일명 '무미일'로 정하고 쌀로 만든 음식 대신 분식을 팔도록 장려했다. 이에 따라 밀가루 음식 중 열량, 단백질, 지방 등을 갖춘 라면은 좋은 대안이 되었다.

려낸 육수를 사용해 가격도 저렴한 데다가 비타민, 단백질까지 보충해주기 때문에 한 끼 식사는 물론 영양균형까지 해결할 수 있었기 때문이다. 실제 일본에서도 라면이 처음 나왔을 때에 이런 건강균형을 무기삼아 '특별 건강식'으로 홍보하기도 했다.

1960년대 후반부터 육군 전 장병에게도 일주일에 한 끼씩 라면을 급식으로 제공한 것도 컸다. 이 같은 분위기 속에서 라면은 제2의 주식으로 자리 잡기 시작했고, 삼양라면은 대한민국을 대표하는 먹거리가 된다.

분식장려정책과 함께 라면이 권장되는 사회 분위기 속에서 시장이 성장하자 1960년대 중반부터 경쟁자들이 나타난다. '롯데라면(롯데식품) · 풍년라면(풍년식품) · 닭표라면(신한제분) · 해표라면(동방유랑)·아리랑라면(풍국제면)·스타라면(스타식품)’ 등이 삼양라면에 도전장을 내밀었다. 하지만 이미 압도적으로 시장 지배력을 갖고 있던 삼양에 밀려 이렇다 할 힘도 써보지 못하고 모두 철수하고, 1960년대 말에는 롯데식품 정도만 홀로 남아 삼양라면에 대적하는 상황이었다.

삼양라면의 저가 정책은 막강한 인기와 점유율을 유지하는 데 큰 역할을 했다. 원래 배고픈 서민들도 값싼 가격에 배불리 먹을 수 있는 식품을 만들고자 싼 가격에 냈던 것인데, 전중윤 회장의 회고에 의하면 당시 삼양라면은 10원짜리 하나를 팔면 5전 정도 이윤이 발생하는 박한 구조였다. 전형적인 박리다매 가격 정책이다. 삼양라면은 큰 인기에도 이 가격을 유지했다. 기술력과 제품력, 브랜드 인지도까지 앞서 가는 1등 브랜드 대비 특별한 차별점을 갖추지 못한 후발주자가 더 높은 가격을 정한다는 것은 자살골이나 마찬가지다. 경쟁사들은 울며겨자먹기로 출혈 경쟁을 감수했지만, 결국에는 견디지 못하고 철수하는 일이 반복되었다. 높은 시장 점유율을 가진 브랜드가 낮은 가격을 유지하며 경쟁자의 시장 진입을 막는, 이른바 약탈적 가격 정책을 편 국내 원조 기업이라고도 할 수 있겠다. 하지만 독점적 상태에서도 이윤을 위해 크게 가격을 올리지는 않았으니, 약탈이라는 말보다는 좋은 제품을 싸게 공급해 굶주린 서민에게까지 혜택을 제공한 기업가 정신이라고 해석하고 싶다. 출시 당시 10원이던 가격은 1960년대 말에 중량을 150그램으로 올리면서 20원으로 올랐지만, 여전히 이익률은 낮은 수준이었다.

삼양의 독주를 막아낸 농심의 진격

우리 땅에 처음 라면을 선보인 이래 삼양라면은 시장에서 10년 가까이 독점에 가까운 지위를 누린다. 물론 신제품을 개발하고 새 시장을 개척한 선발주자가 취할 수 있는 달콤한 열매이기도 하다. 이런 시장의 구도를 처음 깬 것은 롯데식품의 '소고기라면'이다.

당시 라면은 지금과는 달리 닭고기 육수를 베이스로 만들었다. 현재 라면 대부분이 소고깃국 맛을 중심으로 하고 있음을 보면 약간 의외지만, 당시 소나 돼지로 육수를 낸다는 것은 비용이나 재료 수급 측면에서 어려웠을 것이고, 일본의 치킨라면을 들여온 것이기 때문에 자연스럽게 닭 육수를 사용하게 된 것으로 보인다. 하지만 예나 지금이나 우리나라 사람들은 닭고기보다는 소고기를 좋아한다. 여기에 착안한 롯데식품 신춘호 회장은 "소고깃국 맛을 라면에 재현해보자"고 제안하고, 이에 연구팀은 직접 무쇠솥에 고기와 뼈, 양념 등을 배합해 우려가면서 실험한 끝에 소고깃국 맛의 라면수프를 완성한다. 이렇게 6개월 여간의 준비기간을 거쳐 1970년 10월, 소고기라면이 출시되었다.

결과적으로 소고기라면은 회사를 살렸다. 낮은 이익률을 견디지 못하고 사업을 중단했던 다른 경쟁사들과 마찬가지로 롯데식품 역시 경영난에 시달리고 있었다. 1969년 후반에는 사업을 중단하고 공장 설비를 삼양식품에 매각하는 방안을 검토할 정도로 상황은 심각했다. 이 시점에 소고기라면이 나타나 회사 매출이 20억 원에서 1년 만에 37억 원으로 두 배 가까이 성장한다. 12퍼센트에 머물던 시장점유율 역시 24퍼센트 가까이 성장하면서 자연스레 매각 협상은 중단되고, 롯데식품은 계속해서 사업을 이어갈 수 있었다. 이에 삼양식품도 '삼양쇠고기면'을 출시하며 새로운 맛의 시대를 맞이하게 된다.

사실 롯데식품은 소고기라면 이전인 1970년 2월, 국내 최초로 인스턴트 '짜장면'을 개발했던 적이 있다. 처음에 수요를 미처 따라갈 수 없을 정도로 큰 인기를 얻었는데, 곧바로 유사제품이 나오면서 성공은 오래가지 못했다. 롯데식품은 이 짧은 성공과 실패 경험을 바탕으로 체질을 개선했다. 경쟁에서 궁극적 승리를 위해서는 제품력과 함께 확실한 차별화가 필요함을 절감하고 이때부터 연구개발은 물론 쉽게 모방할 수 없는 제품 콘셉트와 브랜딩에 크게 신경 쓰기 시작한다. 연구개발 투자는 제품력의 발전으로 이어지는데, 이듬해 1971년에 출시한 '해장국라면'이 벨기에 브뤼셀에서 열린 세계가공식품 경진대회에서 금상을 수상하기도 했다. 아예 '해장'라면이라고 대놓고 나왔으니, 라면은 그 때나 지금이나 술꾼들에게 해장 1순위 음식이었던 모양이다.

소고기라면에 이어 1975년 선보인 '농심라면'은 오늘의 라면 명가 농심을 있게 한 주인공이다. 패키지 디자인을 보면 우리 전래동화에 나오는 가난하지만 우애 깊은 농부 형제의 이야기를 모티프로 삼았다. 잘 알려진 스토리를 더한 제품은 친근감을 주게 마련이다. 여기에 당시 높은 인기를 얻었던 코미디언 구봉서, 곽규석 콤비가 모델로 등장한 TV 광고가 "형님 먼저, 아우 먼저"라는 엄청난 유행어를 만들면서 출시 1년 만에 회사의 라면 생산실적을 두 배로 끌어올릴 정도로 대성공을 거둔다. 브랜드의 성공에 힘입어 1978년에 기업명을 농심으로 변경했는데, 성공한 브랜드를 기업명으로 승격시킨 흔치 않은 경우다.

이후 1980년대는 농심이 주도하는 우리나라 라면 시장의 황금기였다. 농심과 삼양 외에도 청보식품·오뚜기·한국야쿠르트, 빙그레 등 새로운 경쟁자들이 생겨났고 이 시기에 태어난 브랜드들이 30~40년이 지난 지금까지도 매출 상위권을 유지하고 있다. 우선 봉준호 감독의 영화 〈기생충〉으로 유명해진 '짜파구리'의 재료(?)가 되는 '짜파게티(1984)'와 '너구리(1982)'가 1980년대 황금기의 포문을 열었다.

농심은 소고기라면 이후 브랜딩에서 경쟁사를 뛰어넘는 감각을 보여준다. 너구리는 일본 다누키우동에서 따왔다는 설도 있지만 기존 라면 브랜드에 비춰보자면 새로운 느낌의 네이밍이었다. 짜장면을 스파게티에 빗대어 네이밍한 짜파게티 역시 좋은 이름이다. 사실 농심은 1970년 인스턴트 짜장면에 이어 1978년에는 '삼선짜장면', 1983년에 다시 '농심짜장면'을 내는 등 계속해서 인스턴트 짜장면에 많은 공을 들였음에도 큰 성과를 내지 못했다. 그런데 그 이후 짜파게티가 큰 인기를 끌며 40년 가까이 장수하고 있는 것을 보면 이전 제품들의 특색 없는 브랜드와 비교할 때 재미있고 고급스러운 네이밍이 제품 성공에 큰 역할을 했다고 볼 수 있겠다. 지금도 들으면 여전히 친숙한 "쫄깃쫄깃, 오동통통 / 농심 너구리", "짜라짜라짜 짜짜짜 / 짜파게티" 등의 광고음악 역시 이들 브랜드의 성공을 도왔다.

1982년에는 용기라면 '육개장사발면'이 크게 유행한다. 원래 삼양식품이 1972년에 '삼양컵라면'을 냈지만 시대를 너무 앞서간 탓인지 대중화에는 실패한 바 있는데, 농심이 10여 년만에 재도전한 것이다. 우리나라 전통 국사발의 모양을 참고해 디자인한 용기와 이를 바탕으로 만들어진 '사발면'이라는 이름도 브랜드 성공에 기여했다. 낯선 것을 익숙하게 혹은 익숙한 것을 낯설게 만드는 것이 좋은 브랜드 네이밍의 원칙 중 하나다. 우리에게 이미 익숙한 '사발'과 '면'을 조합해 '사발면'이라는 낯설고도 친숙한 이름이 만들어졌다.

육개장사발면은 1986년 아시안게임과 1988년 서울올림픽 공식 상품으로 지정되면서 세계 시장에도 알려지게 되는데, NBC 방송에서 '미국의 햄버거에 준하는 식품'으로 소개되었다고 한다. 원래 1981년에 사발면이 먼저 나왔지만, 본격적 대중화에 성공한 것은 육개장사발면이다.

대한민국 라면 맛의 기준으로 우뚝 선 '신라면'

60여 년의 역사를 지닌 우리나라의 라면 시장이지만, 1위 자리에 올랐던 제품은 단 세 개에 불과하다. 첫 번째는 당연히 삼양라면이다. 최초라는 프리미엄만으로 1위 자리를 지킨다는 것은 결코 쉬운 일은 아니다. 하지만 삼양라면은 품질력과 가격경쟁력 등을 무기로 20년이 넘도록 경쟁자의 도전을 허락하지 않았다. 삼양라면의 인기에 힘입어 삼양식품 역시 전체 라면 시장에서 선두 자리를 줄곧 지켜왔다.

삼양식품의 지위는 농심이 1980년대 초반부터 다양한 신제품을 내세워 도전하면서 조금씩 금이 가기 시작했다. 그리고 마침내 1985년, 농심은 시장 점유율 40퍼센트를 넘기며 삼양을 제치고 1위에 올라선다. 1983년 출시한 '안성탕면'이 결정타였다. 안성탕면은 출시 4년만인 1987년에는 개별제품으로도 삼양라면을 제치고 1위에 오른다. 영원할 것만 같았던 삼양라면의 시대가 저무는 순간이었다. 이로써 안성탕면은 삼양라면에 이어 1위 고지를 밟아본 두 번째 브랜드가 된다. 농심이 1982년에 경기도 안성에 설립한 스프 전문공장에서 만들어진 이유로 붙여진 안성탕면은 자칫 아무런 특색이 없는 이름이 될 수도 있었지만, 여기에 "내 입에 안성맞춤"이라는 광고 카피를 통해 '만족스럽고 뛰어난 품질'이라는 이미지를 동시에 가져왔다.

하지만 안성탕면의 시대는 오래가지 못했다. 뒤이어 나온 신라면의 질주가 워낙 거셌던 탓이다. 1986년에 론칭한 신라면은 출시 5년 만인 1991년, 안성탕면을 밀어내고 라면 시장 1위에 오른다. 신라면은 세 번째 1위 브랜드였고, 그 이후 오늘날까지 한 번도 그 자리를 내준 적이 없다.

신라면의 인기는 거의 라면 시장 천하통일 수준이었다. 2위와 두 배 이상의 격차가 나는 것은 물론 한때는 2, 3위 기업 전체 라면 매출보다 신라면 단일 브랜드의 매출이 더 높을 정도였다. "사나이 울리는 신라면"은 매운맛 마니아 층에게 승부욕을 불러일으키며

농심소고기맛라면과 리뉴얼된 삼양라면
농심과 삼양은 라면 1위 자리를 두고 오랜 시간 공방을 펼치며 다양한 맛의 라면을 개발했다. (왼쪽: 국립민속박물관 소장. 오른쪽: ⓒ삼양)

라면 맛의 기준을 얼큰함으로 만들어버렸다. 중국에 진출하면서도 이 카피를 그대로 사용했는데 한국만큼이나 효과가 좋았다고 한다.

신라면은 기존의 부드럽고 순한 맛 위주였던 라면 시장에 강렬한 매운맛을 선보이며 처음부터 한국인의 입맛을 사로잡았다. 면의 형태도 기존 사각형에서 원형으로 바꿨다. '안성탕면보다는 굵고 너구리보다는 가늘면서 쫄깃쫄깃한' 면을 목표로 200여 종류 이상의 실험용 면을 만들어 테스트한 결과였다. 신라면 이후 매운맛을 표방하는 수많은 경쟁제품이 나왔지만 모두 허사였다. 이미 강력한 이미지를 선점한 브랜드를 대상으로 '더 좋다'는 메시지는 큰 차별성을 갖기 어렵다. 그런데 이때의 도전자들은 '핫라면·맵다면(이상 삼양식품)·열라면(오뚜기)·쇼킹면(한국야쿠르트) 등 하나같이 "우리도 매워요", "우리가 더 매워요"라고 외치며 신라면이 쳐놓은 매운맛 수렁을 벗어나지 못하는 우를 범한다. 그나마 '수타로 친 듯한 쫄깃한 면발'을 강조했던 삼양식품의 '수타면'이나, '콩기름으로 튀기는

면'을 차별 포인트로 내세운 빙그레의 '매운콩라면' 등이 잠시 선전하는가 싶었지만, 끝내 신라면의 높은 벽을 넘진 못했다. 수많은 경쟁 브랜드의 신라면 도전 잔혹사는 30년이 넘도록 아직도 이어지고 있다.

반면 농심에 1위를 내준 삼양식품은 앞서 이야기한 우지파동을 겪으면서 걷잡을 수 없이 추락했다. 큰 타격을 입은 삼양식품은 5퍼센트대로 시장점유율이 떨어지면서 끝내 법정관리 신세가 되었다. 오랜 법정공방 끝에 1997년 대법원에서 최종 무죄판결을 받았으나, 이미 기업 이미지와 매출은 회복하기 어려울 정도의 타격을 입었다.

하지만 그 이전에 이미 삼양은 1등으로서의 경쟁력을 많이 잃어버린 상황이기도 했다. 20년이 넘게 1위를 지켜왔지만 새로운 제품을 앞세운 농심의 공격에 속수무책이었다. 삼양라면에 지나치게 의존한 것도 문제였지만, 후발주자의 도전에 특색 없는 카피 제품 위주로 대응하면서 1위답지 못한 모습을 보인 것이 시장에서 외면받은 더 큰 요인이었다. 소고기라면에 '쇠고기면', 짜파게티에는 '짜짜로니', 안성탕면에는 '서울탕면·영남탕면·호남탕면', 신라면에는 핫라면을 내는 식이었다. 제품의 속성은 물론 브랜드 측면에서도 차별화에 실패하고 있었다.

게다가 앞서 본 사례들처럼 농심은 제품마다 입에 잘 달라붙는 절묘한 슬로건이나 광고 카피가 함께했는데, 전반적으로 이 감각이 매우 뛰어나다. 기업명 '농심'부터 소비자 마음에 깊은 인상을 준다. 농업과 농부야말로 뿌린 대로 거둔다는 정직함의 상징 아니던

가. 기업 이름에 이미 그런 농부의 마음을 담았으니, 이름만으로 보자면 의도했든 아니든 정직하다는 말을 직접 하지 않으면서도 가장 믿을 수 있는 기업이라는 평가를 받을 만하다. 이처럼 1980년대 중후반을 지나면서 농심은 제품력과 브랜딩 모든 측면에서 삼양을 누르고 우리나라 라면 시장의 지배자로서 그 지위를 확고히 한다.

"신라면, 게 섰거라", 다시 시작된 추격전

농심은 신라면을 중심으로 이미 전 세계 100여 개 나라에 라면을 수출하며 식품의 한류 열풍에도 일조하고 있다. 미국, 중국 등지에서는 라면의 원조인 일본회사와 치열하게 경쟁하고 있을 정도다. 국내외에서 라면 강자로서 농심의 입지는 여전히 탄탄하지만 최근에는 오뚜기의 거센 도전에 조금씩 흔들리는 형국이다.

창립 이래 카레와 조미료 등에 집중해왔던 오뚜기는 사업 다각화를 위해 1987년 청보식품을 인수해 라면시장에 진출했지만 2010년대 때까지도 이렇다 할 존재감을 만들진 못했다. 하지만 2010년대 중반 새롭게 출시한 '진짬뽕'과 신라면과 나이가 비슷한 '진라면'이 뒤늦게 약진하면서 삼양식품을 저만치 3위로 밀어내고 농심과 양강 구도를 형성해가고 있다.

오뚜기의 선전에는 비정규직 없는 채용 문화나 투명한 경영승계, 정직한 상속 등으로 한층 올라간 기업 이미지가 큰 역할을 했다. 재계 순위로 따지자면 200위 밖의 회사가 역대 2위에 해당하는 큰 규모의 상속세를 성실하게 납부하는 모습에 그간 재벌가가 보여준 여러 가지 부정행위나 탈법, 위법에 지쳐 있던 국민들은 환호를 보냈다. 여기에 과거 조용한 기부 활동과 여러 가지 선행들이 잇달아 알려지면서 '갓뚜기'라는 애칭까지 붙을 정도였다.

신라면의 짝퉁이라는 소리까지 들어야 했던 진라면은 끝까지 굴하지 않고 계속해서 맛을 개선하고 품질을 높여가면서 신라면의 대항마로 인정받기 시작한다. 1988년 첫 출시 당시에는 진한 국물 맛을 내세워 "진한 라면, 진짜 라면"이라는 콘셉트로 지은 이름일 수 있겠지만 결과물로만 보면 신라면을 따라했다는 지적을 피하기는 어려워 보이기도 한다. 하지만 진라면의 약진 이전에 진짬뽕을 출시해 새롭게 프리미엄 짬뽕 시장을 창출하고 1위 브랜드로 올라선 게 큰 역할을 했다.

브랜드 관점에서는 '작더라도 내가 1등을 하는 영역'을 만드는 것이 중요하다. 이런 관점에서 인스턴트 짬뽕이라는 새로운 카테고리를 만들었고 후발주자들이 뛰어들면서 해당 시장이 성장한 것도 오뚜기에게는 호재였다. 진짬뽕 이후에도 '미역국라면·부대찌개라면·굴짬뽕·진비빔면·진짜쫄면' 등 계속해서 신제품을 내면서 농심을 괴롭히고 있다. 농심이 신제품을 다수 출시하며 삼양을 제치던 1980년대 장면이 다시 떠오른다.

긴 역사를 가진, 치열한 마케팅 경쟁이 벌어지는 시장에서 1위 브랜드가 세 가지 밖에 안 된다는 것은 제품력도 중요하지만 한 번익숙해진 소비자 입맛이 잘 바뀌지 않음을 보여주는 반증이기도 하다. 동시에 이 어려움을 뚫고 역전하게 된다면, 다시 오랫동안 소비자의 사랑을 받을 수 있음을 의미한다. 30년 넘게 독주하던 농심이 오뚜기의 도전에 어떻게 응전하며 수성할지, 오뚜기는 이 어려운 시장에서 어떤 무기로 1위 자리를 차지할 수 있을지 궁금하다.

전쟁으로 피폐해진 가난한 나라의 서민들에게 굶주림의 해결사로 나타났던 라면이 시대를 거치며 지금은 비만과 건강을 해치는 천덕꾸러기 신세로 전락한 부분도 있지만, 여전히 라면은 싼 가격으로 다양한 기호를 충족시켜줄 수 있는 가성비 으뜸인 음식이다. 그래서 여전히 우리나라 국민은 라면을 사랑한다. 무엇보다 맛있으니까.

농심과 오뚜기가 계속 새로운 제품으로 경쟁하면서 우리의 입을 행복하게 만들고 나아가 전 세계로 한국인의 매운맛을 널리 전파하는 모습을 보는 것도 흐뭇하다. 아울러 원조였지만 아쉽게도 3∼4위로 밀려난 삼양식품도 다시 좋은 제품으로 옛 명성을 되찾고 라면 삼국지를 다시 한 번 만들어주기를 응원한다.

7
한국의 미를 책임지는 글로벌 브랜드
아모레

동백기름 판매점에서 출발한 태평양

앞서 우리나라에서 가장 오래된 화장품 브랜드로 박가분을 다뤘지만, 우리나라 근대 화장품 브랜드의 역사는 '태평양'의 역사다. 태평양은 '아모레, 마몽드, 라네즈, 헤라, 아이오페, 설화수' 등 수많은 메가 히트 브랜드를 내며 대한민국을 넘어 아시아를 대표하는 글로벌 뷰티 기업으로 성장한 '아모레퍼시픽'의 옛 이름이다.

브랜드로서 '아모레'는 1964년에 태어났지만, 모 회사인 태평양은 약 20년 전인 1945년 9월에 시작했다. 하지만 기업사 관점에서 실제 모체는 1932년에 세워진 '창성상점'까지 거슬러 올라간다. 박가분이 한창 인기를 얻고 있던 1930년대, 태평양 창업주 서성환 회장의 모친인 윤독정은 개성에서 동백기름을 제조해 판매하기 시작했다. 처음에는 원시적 형태의 가내수공업 수준이었지만 차츰 인기를 얻으며 미안수(스킨로션), 구리무(크림), 가루분(백분) 등으로 품목을 늘려가며 이내 직접 판매상점을 차리고 '창성상점'이라 이름을 붙였다. 상점이라 했지만 제품 생산자 명칭으로도 창성을 사용했다. 보통학교 졸업 후 어머니의 사업을 돕던 서성환은 해방과 함께 사업을 물려받아 '태평양화학공업사'를 창립하며 본격 근대 기업의 길을 걷게 되었다.

태평양의 1호 브랜드는 1948년 출시한 '메로디'였다. 그 당시 포마드·크림·로션 등을 생산했는데 그중에 크림이 가장 인기를 얻었다. 하지만 제대로 사업이 자리를 잡기도 전에 한국전쟁이 시작되었고, 오히려 전쟁을 피해 내려간 부산에서 오늘날 태평양의 초석을 만든 히트 브랜드, 'ABC포마드'를 만든다. 당시 시대적 흐름을 잘 읽어내 성공한 경우였다. 해방과 함께 일제시대에 강요받던 군인 스타일의 빡빡머리가 가고 머리를 기를 수 있는 자유가 주어졌다. 그리고 양복이 자리 잡기 시작하면서 머리를 가다듬어야 할 일도 늘어났다. 이후 젊은 남성에서 노인에 이르기까지 머리에 멋을 내기 시작하면서 1930년대 이후로 자취를 감췄던 포마드 시장이 되살아난 것이다.

ABC포마드는 바셀린이 아닌 식물성 원료인 파자마유를 사용해 기존 포마드를 사용할 때의 단점인 뻣뻣한 머릿결이나 번들거림을 줄이고 수입산 향료를 사용해 불쾌한 향을 줄이는 등 품질 면에서도 다른 제품보다 앞섰기에 큰 인기를 누렸다. 현재 아모레퍼시픽 사사社史에는 "부산에서 열차로 보낸 제품이 서울역 집하장에서 기

ABC포마드 등 당시 헤어 제품들

바셀린이 아닌 식물성 원료인 파자마유를 사용해 빳빳한 머릿결과 번들거림을 줄이고 수입산 향료를 더해 좋은 품질로 인기를 누렸다. (국립민속박물관 소장)

다리고 있던 도매상들에 의해 그 자리에서 모두 인수돼 따로 물류 창고가 필요 없을 정도였다"고 밝히고 있다. 이렇게 포마드에 이어 크림까지 잇달아 성공하면서 부산 피난 기간이 태평양에게는 큰 사업으로 도약하는 계기가 되었다.

전쟁이 끝난 후 서울로 올라온 태평양은 전 직원이 30명 정도인 상황에서도 연구소를 설립하고 신제품 연구와 품질개선에 공을 들인다. 1959년에는 프랑스 '코티'와 제휴를 맺고 '코티분백분'을 출시했다. 1960년대를 살았던 우리 할머니 세대에게는 코티가 곧 분이나 파우더를 지칭할 정도로 국내 화장품 시장을 평정했는데, 그 덕에 하도 모조품이 많아 누가 진짜 상품을 쓰는지 분간이 어려울 정도였다고 한다.

'아모레아줌마'로 일궈낸 성공시대

1960년대는 오늘날 태평양의 이름이 된 '아모레'가 탄생한 시기다. 아모레 출시는 우리나라 화장품 산업을 대표하는 브랜드의 출발이라는 의미도 있지만 동시에 태평양을 오늘날 화장품 제국으로 만든 새로운 유통구조를 구축했다는 측면에서도 의의가 크다.

제조사–도매상–소매상–소비자로 이어지는 기본적 상품판매 흐름은 어쩔 수 없이 도매상의 입김이 셀 수밖에 없는 구조였다. 이를 극복하기 위해 태평양은 아모레 이전에 1962년 '오스카'라는 브랜드를 내면서 지정판매점 제도를 실시한 바 있다. 지금의 대리점까지는 아니지만, 약국이나 양품점 등 일반 상점을 자사 브랜드의 유통업체로 지정하고 이들에게 직접 상품을 공급하는 방식이었다.

소매점과 직접 거래함으로써 유통단계를 줄이고 모조품을 방지할 수 있는 효과도 있었다. 하지만 이 방식은 시작한 지 얼마 되지 않아 한계를 드러낸다. 지정판매점이 태평양의 화장품만 취급하는 전문점이라면 좋겠으나 원래의 본업이 따로 있는 가게들이었기에 화장품에 대한 지식이나 고객서비스에 한계가 있었을 뿐 아니라 화장품 판매가 뒷전으로 밀리게 마련이었다. 독자적으로 구축한 유통방식이었지만 개선이 필요했다.

대안으로 떠오른 것이 당시 막 시작되던 방문판매였다. 새로운 유통경로에 힘을 싣기 위해 방문판매를 위한 신제품을 기획했고, 아모레가 이 제품 라인의 브랜드로 낙점되었다. 말하자면 아모레는 새로운 유통환경에 맞춘 신무기였던 셈이다. 아모레는 1964년 9월에 상표등록을 마치고 새로운 유통정책과 함께 바로 출시되었다.

태평양을 대표하게 된 방문판매 방식은 여러 가지 장점이 있었다. 화장품에 대한 전문지식을 갖춘 판매원은 고객을 직접 만나 상품정보나 화장법, 유행하는 트렌드 등을 전달하며 소비자들과 친밀감을 쌓았고 상품판매는 물론 각종 에프터서비스와 불만사항접수 등 고객소통 창구 역할까지 도맡았다. 소비자 역시 집에서 편하게 상품을 구매하는 장점 외에도 외상거래도 가능했을 뿐 아니라, 단골 관계를 맺게 되면서 가짜 상품이나 바가지 등 심리적 위협에서 벗어나 안심하고 상품을 구매할 수 있었다. 게다가 1960년대 아직 경제활동 참여 기회가 제한적이었던 여성들에게 새로운 기회를 크게 확대하는 사회·경제적 영향까지 미치게 되었다.

'아모레아줌마'라고도 불리던 방문판매원은 1980년대 후반 전문점 시대가 열리기까지 태평양이 국내 화장품 업계를 선두에서 이끌수 있도록 만든 대표상품이 되었다. 방판 브랜드 아모레는 점진적으로 태평양을 대표하는 하우스 브랜드로 성장하면서 그 하위에 다양한 브랜드를 거느리게 된다.

조금 의외지만, 태평양과 아모레의 성장에는 《향장》이라는 미용정보 매거진의 도움이 컸다. 원래 1958년 《화장계》라는 이름으로 처음 발행했는데, 화장이 익숙하지 않고 상품 정보가 부족하던 시절, 다양한 미용정보와 화장법, 신상품 등을 소개하는 일종의 홍보지였다. 읽을거리가 부족했던 시기에 이 잡지는 화장, 패션 등 여성들에게 유용한 생활 정보뿐 아니라 다양한 분야의 전문가 칼럼을 포함해 여러 문화 컨텐츠를 아우르며 시와 소설도 소개되는 등 종

사외보 잡지 시장을 연 《향장》

화장, 패션 등 여성에게 유용한 생활 정보뿐 아니라 다양한 분야의 전문가 칼럼을 포함해 여러 문화 컨텐츠를 아울렀고, 시와 소설도 소개되는 등 종합문화정보지로서 큰 인기를 얻었다. (국립민속박물관 소장)

합문화정보지로서 큰 인기를 끌기 시작했다.

1980년대에는 다양한 주제의 주간지나 여성월간지 등이 화려하게 성장했지만 《향장》은 월 200만 부 이상을 발행하면서 우리나라 최고 인기 잡지 타이틀을 놓치지 않았다. 미용실, 패션상점 등 여성들이 많이 모이는 곳에는 필수품이었는데, 무료였기에 가능한 측면도 있었지만 반대로 과월호가 헌책방에서 유료로 거래될 정도로 영양가 높은 콘텐츠로 인정을 받았다. 중간에 《난초》(1963)로 한 차례 이름을 바꾸기도 했지만 1972년 다시 지금의 《향장》으로 바꾼 다음 오늘까지 이르고 있다.

《향장》의 성공으로 국내 화장품 업계는 사외보 형태의 잡지 발행이 당연한 트렌드로 여겨지기도 했다. LG생활건강의 《이자녹스》와 《드봉》, 한국화장품의 《쥬단학》, 나드리화장품의 《나드리》, 쥬리아의 《꽃샘》, 피어리스의 《아미》 등 거의 대부분 회사들이 잡지를 발행하며 뷰티 트렌드를 주도했다. 이중에서도 《향장》은 60년 넘게 발행되면서 뷰티 업계는 물론 국내 잡지 및 출판 역사에서도 중요한 의미를 갖는다.

태평양은 아모레 외에도 고객층과 제품 카테고리에 맞춰 다多브랜드 전략을 펼치며 계속해서 시장을 확장했다. 1971년에는 젊은 층 공략을 위한 '뷰럭스'와 '보나르', 1973년에는 인삼성분인 사포닌을 활용한 한방화장품 '삼미', 1974년에는 '타미나', 1975년에는 '미보라' 등 거의 매해 신상품을 냈고, 1978년에는 남성용 화장품 '쾌남'을 선보였다. 많은 브랜드를 내다보니 브랜드 수명이 짧을 수밖에 없었는데, 아쉽게도 지금 이 브랜드 중에 쾌남 정도만 남아 있다.

IMF와 함께 몰락한 대한민국 화장품 브랜드

1960년대와 1970년대를 지나며 여러 브랜드가 한국 화장품 시장을 놓고 격돌하기 시작한다. 그중에도 1962년 설립된 한국화장품은 태평양의 가장 오랜 경쟁자였고, 여기에 1984년 LG화학이 드봉을 앞세워 다시 화장품 시장에 참전하면서 태평양, LG화학, 한국화장품이 'Big 3'를 형성하며 한국 화장품 시장을 이끌었다.

한국화장품의 출발은 일본 단학사와 기술제휴로 만든 '단학포마드'였다. 당시 태평양의 ABC포마드가 장악하고 있던 이 시장에 도전해서 어느 정도 입지를 다진 후, 1967년에는 여성용 화장품 '쥬단학'을 내면서 전 분야에 걸쳐 태평양과 경쟁 관계를 만들었다. 또한 '쥬단학아줌마'로 방문판매 시장을 공략해 '아모레아줌마'와 함께 국내 방판 시장의 성장을 이끌었다. 한국화장품은 1970~80년대를 거치며 태평양과 함께 화장품 산업의 쌍두마차로 성장했지만, 1980년대 말 경영진 간의 불화로 일부 경영진이 독립해 '한불화장품(1989)'을 설립하는 등 불길한 기운이 맴돌기 시작했다. 그 이후 1990년대까지도 '템테이션·칼리' 등 신규 브랜드로 계속해서 인기를 얻었으나, 결국 이들 대부분의 브랜드는 지금 겨우 명맥만 유지하는 수준이다. 한불화장품 역시 1990년대 중반 도발적인 마케팅 캠페인 등으로 큰 인기를 끌었으나, 지금은 존재감을 찾기 어려운 브랜드가 되었다.

1950년대 출발해 IMF 시절까지 태평양, 한국화장품 등과 함께 한국 화장품 시장을 형성하던 브랜드로는 '피어리스, 쥬리아' 등이 있었다. 1957년 설립해 일본 피아스와 기술제휴하면서 성장한 피어리스는 1970년대까지만 해도 태평양, 한국화장품과 3강 체제를 구축하며 전성기를 누렸다. 쥬리아는 이보다 한 해 앞선 1956년 '성미쥬리아'로 출발했는데 방문판매 제도를 가장 먼저 시작한 주인공이기도 하다. 1960년 쥬리아를 출시하면서 방문판매 제도를 도입했는데, 뒤이어 태평양과 한국화장품이 뛰어들어 전국적으로 확장하면서 체계화한 것이다.

하지만 두 회사 모두 IMF 시절 경영 악화를 이기지 못하고 무너졌다. 피어리스는 부도처리 후 창업자 조중민 회장의 장남인 조윤호 대표가 과거 멤버들을 규합해 '스킨푸드'를 출시했다. 2000년대 초반 중저가형 전문점 로드숍 시대를 열면서 화장품 시장에서 돌풍을 일으켰지만 오래가지 못하고 지금은 다시 법정관리 처지에 놓여 있다. 쥬리아 역시 부도 후 임직원들이 중심이 되어 '아이쥬리아'라는 회사를 설립하여 재기를 위해 노력하는 중이다.

지금은 '이노센스'로 이름을 바꾼 나드리화장품도 있다. 1978년 한국야쿠르트의 계열사로 설립되었고, 1994년에 출시한 투웨이케이크가 공전의 히트를 치며 전성기를 보냈지만 IMF와 2000년대 중후반 유통환경의 변화를 이기지 못하고 쇠락했다. 몇 차례 주인이 바뀌면서 다시 과거의 명성을 되찾기 위해 분투하고 있지만 쉽지는 않아 보인다.

이처럼 1970~80년대 한국 화장품 산업을 이끌던 브랜드 대부분이 지금은 찾아볼 수 없거나, 겨우 명맥만 유지하고 있는 수준이다. 이런 화장품 업계의 지형 변화는 유통 변화와도 밀접한 관계가 있다. 1980년대부터 화장품 전문점이라 불리는 종합 대리점 제도가 생기면서 한 매장에서 여러 브랜드가 동시에 경쟁하게 되었는데, 1980년대는 컬러TV의 확산과 함께 화장품 업계도 많은 예산을 투입해 광고 전쟁을 벌이던 시기이기도 하다. 국내 정상급 여배우는 물론 소피 마르소Sophie Marceau, 나스타샤 킨스키Nastassja Kinski 등 해외 유명 배우까지 우리나라 화장품의 모델로 등장했다.

여기에 1993년 해외 화장품 수입자유화로 해외 브랜드가 다시 들어오기 시작했다. 1961년 군사정권의 수입 금지 조치로 해외 브랜드가 퇴출된 상황에서 우물 안 경쟁을 하던 국내 화장품 업계는 글로벌 프리미엄 브랜드 앞에서는 한없이 작아졌다. 백화점을 중심으로 고가시장이 형성되었고, 새롭게 등장한 대형마트를 중심으로 가격 할인 및 중저가 상품 시장이 만들어지면서 중간에 끼어 있던 종합 대리점은 가격체계를 무시하는 수준의 큰 할인경쟁을 시작한다. 해외 프리미엄 브랜드와는 경쟁이 되지 않았고, 제품력으로는 다들 비슷했기에 유통업계의 입김에 밀려 가격경쟁을 할 수밖에 없었던 것인데 결과적으로 이는 국내 화장품 산업 전체가 공멸하는 끔찍한 결과를 가져온다. 종합 전문점은 가격과 품질을 믿을 수 없는 저가형 유통으로 전락했고 대부분의 국내 토종 브랜드는 마케팅경쟁에 이어 할인경쟁으로 체력이 떨어지면서 IMF라는 거대한 쓰나미를 견디지 못하고 심각한 타격을 입게 된 것이다.

이어 2003년에 등장한 미샤의 돌풍은 기존 화장품 업계에는 IMF 못지않은 큰 파도였다. 3,300원 화장품이라는 초저가 정책에 단일 브랜드만을 취급하는 전문점 시대를 열면서 기존 화장품 업계는 가격과 유통 두 측면에서 완전히 새로운 경쟁 환경으로 내몰리게 되었다. 아모레는 '에뛰드, 이니스프리' 등을 내세웠고, LG생활건강은 '더페이스샵'을 인수하면서 로드샵 시장에 뛰어들었다. 미샤와 더페이스샵에 이어 스킨푸드, 토니모리, 잇츠스킨 등 로드샵용 중저가형 브랜드 중심으로 시장은 재편되었고, 한국 화장품 브랜드들은 고급화를 추구하는 아모레, LG생활건강과 대부분의 중저가형 브랜드로 나뉘게 되었다. 그리고 일부 기업들은 독자브랜드를 포기하는 대신 제조설비와 기술을 바탕으로 OEM 사업을 확대했다. 이 흐름은 거꾸로 수많은 신생 브랜드가 탄생하는 기반이 되기도 했으니, 역시 모든 일에는 명암이 있게 마련이다.

하지만 로드샵의 흥행은 오래가지 못했다. 단일 브랜드만을 취급하는 로드샵은 우리나라에만 제한적으로 나타났던 특이한 유통 방식이었다. 가성비를 중시하던 소비 트렌드에 힘입어 초반에 큰 인기를 끌었지만 온라인 쇼핑 활성화와 함께 오프라인에서는 '올리브영, 랄라블라' 등 드럭스토어가 인기를 끌면서 입지가 좁아졌다. 로드샵은 명동과 홍대 일대를 장악한 중국 단체 여행객과 보따리 수입상의 활동 무대가 되면서 한때 호황을 누리기도 했지만 중국과의 정치적 이슈로 단체 관광이 금지되면서 영향력이 급속히 줄어들었다. 결국 이는 다시 국내 로드샵 브랜드의 침체로 이어진다.

한국을 넘어 아시아로 진출하다

1980년대에서 2010년대 후반까지 이어진 유통환경의 격변 속에서도 태평양은 변함없이 시장 1위를 지키고 있을 뿐 아니라 오히려 이 기간에 더 강력한 브랜드 파워를 구축하고 시장을 확대하며 기업 가치를 훨씬 크게 만들었다. 하지만 태평양과 아모레에게도 이 기간 중 위기는 있었다.

지금까지 살펴본 국내 토종브랜드의 위기는 대부분 1990년대 후반 IMF와 2000년대 후반 새로운 유통환경에 적응하지 못해 실패한 경우다. 화장품업계 뿐 아니라 우리나라 기업사 전반으로 넓혀도 주력업종에서의 성공을 바탕으로 문어발식 사세 확장으로 덩치를 키우다 1997년 IMF를 기점으로 혹독한 시련을 겪은 사례들이 대부분이다. 하지만 태평양의 위기는 조금 다른 양상이었고, 오히려 이 위기가 큰 약이 되었다.

1970~80년대 고도 성장기를 지나온 태평양은 당시 국내 재벌 기업들과 마찬가지로 주력업종인 화장품 외에도 제약, 생활용품, 금융업, 전자업은 물론 야구단과 농구단까지 거느릴 정도로 다양한 분야로 발을 넓혀 놓은 상태였다. 하지만 화장품을 제외한 대부분의 사업이 적자상태였고 화장품 역시 경쟁이 심해지면서 70퍼센트에 달하던 점유율은 1980년대 후반에 절반으로 곤두박질치며 그룹 전체에 빨간 신호등이 켜진 상태였다. 방문판매 시장이 급속히 위축되고 전문점 시장이 성장하면서 태평양의 매출은 크게 꺾였고, 1990년대 중반 해외 프리미엄 브랜드의 성장은 더 큰 위협이었다.

이 위기상황에서 당시 기획조정실장이자 차남이었던 서경배 사장은 비주력 계열사를 매각하고 화장품에 집중하는 과감한 구조조정을 진행했다. 당시로서는 파격적이었지만 한 발 앞선 구조조정 덕에 태평양은 국내 다른 기업들과 달리 IMF 위기에 오히려 더 큰 성장의 기회를 맞이하게 된다. 서경배 회장은 이 구조조정을 성공적으로 지휘하면서 경영 능력을 인정받아 형을 제치고 그룹의 후계자가 되기도 했다. 구조조정의 성과는 1990년대 중반부터 바로 나타났다. 지금까지도 태평양을 대표하는 메가 브랜드들이 이때부터 줄줄이 태어났는데, '마몽드·라네즈·헤라·아이오페·설화수' 등이다. 그룹 관점의 정비에 이에 태평양은 화장품 브랜드 구조조정도 진행한다. 당시 30여 개에 달하던 브랜드를 콘셉트와 타깃 연령대, 가격대 기준으로 분류하고 겹치는 브랜드는 정리하거나 하위브랜드로 재배치하며 전체 포트폴리오를 구성하고 핵심 브랜드에 집중할 수 있는 구조를 만들었다.

첫 주자였던 마몽드는 출시 3년 만에 화장품 단일 브랜드로는 처음 매출 1,000억 원을 돌파했다. 특히 "산소 같은 여자" 광고 시리즈는 마몽드를 국내 최고의 브랜드로 만든 일등공신이다. 당시 무명 모델이었던 이영애는 기존 여성 화장품 모델의 전형성을 벗어던지고 화장품 대신 권총을 들고 선글라스를 쓰고 나타나 영화를 방불케 하는 스케일의 TV 광고로 일약 스타덤에 올랐다. 여기에 프랑스어로 '나의 세상'을 의미하는 브랜드 이름처럼, 여성의 사회적 지위와 인식이 변화하는 트렌드에 맞춰 "나의 삶은 나의 것", "성취는 남자의 것만이 아니다" 등 여성의 심리적 욕구를 자극하는 카피를 통해 경쟁 브랜드가 쉽게 넘볼 수 없는 강력한 지위를 구축했다.

마몽드가 매출 1천억 원을 넘었던 해에 출시한 라네즈는 마몽드보다 더 빠르게 1천억 원 매출 벽을 넘어선다. 20대 여성을 타깃으로 만들어진 라네즈는 "영화처럼 사는 여자" 캠페인으로 마몽드에 이어 태평양의 양대 브랜드로 성장한다. 태평양은 1970년대부터 광고마케팅에 많은 비용을 투입했고 많은 히트 캠페인을 남겼지만, "산소 같은 여자"와 "영화처럼 사는 여자" 캠페인은 태평양뿐 아니라 우리나라 화장품 산업, 나아가 광고업계 전체를 통틀어도 몇 손가락 안에 꼽을 법한 명작 캠페인이다. 이 두 캠페인은 타깃 고객인 여성들의 심리와 당시 사회적 분위기를 적절히 반영했을 뿐 아니라 강력한 콘셉트를 바탕으로 브랜드 이미지를 만들면서 장기간 지속하며 브랜드 자산을 구축하는 데 크게 기여했다.

1995년 론칭해 1997년까지 3년 동안 이어진 라네즈의 영화 패러디 시리즈는 이영애의 "산소 같은 여자" 시리즈를 과연 뛰어넘을 수 있을까 하는 당시 내부의 우려를 말끔히 씻어낼 정도로 크게 성공했다. 이 광고를 본 많은 여성들은 영화의 여주인공처럼 살고 싶은 마음에 끌려 라네즈 하나쯤은 파우치에 넣고 다니지 않았을까 싶다. 앞서 보았듯이 1990년대 이전까지는 계속해서 신규 브랜드를 출시하며 스스로 마케팅 비용의 부담을 자초한 경향이 있었지만, 마몽드와 라네즈를 시작으로 잘 구축된 브랜드 아이덴티티를 지켜가며 장수 브랜드로 만들어가는 쪽으로 전체 브랜드 전략의 줄기가 바뀌는 계기가 되기도 했다.

세 번째 주자인 아이오페는 코스메디컬 화장품이라는 이른바 기능성 화장품 시대를 개척하며 또 하나의 히트 브랜드 대열에 합류했고, 설화수는 1966년 'ABC인삼크림'으로 시작된 태평양의 한방화장품에 대한 고집과 기술력이 축적된 브랜드로, 중국은 물론 싱가포르·대만·태국 등 동남아시아 지역에 진출해 명품 브랜드로 자리 잡고 있다.

하지만 중국의 발전과 함께 큰 성장을 누렸던 아모레퍼시픽도 요즘은 주춤하는 모양새다. 중국 시장에서의 지위는 예전만 못하고 국내에서도 고전하고 있다. 대신 라이벌인 LG생활건강이 아모레를 바짝 뒤쫓으며 1위 자리를 위협하고 있다. LG는 럭키치약의 배경이 된 '럭키크림'으로 먼저 화장품을 만들었던 역사가 있다. 치약 사업에 집중하면서 화장품 사업을 접었는데, 1970년대 후반부터 준비해 1984년 '드봉'을 내세우며 화장품 시장에 다시 진출했다.

이로서 LG와 태평양은 화장품뿐 아니라 치약, 비누, 샴푸 등 생활용품 전반에 걸쳐 물러설 수 없는 경쟁을 벌이게 된다. LG는 드봉에 이어 '라끄베르·이자녹스·오휘·보닌' 등 아모레퍼시픽의 각 카테고리에 대응하는 브랜드를 출시하며 태평양과 함께 1990년대 우리나라 화장품 시장의 양강 구도를 형성했다.

라끄베르, 이자녹스는 라네즈, 마몽드와 함께 우리나라 화장품의 대표 브랜드 군을 형성했는데, 최근 LG의 성장세를 이끌고 있는 것은 2003년에 출시한 럭셔리 한방 브랜드 '후'이다. 2018년 말 단일 브랜드로는 처음으로 매출 2조 원을 돌파한 초대형 브랜드로 성장했다. 정치적 이슈로 중국 단체 관광객의 유입이 줄면서 국내 면세점 매출이 줄어들었지만 반대로 중국 시장에서 매출이 크게 늘었는데, 시진핑 주석의 부인인 펑리위안이 이 제품을 구입한 것이 마케팅 포인트가 되면서 중국 시장에서의 인지도와 위상이 크게 올라간 측면이 있다. 하지만 제품 관점에서는 오랜 기간 추구해온 고급화 전략이 맞아떨어지면서 베이징, 상하이의 주요 백화점에 입점하는 등 기본 체력을 꾸준히 키워온 결과로 봐야 할 것이다. LG생활건강은 후는 물론 '숨37' 등 새로운 브랜드로 계속해서 중국 시장을 공략하면서 글로벌 브랜드로 성장하겠다는 의지를 다지고 있다.

하지만 여전히 아모레퍼시픽은 한국을 대표하는 뷰티 브랜드다. 중국 외에도 아시아는 물론 유럽과 북미 등 글로벌 진출 다각화를 통해 더 큰 성장을 하겠다는 각오를 밝히고 있다. 2000년대의 화려한 모습을 되찾지 못하고 있지만 과감한 선택과 집중으로 오늘의 자리를 만들었던 저력을 무시할 수 없다. 70여 년 가까운 역사를 통해 글로벌 브랜드로 돋움하고 있는 아모레와, 상대적으로 짧은 기간이지만 아모레와 경쟁하면서 쌓아온 기술과 노하우를 통해 또 다른 글로벌 브랜드로 성장하고 있는 LG생활건강의 동반 선전을 기대해본다.

8
빨래와 설거지의 부담을 덜어준 세제들
하이타이와 트리오

합성세제 시대의 막을 열다

우물가 혹은 냇가에 모여 앉아, 물에 묻힌 빨랫비누를 빨랫감에 치덕치덕 바르고, 온 몸의 무게를 실어 비비고 주무른다. 고달픈 삶에 대한 분풀이라도 하듯 비틀고 쥐어짜며 때를 빼고, 이걸로도 모자라 방망이로 옷감이 해져라 두드리며 여기저기서 쌓인 한을 빨래에 뱉어낸다. 옛날옛적 빨래터 일상이다. 겨울이면 찬물에 시린 손이 퉁퉁 부어오르고 그나마 때도 잘 빠지지 않아 두 배로 힘든 일이 빨래였다. 냇가가 수돗가로 바뀌었을 뿐, 이 모습은 1960~70년대까지도 크게 다르지 않았다.

해본 사람은 누구나 알겠지만, 빨래는 여전히 시간도 힘도 많이 드는 고통스러운 가사노동이다. 어린아이라도 있는 집에서는 하루

종일 빨래에 매달려야 했을 정도다. 그나마 자동세탁기가 나오면서 이 고된 빨래 노역에서 조금 벗어날 수 있었다. 하지만 세탁기조차 이것 없이는 무용지물이니, 바로 가루세제라고도 부르는 합성세제다. 세탁기에 빨랫감을 넣으면서 빨랫비누를 넣을 수는 없는 노릇이니, 가루세제가 만들어지지 않았더라면 어쩌면 세탁기는 아직 세상에 없었을지도 모를 일이다. 그런 측면에서 빨래로부터 여성을 해방시켜준 진정한 장본인은 가루세제라고도 하겠다.

우리나라에서도 1969년 금성사가 최초로 국산세탁기를 출시하며 세탁기 시대가 열렸다. 세탁기의 파트너인 가루세제는 그보다 3년 앞선 1966년에 첫 국산제품이 나왔는데, 락희화학의 '하이타이'가 주인공이다. 금성사와 락희화학의 관계는 이미 우리가 잘 알고 있으니, 세탁기와 세제도 결국 한 뿌리이자 사촌지간인 셈이다. LG그룹은 다방면에서 우리나라 가정생활에 가장 큰 변화를 끼친 기업이라 할 만하다.

세탁기도 없던 시절, 세탁기에 주로 쓰이는 합성세제의 탄생 스토리가 순탄하지만은 않았다. 신제품이 처음 시장에 나오면 낯선 제품이기에 소비자 반응이 뜨뜻미지근한 것이야 다반사지만, 하이타이는 그 이전 상품 제안 단계에서부터 회사 내의 반대와 걱정을 극복해야 했다. 하이타이 개발을 주도한 허신구 상무는 1960년대 초 태국 출장길에 합성세제를 처음 보게 된다. 아직 우리나라는 빨랫비누로 힘겹게 빨래를 하고 있을 때 이미 동남아에서는 우리보다 앞서 합성세제를 쓴 모양이다. 출장에서 복귀한 허상무는 회사에 합성세제를 만들자고 제안했지만, 당시 럭키는 럭키비누를 주축으로 한 비누 사업에 총력전을 벌이고 있었기에 아직은 시기상조라는 이유로 보류된다. 태어나기도 전에 기존 주력상품의 매출을 갉아먹을지도 모른다는 눈초리와 싸워야 했던 것이다.

하지만 '물에 타면 이상한 거품이 생기면서 신기하게 때가 빠지는' 이 마법 같은 가루를 잊지 못했던 허 상무의 지속적 제안에 결국 1964년 드디어 구인회 회장으로부터 허락이 떨어진다. 이때에는 그룹 내에서도 세탁기 개발이 진행되고 있었기 때문에 세제를 개발할 필요가 있다고 인정한 측면이 크다.

이렇게 해서 1966년 4월 국내 최초의 합성세제 하이타이가 출시된다. 그러나 이 생소한 세제에 소비자 반응은 싸늘했다. 사용법도 잘 모르겠거니와 그 효능도 의심쩍었다. 세상에 없던 신제품을 홍보하는 데 가장 좋은 방법은 시연과 체험이다. 직접 소비자에게 하이타이의 사용법과 효과를 보여주기 위해 럭키 영업직원들이 직접 팔을 걷어붙이고 거리로 나갔다. 실제로 하얀 가루를 풀었을 뿐인데, 그 물에 담가두었던 빨랫감을 꺼내서 몇 번 비비자마자 때가 빠지면서 깨끗해지니, 모여들었던 동네 구경꾼들은 신기할 따름이었다. 직접 눈으로 효능을 확인하게 되면서 합성세제의 간편성에 주부들은 호응하기 시작했고 1년이 채 안 되어 공장의 생산설비를 늘려야 할 정도로 인기를 끌기 시작했다.

여기에 재미있는 프로모션도 더해졌다. 당시 결혼식에 참여한 하객에게 찹쌀떡이나 빵 등을 답례품으로 주는 풍습이 있었는데, 여기에서 기회를 포착해 결혼식 답례용 제품을 별도로 만들었던 것이다. 이 작은 아이디어는 큰 호응을 얻으면서 1968년부터는 봄 결혼 시즌의 답례품으로 하이타이가 인기를 휩쓸었다고 한다.

세제 시장의 삼국지 시대

금성사의 국산 세탁기와 함께 하이타이는 본격 성장기를 맞이한다. 당시 금성사는 세탁기 광고에 "세탁기용 합성세제로 럭키 하이타이를 권합니다"라고 표기하며 적극 지원했다. 합성세제나 가루비누보다는 하이타이가 주부들에게는 익숙한 이름이 되었고, 그렇게 하이타이는 20년이 넘게 합성세제의 대명사로 군림하며 LG생활건강의 성장과 사업 확장에 효자 노릇을 톡톡히 하게 된다.

하이타이가 합성세제의 1세대였다면 1980년대 중반부터는 2세대 효소세제의 시대가 시작된다. 합성세제는 세척력이 좋았으나 반대로 거품으로 인해 수질오염을 일으킨다는 지적을 받아왔다. 이에 대한 대응으로 독일 헨켈사와 제휴를 통해 거품을 줄이고 단백질 분해효소를 더해 세척력과 헹굼력을 개선한 새로운 제품, '수퍼타이'를 선보였다. 포장용기 역시 플라스틱을 벗어던지고 카톤(종이)박스를 도입해 고급이미지와 함께 친환경이미지를 더했다. 여기에 사용의 편리성을 강조한 "담가만 주세요"라는 광고 카피로 가정주부의 마음을 사로잡으면서 1990년대 하이타이와 함께 세제 시장의 간판주자로 활약하게 된다.

한편 애경이 1987년 '스파크'를 출시하며 효소세제 경쟁에 뛰어든다. 찬물에도 잘 풀어지는 것을 무기로 강력한 경쟁자로 떠올랐

럭키 하이타이 등 당시 사용하던 생필품들

1966년 4월 국내 최초의 합성세제 하이타이를 출시했지만 소비자의 반응은 싸늘했다. 이에 럭키는 다양한 프로모션으로 판매를 유도했다. (©한국저작권위원회)

다. 효소세제 시대로 접어들면서 수질오염을 줄이고자 하는 노력은 계속되었다. 조금 써도 빨래가 잘 되게 만드는 게 핵심이었다. 이때 선보인 '하모니'는 단백질 분해효소에 이어 지방질 분해효소를 더해 세척력을 강화했다. 사람 몸에서 만들어지는 대부분의 오염원이 지방과 단백질이었기 때문에 이런 효소세제는 빨래를 담가놓기만 해도 때를 분해하는 기능으로 주부들의 힘겨움을 덜어줄 수 있어 인기가 높았다. 식물성 원료를 사용한 '수퍼그린'은 석유계 계면활성제 대신에 야자에서 추출한 식물성 계면활성제를 사용한 것이 특징이었다.

이어서 1990년대에는 고농축세제로 경쟁이 벌어졌다. 기존 제품 대비 3분의 1 정도만 사용해도 되는 수준으로 부피를 줄여 빨래

효율을 높이고 보관은 물론 수질보호 기능까지도 개선하는 노력이 있었는데, LG생활건강의 '한스푼'과 애경의 '스파크'와 함께 CJ가 '비트'로 새롭게 진입하면서 본격 3강 체제가 형성되었다. '누가 더 적은 양으로 빨래를 깨끗하게 할 수 있는가'를 놓고 대규모 마케팅 공세를 벌이며 치열한 접전을 벌이던 시기였다.

이렇게 효소세제에서 고농축세제로 넘어가면서 사용 환경에 따라 세제가 세분화되기 시작한다. 살균과 표백 효과를 보강해 빨래만으로도 삶은 효과를 내는 제품들이 나오면서 어린아이가 있거나 맞벌이로 시간이 부족한 주부들에게 큰 호응을 얻는가 하면, 적은 물에도 잘 녹는 드럼세탁기 전용 세제들도 나온다.

3사 모두 대부분 기존 브랜드를 활용하면서 부분적 개선과 업그레이드를 하고 있었지만, 여기에 섬유유연제로 유명한 피죤이 새롭게 액체세제 '액츠'를 출시하면서 새로운 국면이 만들어졌다. 액체세제는 찬물에도 잘 녹아 침투력이 좋을 뿐 아니라 그로 인해 옷감에 세제 찌꺼기가 남지 않는 장점이 있었다. 기존 3사 모두 대표 브랜드에 액체세제를 추가하거나 신규 브랜드를 출시하면서 세제 시장은 빠르게 액체세제 중심으로 재편되어 지금은 60퍼센트 이상의 점유율을 차지하고 있다. 그뿐 아니라 캡슐형이나 태블릿형으로 편의성을 더욱 높이는가 하면 최근에는 뜯어 쓸 수 있는 시트형 제품까지 선보이고 있다. 식탁에서 주부들의 선택을 받기 위해 조미료 시장이 분말 형태에서부터 액체 조미료 시장까지 세대를 거듭하며 발전해온 것과 같은 양상을 보여주는 듯하다.

주방세제 시장 선점에 성공한 애경

애경은 락희가 처음 세탁세제를 내놓을 때부터 가장 강한 경쟁자였다. 1954년 설립과 함께 세탁비누를 생산하며 주부들에게 큰 인기를 얻고 있었을 뿐 아니라 락희가 하이타이 제조를 준비할 즈음에 이미 합성세제를 개발하고 있었다. 하지만 기술도입, 생산설비 구축 등에서 락희가 한 발 앞서게 되면서 애경은 최초의 세탁세제 타이틀을 넘겨줬어야 했다. 세탁세제에서는 출발이 늦었지만 애경은 같은 해 12월 국내 최초의 주방세제 '트리오'를 출시하면서 하이타이에 버금가는 혁신의 길을 열었다.

빨래 못지않게 설거지 역시 주부들에게는 힘든 일이었다. 잿물이나 쌀뜨물에 짚으로 엮은 수세미나 모래로 그릇을 씻는 수준이었던 당시, 적은 양으로도 금방 풍성한 거품을 만들어 기름때까지도 말끔히 씻어내주는 트리오는 혁명적인 제품이었다. 설거지 시간을 획기적으로 줄이는 동시에 기본적으로 세척 효능이 뛰어난 제품이지만 처음부터 트리오가 일상에 침투하기는 쉽지 않았다. 당시 고무신이나 운동화 한 켤레가 80원~85원 정도였고 세탁비누 하나가 35원에 판매되고 있었기에 90원이라는 가격이 제품 확산에 부담으로 작용했다. 그렇게 멈추거나 좌절했으면 오늘날 트리오의 역사는 당연히 없을 것이다. 애경은 신문광고 외에도 부녀 사원들이 트리오를 카트에 담아 동네 구석구석 밀고 다니며 주부들에게 소개하면서 접점을 넓혀갔다. 그렇게 트리오를 처음 써본 주부들 사이에서 그릇의 기름기가 깨끗이 닦이는 세척력이나 편리성 때문에 조금씩 입소문이 나기 시작했다.

여기에 야채와 과일을 씻어 먹는 생활문화가 확산된 것도 한몫했다. 트리오는 그릇 외에도 야채와 과일까지 세 가지를 모두 씻을 수 있다고 해서 붙여진 이름이었다. 처음부터 설거지 외에도 농산물을 씻어 먹을 수 있는 세제로 고안된 것이었는데 이게 주효했다. 1960년대 우리 농업은 아직 화학비료보다는 인분人糞을 주된 비료로 사용하는 후진적 기술에 머물러 있었다. 이로 인해 기생충 문제가 심각했는데, 1949년 정부 통계를 보면 당시 기생충 감염률이 95퍼센트에 달할 정도였다. 이 부끄러운 '세계 1위' 수치는 국민 건강에도 치명적인 문제였다. 정부 차원에서 과일이나 야채 등 농산물을 익히거나 씻어 먹자는 캠페인을 진행했는데, 세제라고 해야 공업용이나 세탁용이 전부였던 시절에 안심하고 야채와 과일을 씻어 먹을 수 있는 트리오는 훌륭하면서도 거의 유일한 대안이었다.

한국기생충박멸협회의 추천 상품으로 선정되면서 트리오는 채소와 과일에 묻어 있는 기생충을 없애준다는 메시지를 전달하며 많은 가정집 주방에 자리 잡기 시작했다(지금은 주방세제를 크게 3종으로 구분해서 1종에 해당하는 세제만이 식기류 외에 채소나 과일 등 농산물 세정에 활용할 수 있다. 나머지 2종, 3종은 각각 식기류나 산업용 식기류 세정에 쓰인다.).

트리오는 출시와 함께 신문광고를 진행하는 등 광고도 적극적으로 활용했다. 1970년대 말에는 배우 남성훈이 등장해 요리와 설거지로 가정 일을 돕는 자상한 남편의 모습을 보이기도 했는데, 가부장적 사회 풍조에서 보기 힘든 스토리였다. 광고라는 것이 마음속 이상과 희망사항을 담아 공감과 호의를 얻는 도구로 활용되기도 하는 것을 보면, 지금 당장 현실에서 이뤄지기 힘든 모습을 그려서 주부 고객의 호응을 얻으려는 전략이었을 것이다.

주방세제를 샴푸처럼 착각해 머리를 감는 엉뚱한 스토리의 TV 광고도 화제가 되었다. 1980년대 말 코미디언 이주일이 등장한 광고였는데, "당신 머리 뭐로 감았어요?"라고 묻는 아내에게 "트리오로 감았지, 왜?"라고 대답하더니, "그거 주방세제예요"라는 지적에 "트리오 용기가 예뻐졌네, 실수했네"라고 말하는 내용이다. 인체에 무해함을 보이기 위해 왜 하필이면 머리를 감았을까 의아하지만 머리숱이 부족했던 이주일이 과감하게 샴푸를 했으니 그것만으로도 큰 화제몰이는 되지 않았나 싶다.

세탁세제에서는 애경을 따돌렸던 럭키였지만 주방세제에서는 트리오보다 한 해 늦은 1967년에 '에이퐁'을 출시하며 시장에 뛰어들었다. 하지만 트리오가 워낙 막강했기에 그다지 힘을 발휘하진 못하다가 1972년 '퐁퐁'을 내세우면서 비로소 존재감을 드러내기 시작했다. 퐁퐁의 인기는 대단해서 곧 트리오와 함께 시장을 양분하는 투톱 체제를 형성했다. 세제에서 나오는 거품의 이미지를 시청각적으로 연상할 수 있게 만든 쉽고 재미있는 제품 이름도 큰 역할을 했다. 퐁퐁과 트리오의 전쟁은 1990년대까지도 이어지는데, 트리오가 먼저 시장을 개척했지만 오히려 가정용 주방세제를 지칭하는 보통명사로는 트리오보다 퐁퐁이 더 광범위하게 사용되고 있는데, 역시 네이밍에서 우위를 차지했기 때문인 것 같다.

에이퐁에서 시작된 퐁 시리즈는 퐁퐁을 거쳐 1991년 '자연퐁'으로 이어진다. 반면에 트리오는 1966년부터 여전히 그 이름 그대로 주방세제 시장의 여전한 강자로 군림하고 있다. 50년 넘게 생산된 트리오를 일렬로 늘어놓으면 서울에서 부산을 283회 왕복하고 지구를 여섯 번이나 돌 수 있는 수량이라고 한다. 트리오는 1990년대 중반부터는 피부보호를 위한 저자극 세제, 친환경 프리미엄 세제 등으로 세분화하고 있다.

우리나라 빨랫비누의 대표주자, 무궁화

세탁세제와 주방세제가 나타나고 발전하면서 주부의 가사노동을 경감하고 가정 내 위생환경이 많이 좋아진 것이 사실이지만 그 근본적인 출발은 현대적인 비누의 개발과 보급이다. 씻고 가꾸는 것은 인간 본연의 욕구인 동시에 문명의 척도라고도 하지만 지금과 같은 형태의 비누는 서구에서도 1800년대 중반에서야 광범위한 대중화가 이루어졌을 정도로 인류 역사에 비해 비교적 짧은 역사를 가지고 있다.

현대적인 비누가 대중화되기 전까지 인류가 보편적으로 사용한 세제는 '잿물'이었다. 우리나라뿐 아니라 고대 그리스나 《구약성서》, 이집트 벽화, 바빌론 유물에서도 사용 흔적과 기록이 발견되는데 일반적으로 식물의 재를 태워 만드는 잿물에 동물의 기름을 섞어 세제로 활용했다. 오늘날 비누의 제조 원리와 본질은 비슷하다. 우리나라 역시 흔히 볼 수 있는 볏짚이나 기장, 조 같은 서속의 짚을 태운 재에 물을 부은 다음 침전물을 걸러낸 물로 몸을 씻거나 빨래 등에 사용했는데, 콩깍지나 창포뿌리를 말린 가루, 토란 삶은 물 등도 활용되었다고 한다.

조선 말기 개항과 함께 들어온 신문물 중에 당연히 서양의 비누도 포함되어 있었지만, 일반 서민이 사용하기에는 가격이 비싼 사치품이었다. 시간이 지나면서 쓰는 사람들이 늘긴 했지만, 여전히 쌀 한 말에 버금가는 고가 제품으로 부잣집에서나 구경할 수 있는 제품이었다. 일반 서민에게는 그저 잿물이 비누이자 세제였다. 다행히 일제 강점기 시절 양잿물이 보급되면서 직접 볏짚을 태울 일은 줄어들었지만, 양잿물 역시 여전히 씻기에는 번거롭고 또 다른 문제를 포함하고 있었다.

이 양잿물은 수산화나트륨(가성소다로도 불린다)을 물에 녹여 만드는데, 수산화나트륨이 단백질을 녹이는 성질이 있기 때문에 피부에 닿는 것만으로도 사람에게는 치명상을 입힐 수 있는 위험한 물질이었다. 실제로 사고가 많았는데, 사용하면서 화상을 입는 정도는 빈번했고 양잿물인 줄 모르고 마셨다가 목숨을 잃는 사례들도 있었다. 참고로 양잿물은 서양에서 들어온 잿물을 말한다.

우리나라 서민을 이처럼 위험하고 번거로운 세제 자급자족에서 벗어나게 해준 주인공은 '무궁화세탁비누'였다. 무궁화유지 창업주인 유한섭이 1947년 소공동에 빨랫비누 공장을 차린 것이 그 시작이었다. 돼지와 소 기름에서 추출한 글리세린에 양잿물을 섞어 만든 이 비누는 울퉁불퉁한 벽돌 모양에 누런 빛깔을 띠는 조잡한 수준이었지만 큰 인기를 얻으며 지금까지도 그 모양과 이름이 빨랫비누의 대명사로 여겨지고 있다. 이어서 1950년에 동산유지, 1954년

엣 세숫비누

빨랫비누와 세숫비누의 개발로 청결하고 아름다워지고 싶은 욕구를 해소할 수 있었다. 사진은 동산유지에서 나온 바나나 비누로 당시 99원에 팔렸다. (국립민속박물관 소장)

애경유지가 설립되어 비누 생산에 가세하면서 점차 우리나라 가정에서도 양잿물의 자리를 빨랫비누가 차지하게 된다.

빨랫비누 다음에는 세숫비누 차례였다. 애경은 빨랫비누를 만든 지 2년 만인 1956년 '미향'이라는 세안용 비누를 출시한다. 이름처럼 아름다워지고 싶은 욕구를 제대로 자극하며 인기몰이를 했는데, 1958년에는 한 달에 100만 개가 팔려나갈 정도였다. 1960년 기준으로 남한 인구가 약 2,500만 명, 430만 가구 정도 되었으니 네 집에 한 집 꼴로 미향비누로 세수를 했다는 뜻이다. 이 인기가 얼마나 대단했는지 당시 애경 공장이 있던 인천에서 서울로 가는 길에 달리는 화물차는 모두 애경 물건을 싣고 있다는 이야기까지 퍼질 정도였다. 빨랫비누와 미향의 성공으로 애경은 세제 산업에 역량을 집중하며 트리오 신화의 기반을 만들 수 있었다. 하지만 세탁기의 보급으로 빨랫비누 시장이 위축되면서 합성세제나 고급 제품으로의 다변화에 성공하지 못한 비누제조사들이 대부분 사라진 것은 아쉬운 일이다.

세안용 비누 다음에는 머리를 감는 샴푸가 등장했다. 사실 1960년 대만 해도 우리나라 사람들에게 머리는 감는 것이 아니라 빠는 것이었다. 대부분의 사람들이 그냥 비누나 빨랫비누로 머리를 감았다. 미군부대에서 흘러나온 레브론 샴푸가 최고로 꼽혔지만 늘 물자가 귀하던 시절이라 서민들에게는 언감생심, 사치품에 지나지 않았기에 머리는 여전히 비누의 차지였다. 그러다가 1967년 락희화학이 크림샴푸를 출시하면서 비로소 우리나라 사람들도 부드럽고 향기로운 샴푸로 머리를 감는 사치를 누리며 매끈하고 아름다운 머릿결을 챙길 수 있게 된다. 하지만 1980년대까지도 많은 남성들은 샴푸와 세안을 구분하지 않고 세수하면서 머리까지 함께 감기도 했고, 남성성을 과시하기 위해 미용비누보다는 빨랫비누로 머리를 감는다고 자랑 아닌 자랑을 하는 모습도 여전히 흔한 풍경이었다. 지금 생각하면 그땐 왜 그랬을까 하며 웃음이 나온다.

우리는 이제 매일 머리를 감고 샤워를 하고 빨래를 한다. 세안에는 폼클렌징, 손에는 손세정제, 샤워할 때에는 바디워시를 찾는다. 몸에는 바디샴푸를 쓰고 머리에는 두피 건강을 고려해 수십 종의 브랜드 중 내 머리 상태에 맞는 샴푸와 린스를 까다롭게 고른다. 이제 빨래할 때에도 어른 옷과 아기 옷은 따로 분리해서 세탁하고, 아기 옷에는 순한 원료로 만들어 자극이 덜한 전용세제를 따로 쓴다. 설거지는 그릇을 깨끗이 닦는 것도 중요하지만 소중한 손을 보호해주는 기능이 추가되어야 하며, 환경을 생각해 수질오염이 덜한 친환경 세제를 고른다. 누런색의 울퉁불퉁한 빨랫비누가 부엌에서 양잿물을 밀어내고 자리를 차지한 지 70여 년이 지나면서 만들어진 풍경이다.

"한 국가가 소비하는 비누의 양은 문명의 척도"라고 하니, 소비되는 양뿐만 아니라 그 종류와 기능, 다양성 측면에서도 이제 우리나라는 세계 최고 수준의 문명국가가 되었음에 뿌듯하다.

2020년 전 세계에 몰아닥친 코로나19의 위협으로 개인 위생이 더욱 중요해지면서 세제와 세정제들은 점점 더 중요한 우리 생활의 동반자이자 필수품으로 그 역할이 더욱 커지고 있다. 모쪼록 모두 건강하시길.

2부

마시고 먹는 여유와 재미를 선사하다

:주류와 제과 브랜드

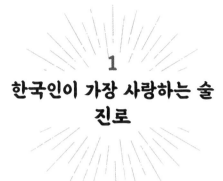

1
한국인이 가장 사랑하는 술
진로

참못의 맑은 물이 빚은 이슬

화가 나서 마시고, 기뻐서 마시고, 속상해서 마시고, 축하하기 위해 마시고, 짜증나서 마시고, 외로워서 마시고, 심심해서 마시고, 심지어 그냥 생각나서 마시고……. 술은 없어서 못 마시지, 이유가 없어서 못 마시는 일은 없다. 잘 알려진 대로 한국은 술을 많이 마시는 나라에 속한다. 음주문화가 많이 바뀌고, 점차 술의 도수가 낮아지는 등 줄어들고는 있지만 여전히 술 찾을 일이 많은 다이내믹한 사회 속에 살고 있으니까.

우리나라를 대표하는 술은 막걸리와 소주겠지만, 그중에서도 식량 부족에 시달리면서 막걸리를 비롯한 전통주가 생산이 금지되기도 하는 등 우여곡절을 겪은 탓에 값싸고 대량생산과 유통 편의성에서 우위를 점한 소주가 대표 자리를 차지하게 되었다. 경제가 발전하고 소비여력이 증대되면서 맥주와 양주 소비량이 늘기도 하고, 젊은 세대의 취향을 반영하며 와인 열풍이 불기도 하며 최근에는 수제맥주가 인기를 끌면서 주종도 다양해지고 음주문화가 많이 바뀌었지만, 소주는 여전히 애주가들 술자리의 주인공이다.

그중에서도 소주의 대명사 '진로'는 활명수, 안티푸라민 등과 함께 일제 강점기 시절에 탄생해 100년 가까이 살아남아 사랑받고 있는 몇 안 되는 브랜드다. 특히 소주 브랜드로는 유일하다.

1924년, 진로의 창업자인 장학엽이 자신의 고향인 평안남도 용강에서 '진천양조상회'를 설립하며 진로의 역사가 시작된다. 원래 그는 보통학교에서 우리말과 글을 가르치는 조선어 교사로 일하고 있었다. 조선을 강제로 합병한 후 가혹한 무단정치로 인해 3.1운동을 포함한 항일독립운동이 거세지자 일제는 조선 식민 통치 방법을 문화정치로 전환한다. 교육 분야에서도 유화정책의 일환으로 조선어를 기본과목으로 설정했고 조선인 교사도 채용하던 때였다. 하지만 민족정신을 말살하려는 일제의 기본 방침은 바뀌지 않았을 터, 그는 일제 치하의 학교에서 한계를 느끼고 더 큰 교육 사업을 꿈꾸며 학교를 떠난다. 사립학교를 세워 민족의 실력을 양성하고자 했던 그였지만 학교를 설립하는 데 기본적으로 자금이 필요했기에 우선 사업에 눈을 돌려 두 명의 동업자와 함께 양조업을 시작했는데, 이 회사가 오늘날 진로의 기원이다.

그가 사업을 시작한 평안남도 용강군 지운면의 '진지동'은 '참못'이라고 불리며 예전부터 물 좋기로 유명한 땅이었다. 진지에서 '진'

진로 로고가 새겨진 소주병

일제 강점기 시절에 탄생한 진로는 100년 가까이 살아남아 사랑받는 몇 안 되는 브랜드이며, 특히 소주 브랜드로는 유일하다. (국립민속박물관 소장)

자를 따오고, 소주를 증류할 때 술방울이 이슬처럼 맺히는 모습에 이슬 '로露'를 붙여 이때부터 '진로'라는 브랜드를 사용했다. 시작부터 참 예쁜 이름이었다. 하지만 그의 첫 사업은 2년 만에 큰 빚을 남긴 채 실패로 끝이 났다. 여기서 접었더라면 오늘날 진로는 남아 있지 않았겠지만 그는 중간도매상을 하며 자금을 모아 양조장을 인수하고, '진천양조상회'와 '진로'라는 이름을 그대로 쓰며 다시 일어섰다.

양조산업은 녹록치 않았다. 비교적 진입이 쉬웠던 산업 특성 상 경쟁은 치열했고, 이미 자리 잡은 대형 양조장의 공세를 견디기에도 만만치 않았다. 여기에 19세기 말 유럽에서 개발된 '연속식증류기'를 통해 대량생산이 가능해지면서, 일본에서 들어온 이른바 '신식 소주'로 인해 기존 증류식 소주를 생산하는 조선 양조장의 입지는 더욱 좁아지고 있었다.

술 좀 마신다는 애주가들이야 다 아는 사실이지만, 원래 소주는 탁주나 청주를 끓여 만드는 도수 높은 맑은 증류주를 일컫는 이름이었다. 와인을 끓여 증류하면 브랜디가 되고, 맥주를 끓여 증류하면 위스키가 되는 것과 같은 원리다. 증류식 소주를 만들기 위해서는 쌀이 많이 들어갈 수밖에 없었고, 그렇기 때문에 원래 다른 증류주와 마찬가지로 소주는 비싼 술이었다.

그런데 이때 등장한 연속식증류기는 순도 높은 알코올 주정을 생산해 여기에 물과 첨가물을 섞어서 이른바 희석식소주를 만들었고, 대량생산이 가능해졌다. 여기에 주정 생산에 들어가는 재료 역시 쌀이 아니라 옥수수, 고구마, 수수 등 저렴한 곡물을 사용해 더욱 가격이 낮아진다. 반대로 연속 증류 과정에서 재료 고유의 향이 사라지고 숙성 과정을 통해 얻어지는 깊은 맛이 사라지는 단점도 있었다.

일본은 1895년 동아시아에서는 처음으로 주정을 생산했고, 1899년에 이를 바탕으로 희석식소주를 개발한다. 조선에도 들여와 1910년부터 고구마로 주정을 만들기 시작하면서 1919년 평양에 '조선소주'가, 같은 해 10월 인천에 '조일양조장' 등이 설립되어 희석식소주를 생산하기 시작했다.

진로의 장학엽은 전통식 증류방식으로 소주를 생산하면서 기존 재래식 누룩이 아닌 당시 일본으로부터 들어와 유행하던 흑국을 이용했는데, 이 흑국소주는 상대적으로 더 많은 양의 술을 저렴한 가격에 생산할 수 있었다. 여기에 약간 씁쓸하면서도 짜릿한 특유의 맛이 있어, 일본 양조업자들이 만든 희석소주와는 차별된 맛으로 인기를 끌었다. 또한 당시 '되'나 '말'로 판매하던 소주를 유리병에 담아 판매하기 시작했는데, 생산 및 출고 관리가 쉬울 뿐 아니라 유통 과정 역시 편리했기 때문에 소비자는 물론 도매상으로부터도 큰 인기를 얻는다. 어려운 경쟁을 헤치고 나름 인기를 얻으며 북한 지방에서 자리를 잡아가던 진로였지만 한국전쟁으로 인해 모든 생산 시설과 재산을 잃고 부산으로 피난을 떠나야 했다. 장학엽과 진로에게 닥친 첫 번째 시련이었다.

진로의 트레이드마크, 두꺼비의 탄생

피난지인 부산에서 브랜드로서 진로의 명맥은 잠시 끊겼지만 양조업자로서 장학엽은 다시 일어섰다. 그는 부산에 유일한 소주회사였던 동화양조 사장과 동업을 시작해 '금련'이라는 소주를, 이듬해 1952년에는 구포양조 경영을 맡아 '낙동강'을 히트시키며 이북식 소주의 화끈함을 보여주었다. 전쟁이 끝난 후 서울로 올라온 그는 이듬해인 1954년 신길동에 '서광주조주식회사'를 설립하고 '진로' 브랜드를 다시 사용하기 시작한다. 이렇게 진로의 두 번째 삶이 시작되었다.

이때 진로소주의 트레이드마크인 '두꺼비'가 탄생한다. 원래 해방 이전 북한에서 생산한 진로에는 원숭이가 그려져 있었다. 서북 지방에서는 원숭이가 사람 말을 이해하고 술을 즐기며 복을 주는 존재로 받아들여지고 있었는데, 반대로 남한에서 원숭이는 속임수에 강하고 교활한 동물이라는 부정적인 이미지가 강했다. 그렇게 해서 원숭이가 아닌 두꺼비가 새로운 상징물이 된다. 다양한 민간 설화에 등장해 인간을 돕고 은혜를 갚을 줄 아는 슬기롭고 영험한 동물로 그려지던 두꺼비는 남한에서는 훨씬 친숙한 이미지를 가지고 있었다. '떡두꺼비 같은 아들'이라는 표현만 봐도 더 설명이 필요 없다. 이렇게 해서 1954년 7월 두꺼비를 붙인 진로소주가 최초로 선보였다. 이때부터 두꺼비는 진로와 함께 70년 가까이 동고동락하며 대한민국 대표 소주에 오르는 긴 여정을 시작한다.

서광주조가 영등포에 자리 잡고 진로소주를 다시 생산할 무렵, 이미 서울에는 당시 최대 소주 생산업체였던 '명성'을 비롯해 '백마·백양·청로·청천·새나라·미성·옥로·제비원' 등 수많은 업체들이 군웅할거 시대를 이루고 있었다. 진로는 이북에서 유명했다지만 서울에서는 신인이나 마찬가지였다. 도매상을 직접 돌며 "맛이라도 봐달라"고 하소연하고 영업직원들이 직접 자전거와 리어카에 소주를 싣고 골목길을 돌며 홍보했다. 북한 지역의 전통을 담은 강렬한 맛과 열정적인 영업 등이 결합되어 진로는 성장하기 시작했고, 서민의 대표 술인 막걸리에 비해 운반이나 보관 등이 쉬웠던 소주 자체가 인기를 끌기 시작하면서 진로는 출시 10년만인 1964년에 10퍼센트대의 시장 점유율을 차지하며 안정적 성장의 기반을 다졌다.

그러나 이런 성장도 잠시, 다시 큰 위기가 덮쳤다. 1964년 12월에 양곡관리법이 개정되며 쌀을 이용한 소주와 맥주 제조가 전면적으로 금지된 것이다. 1960년대까지만 해도 우리나라는 여전히 해마다 보릿고개를 겪으며 만성적 식량부족에 시달리고 있었다. 이 때문에 술 빚는 데 필요한 쌀의 수요를 줄여 쌀 가격 안정화를 꾀하는 동시에 낮은 임금의 서민 노동자들이 싼 값에 마실 수 있는 희석식소주의 보급을 늘리기 위한 정책이었다.

이때 전국에 증류식과 희석식을 합쳐 대략 550여 개의 소주 제조장이 있었다. 희석식소주가 일제 강점기 시절 들어와 저변을 확대했지만 아직 어느 한쪽이 압도하기보다는 희석식과 증류식이 공존하며 각기 시장을 형성하고 있었다. 거리에서 팔리는 대부분의 술은 의외로 증류식소주와 희석식소주를 섞어 만든 일종의 혼합주였는데, 증류주의 향과 맛을 유지하면서도 희석주를 섞어 가격을 낮출 수 있었기 때문이다. 하지만 이번 조치로 인해 희석식으로 전환하지 못하는 많은 영세 술도가들이 타격을 입었고, 결과적으로 우리나라 대중주 시장은 빠르게 희석식소주 중심으로 재편된다.

1960년대 희석식소주의 최강자는 '삼학'이었다. 하지만 삼학은 지금의 40~50대 중년에게조차 낯선 이름이다. 1960년대 후반까지만 해도 진로의 두 배가 넘는 납세 실적을 보이며 압도적 지위를 차지했지만 짧은 영화를 뒤로 하고 허무하게 사라졌기 때문이다. 삼학은 1947년에 목포에서 '목포양조주식회사'로 시작했다. 원래는 청주와 알코올 주정을 주로 생산했는데, 1950년대 후반 서울로 진출하며 희석식소주의 강자로 떠올랐다. 지방에서 올라온 소주 브랜드가 짧은 기간에 급성장하며 순식간에 1위 자리를 차지하는 기적과도 같은 일이 벌어진 것인데, 그 인기가 대단해서 수요를 따라가지 못하자 가짜 삼학소주들이 나타나는 소동이 일 정도였다. 하지만 삼학은 1971년부터 경영상 어려움을 겪더니 불법 탈세 등의 이유로 고강도 조사를 받아 끝내 1973년 부도 후 해체되었다.

양곡관리법 이후 진로 역시 발 빠르게 희석식소주 생산설비를 증설하고 '삼학'과의 일전을 펼친다. 두꺼비와 학이 소주 시장을 놓고 벌인 경쟁은 '소주 전쟁'이라 불릴 만큼 치열했다. 진로는 다양한 홍보 활동을 통해 삼학을 비롯한 다른 소주 업체들을 따돌리며 애주가들의 눈길을 끌었는데, '밀림의 바 작전', '왕관 회수 작전' 등 군사작전에서 나올 법한 이름들이 붙었다. '밀림의 바'는 당시 서울 남산과 장충단 공원을 연결하는 수목지역에서 돗자리, 방석 등을 깔고 소주를 파는 길거리 소주집들을 칭하는 말이었다. 이 행상들은 주로 삼학소주를 팔고 있었기에 이들에게 보자기나 부채 등 선물 공세를 하며 진로를 팔도록 유도했고, 직원들도 나서서 '1일 1진로 마시기' 운동을 펼쳤다. 여기에 병뚜껑을 모아오면 보상을 해주는 '왕관(병마개) 회수 작전' 등 지속적 프로모션과 광고, 품질개선 등을 통해 1970년부터는 삼학을 제치고 소주 시장 1위에 오른다. 당시 두 회사의 경쟁에 소비자들까지도 순하고 단맛을 선호라는 '삼학파'와 독하고 쓴맛의 '진로파'로 나뉠 정도였지만 삼학이 세금포탈로 무너지면서 진로는 대한민국 대표소주로 성장하는 1차 발판을 마련하게 된다.

하지만 진로가 바로 지금과 같은 지위를 얻은 것은 아니었다. 여전히 전국 각지에 저마다의 특색을 강조하며 250여 개가 넘는 소주 업체들이 생존 경쟁을 하고 있었다. 이들의 마케팅 경쟁은 치열하다 못해 무모하다 싶을 정도였다. 사은품으로 연탄이 나오는가 싶었는데, 이어서 TV와 황소, 오토바이와 삼륜차에 이어 트럭까지 등장했다. 대광주조는 '다이아몬드소주'를 출시하며 이름처럼 다이아몬드 반지를 내걸기도 했는데, 삼학과의 경쟁에 승리한 진로는 확인사살을 하려는 것인지 1971년 '행운의 두꺼비 이벤트'를 통해 냉장고, TV, 코로나승용차 등을 내세우며 물량공세의 끝을 보여준다. 술이 좋아서가 아니라 경품을 타기 위해 소주를 마셔야 할 판이었다.

소주 시장의 천하통일

소주업계의 경쟁이 치열해지는 가운데 1976년 '자도주 의무구입제'가 시행되며, 다시 한 번 정부 정책에 의해 시장이 큰 변화를 겪는다. 일부 업체의 시장 독점을 방지하고 지방 기업 육성을 위해 각 시·도별로 한 개의 업체만 소주를 생산하고 그 생산량의 50퍼센트를 해당 지역에서 의무적으로 소비하도록 한 정책이었다. 이로 인해 전국 각지에 산재했던 소주제조업체들은 수도권의 진로, 부산의 대선, 강원 경월, 경북 금복주, 경남 무학, 전남 보해, 충남 선양 등 십여 개 업체로 정리된다. 살아남은 이들에게는 정부가 정해준 독점 시장을 기반으로 순탄하게 사업을 할 수 있었던 시기였다. 진로 역시 치열한 경쟁에서 벗어날 수 있어 한숨 돌릴 수 있었지만 반대로 전국으로 시장을 확대하지 못한 채 서울과 수도권에 머물러야 하는 아쉬움도 존재했다. 20년 가까운 이 기형적 시장 구조는 1996년 시장 자유를 침해한다는 이유로 이 제도가 완전 폐지되면서 다시 격랑에 휘말린다.

서울을 기반으로 전국 제패를 노리는 진로와, 든든한 자기 지역을 바탕으로 최대 시장인 수도권 진출을 노리는 지역 업체들의 새로운 경쟁이 시작되는 순간이었다. 하지만 이 2차 무한경쟁의 결과는 의외로 싱겁게 갈렸다. 한마디로 '서울 진로의 지방 공략 성공, 지방 브랜드의 서울 진출 실패'였다. 20년 동안 인위적 울타리 뒤에 숨어 온실 속 화초로 자라온 지역 브랜드는 그동안 지역 시장을 비집고 들어가 전국 40퍼센트 대의 점유율을 갖고 있던 진로의 경쟁 상대가 되지 못했다.

지역 브랜드의 참패로 시장이 정리되는가 싶었지만 두산에 인수된 강원도의 경월이 진로를 몰아붙이며 진로로서는 세 번째 위기가 닥쳐온다. 1994년에 등장한 두산경월의 '그린'은 소주 시장에 일대 혁명을 불러 일으켰다. 강원도 출신 소주답게 대관령 청정수를 무기로 내세우며 친환경 이미지를 더해 초록색 병을 들고 나왔다.

지금에야 이게 왜 혁명적인가 싶지만 투명한 소주병만 보던 사람들에게 초록색 병은 시각적으로 강렬했다. 여기에 최초로 적용된 스크류캡도 새로웠을 뿐 아니라 '그린'이라는 네이밍 자체도 한자투성이 소주 시장엔 파격이었다. 출시 7개월 만에 1억 병을 돌파한 여세를 몰아 수도권 시장의 점유율 30퍼센트를 돌파하며 서울 입성에 성공한다. 지방 소주가 수도권 공략에 성공한 거의 첫 케이스로, 이후 전국 점유율 20퍼센트까지 오르며 진로에 대항하는 전국구 브랜드로 발돋움하기 시작했다.

그린의 도전에 진로는 시장 점유율이 40퍼센트 아래로 떨어지며 위기를 맞는다. 설상가상으로 무리한 사업 확장의 여파로 1997년 부도를 맞으며 그야말로 회사의 진로가 불투명해진다. 막다른 길에서 기댈 수 있는 것은 70여 년의 역사를 가진 브랜드 진로였다. 1998년 진로를 재해석한 '참眞 이슬露'을 출시, 그린의 돌풍을 잠재우며 시장의 판세를 다시 돌린다. '진로'를 한글로 바꾼 '참이슬'은 네이밍의 위대한 승리였다. 한글과 한자를 병기해 진로인 듯 진로 아닌 참이슬은 이전 브랜드 자산을 계승하면서 새로움을 담아낸, 브랜드 리뉴얼의 모범적인 사례로 꼽힌다. 출시 6개월 만에 1억 병, 9개월 만에 2억 병을 돌파하며 2년 만에 국내 시장 절반 이상을 장악, 진로가 가졌던 소주의 대명사 자리마저 이어받는다. 대나무 숯으로 여과한 술이 보여준 파죽지세였다.

참이슬은 소주 시장에 두 가지 변화를 초래하는데, 먼저 그린에 이어 초록병을 채택하면서 이때부터 초록색 소주 시대가 본격 열리게 된다. 그다음 소주 시장의 앞날에 엄청난 영향을 미친 것이 하나 있는데, 바로 소주의 '낮은 도수 경쟁'을 촉발했다는 것이다.

저도수로 몰아붙인 '처음처럼'의 인기

지금으로서는 상상이 잘 안 되지만 1924년 처음 나온 진로 소주는 무려 35도였다. 얼음을 곁들여야 할 위스키 수준이다. 1965년 희석식 소주가 일반화면서 30도로 내려갔고, 1973년에 25도로 낮춘 이후 20여 년간 이상 25도를 유지해왔다. 하지만 그린이 부드러운 술이라는 이미지로 기존 '거친 향과 쓴맛'의 소주와 대립각을 세우며 진로를 위협하자, 진로는 참이슬의 도수 자체를 23도로 내리면서 '소주=25도'의 공식을 무너뜨렸다.

이전에도 일부 지역 업체들이 23도 혹은 20도의 저도수 소주를 내놓았고, 진로 역시 21도의 '나이스'를 출시한 적도 있다. 하지만 이때는 순한 술을 원하는 일부 고객을 위한 틈새상품 성격이 강했다면 이번에 참이슬은 간판상품이었기에 그 의미가 달랐다. 여기에 더해 IMF 이후 멀티브랜드 전략을 유지하기에는 기업들 사정이 넉넉하지 못하다 보니, 주력제품에 집중하는 원브랜드 전략을 취할 수밖에 없었다. 출시 후 맹렬한 프로모션과 함께 참이슬은 국내 소주사상 최단기간 최다판매량이라는 엄청난 기록을 세우며 주춤했던 진로를 일으켜 세웠다.

참이슬의 성공은 소주가 '순한 술'로 바뀌는 계기가 된다. 부드러운 소주가 시장에서 잘 팔리는 것을 확인한 소주회사들은 경쟁적으로 낮은 도수 소주를 주력상품으로 배치하기 시작했고, 그때마다 진로가 맞대응하면서 참이슬의 도수는 2001년 2월에 22도, 2004년 2월에 다시 1도를 낮춘 21도까지 내려간다. 경쟁사의 도전에 선제적 대응으로 낮은 도수 트렌드를 이끌며 참이슬은 시장을 지배했고, 그린으로 진로를 위협했던 두산 경월 역시 '뉴그린, 산' 등 신규 브랜드로 참이슬을 두드렸지만 참이슬의 위세를 꺾지는 못했다.

수도권 공략을 바탕으로 전국 브랜드로의 성장 가능성을 한 번 맛본 두산은 쉽게 포기하지 않았다. 2006년, 두산 경월을 전국 레벨 2위의 소주회사로 다시 일으켜준 히트작 '처음처럼'이 등장한다. 대관령 청정수를 강조했던 그린의 후손답게 알칼리 환원수로 물에 집중하면서 부드러운 소주를 강조하기 위해 도수를 20도로 내렸다. 여기에 출고가격을 800원에서 730원으로 크게 낮춤으로써, 식당 사장님들의 호응까지 등에 업으며 출시 1년 만에 수도권 시장의 22퍼센트를 차지, 참이슬을 위협한다.

색다른 브랜드도 한몫했다. 신영복 교수의 서화 에세이집 이름과 서체를 그대로 사용해 소주 브랜드답지 않은 차별성과 친근함, 새로움을 더했다. 초록의 새싹이 어우러진 라벨에 힘찬 글씨체로 새겨진 '처음처럼'이라는 이름은 숙취로 고생해본 애주가들에게 다음 날 아침에 술 안 마신 듯 처음처럼 쌩쌩할 거라는 솔깃한 약속이었다. 두산이 신 교수에게 글씨체 저작권을 지급하고자 했으나, 신 교수가 만류하는 바람에 그가 재직하던 성공회대학교에 장학금으로 1억을 기증하는 것으로 마무리됐다는 일화가 퍼지면서 더 화제가 되기도 했다.

사실 이때부터 비로소 소주 시장의 브랜드 경쟁이 시작되었다고 볼 수 있는데, "소주 하나 주세요"라는 주문에 "어떤 걸로 드릴까요? 참이슬? 처음처럼?"과 같이 선택을 묻는 질문이 돌아오기 시작했다. 처음처럼의 상승세를 꺾기 위해 진로는 처음으로 20도의 벽을 깬 19.8도의 '참이슬후레쉬'를 내놓았다. 이후 부드럽고 편안한 소주 경쟁은 점차 치열해져서, 2012년 19도, 2014년 18도로 내려가더니 2019년의 '진로이즈백'은 16.9도로 이른바 독주의 기준이라 할 수 있는 17도마저 깨트린다.

'진로이즈백' 홍보 포스터
진로의 마스코트 두꺼비를 캐
릭터로 만들어 '진로이즈백'
광고 및 굿즈 제작 등 다양한
프로모션을 진행해 젊은 고객
의 호응을 얻고 있다. (ⓒ하이
트진로)

저도수 경쟁의 끝판왕 진로이즈백은 95년 역사의 최고 브랜드
진로의 귀환이기도 하다. 두꺼비가 다시 주인공으로 살아나 브랜드
정통성을 이어받으면서도 최신 감각을 더해 젊은 고객들의 큰 호응
을 얻고 있다. 최근 대두되는 뉴트로 열풍을 제대로 읽었다는 평이
다. 참이슬은 여전히 강력한 1위 자리를 차지하고 있고, 진로이즈
백이 돌풍을 일으키며 진로는 처음처럼과의 양강구도를 종식하고
독주체재를 만들고 있다. 오랜 전통과 권위를 가진 강력한 브랜드
와 제품력, 유통망 등이 더해지면서 당분간 진로의 아성이 쉽게 허
물어지지는 않을 듯하다.

브랜드 진로의 고공행진과 달리 기업으로서의 진로는 1997년 부
도 후 2005년에 하이트맥주로 주인이 바뀌었다. 하이트맥주는 뒤
에 다루겠지만 우리나라 최초 맥주인 크라운맥주의 전신이다. 우리

나라 최초 소주와 최초 맥주가 지금은 한 지붕 아래에서 각각 자신의 시장을 호령하고 있다. 재미있는 것은 인수된 회사의 브랜드는 여전히 100년 가까이 그 생명력을 유지하며 잘 나가고 있고, 인수한 회사는 최초의 이름을 버리고 새로운 브랜드를 만들어 그 시장을 지키고 있다는 점이다. 명불허전, 이름은 허투루 전해지지 않는다. 기업은 망해도, 브랜드는 남는 이유다.

2
90년을 이어오는 맥주 전쟁
오비와 하이트

일제의 침략 전쟁과 함께 시작된 조선의 맥주사

우리나라 맥주 시장은 오비OB와 하이트HITE의 90년 가까운 치열하고도 기업의 명운을 건 전쟁사라고 해도 과언이 아니다. 브랜드 관점으로 보자면 오비가 훨씬 오래되었지만, 회사로 치자면 두 기업 모두 1933년에 몇 개월의 시차를 두고 설립되었기 때문에 큰 의미를 두기는 어렵다. 대일본(다이닛폰)맥주가 설립한 조선맥주주식회사가 8월, 기린맥주에서 설립한 소화기린(쇼와기린)맥주주식회사가 12월이다. 물론 일본 기업의 한국 진출 형식이었다. 두 회사에서 시작된 맥주 전쟁은 브랜드를 바꾸거나 때로는 기업의 주인을 바꿔가며 아직도 계속되고 있다. 기업은 사라져도 브랜드는 지속된다는 것을 보여주는 전형적인 시장이기도 하다.

맥주 역시 대부분의 서구 문물과 마찬가지로 개항과 함께 조선으로 유입된다. 1876년 강화도 조약 이후 조선에 거주하는 일본인이 늘기 시작하면서 개항지를 중심으로 조금씩 들여오기 시작했는데 '삿포로', '에비스' 등 지금 우리에게도 익숙한 브랜드들이었다. 처음엔 그 물량이 많지 않았으나 1910년 강제 합병 이후 일본 맥주 회사들이 조선에 출장소를 내며 소비량이 늘어 1920년대에는 수입 주류 가운데 소비량 1위를 차지했다고도 한다.

우리 땅에서 최초로 맥주가 생산되기 시작한 것은 1933년의 일이다. 1931년 일제 관동군은 자신들이 조작한 류탸오거우 철도 폭파사건을 계기로 기습적으로 만주를 침략, 청나라 마지막 황제 푸이(선통제)를 내세우며 만주국이라는 괴뢰국가를 세웠다. 국제사회의 철수 권고까지 거부한 일제는 계속해서 중국 본토 침략전쟁을 준비하며 결국 중일전쟁, 태평양전쟁 등을 일으키며 패망의 길을 자초한 바 있다.

대륙으로 전선이 확대되면서 군수품의 보급이 중요해진 일제는 식민지 조선을 이제까지 자국 생산물품의 소비시장이자 원료 수탈지로 삼던 정책에서 한 걸음 나아가 전쟁 보급품을 생산하는 군수기지로 전환하기 시작했다. 이를 위해 1933년에 서울 영등포, 당산 일대에 많은 공장을 세웠는데, 이때 만들어진 많은 생산 시설 중에 맥주 공장도 포함되어 있었다. 이렇게 만들어진 조선 최초의 맥주 회사가 앞서 말한 조선맥주주식회사, 기린맥주에서 만든 조선쇼와 기린맥주주식회사다. 각각 하이트진로와 오비 맥주의 전신이다.

처음에는 모든 원료를 일본에서 수입했으며 당연하게도 거의 모든 공정이 수작업으로 이뤄졌다. 운반이나 보관도 쉽지 않았는데, 유리병의 파손을 막기 위해 나무 상자에는 왕겨나 볏짚을 넣어 깨지지 않도록 했다. 그렇지만 여전히 유통 과정에서 깨지는 일이 빈번했고 냉장 시설이 없어 제품이 변질되는 등 품질관리도 쉽지 않았다. 1934년부터는 함경도 일대에서 홉을 재배하기 시작하면서 조금씩 원료의 국산화도 진행되었다고 전해진다.

맥주 전쟁의 시작을 알린 크라운과 OB의 탄생

1945년 일본의 패망과 함께 일본인들이 철수했고, 이들의 재산은 적산敵産이라 하여 미군정청에 귀속된 후 단계적으로 민간에 불하되기 시작했다. 실제 1948년에서 1957년 사이 2천개 이상의 적산 기업이 한국 민간으로 불하되었으며, 맥주회사들도 마찬가지였다.

쇼와기린맥주에는 박승직상점의 박승직과 경성방직의 김연수 등이 주주로 참여하고 있었는데, 일제가 떠난 후 박승직의 아들인 박두병이 관리인으로 선임됐다. 그는 1948년 2월부터 회사이름을 동양맥주주식회사로 변경하고 이때부터 오비맥주라는 브랜드를 사용하기 시작했다. 전쟁 중이던 1952년 5월에 정부로부터 정식으로 경영권을 인수함으로써 민간기업 '동양맥주주식회사'가 정식 출범하게 된다.

조선맥주 역시 같은 과정을 통해 민간에 이양된다. 을사오적으로 유명한 민영휘의 아들인 민대식이 조선인 주주로 이름을 올리고 있었고, 그의 손자인 민덕기가 회사를 인수했다. 이후 조선맥주라는 기업 명칭은 유지하면서 '크라운'이라는 브랜드를 새로 사용하기 시작했는데, 그 이전에 잠시 금관맥주로 불린 적도 있었다. 1933년 같은 해 시작된 두 회사는 이처럼 역시 같은 해 나란히 민간기업으로 출범하면서 오비와 크라운의 맥주 전쟁이 본격화된다.

두 맥주 회사는 우리나라의 대표적 친일파 기업인들이 인수해 시작했다는 공통점도 있다. 박두병의 부친이자 동양맥주의 주주였던 박승직은 《친일인명사전》을 발간한 민족문제연구소에서 친일기업가의 원조격으로 꼽는 인물이다. 일본과 조선기업의 융합을 목적으로 했던 조선산업대회나 조선인 강제징용과 위안부 모집에 앞장섰던 국미정신총동원조선연맹(후에 국민총력조선연맹으로 개편된다) 등 친일단체 조직과 활동에 앞장섰던 그는 1941년 창씨개명했던 일본 이름 미키 소쇼쿠三木承穆를 따서 박승직상점을 아예 '미키상사'로 바꾸기까지 했다.

조선맥주의 민씨 일가 역시 대를 이어 일제에 부역한 가문이다. 민영휘, 민대식 역시 《친일인명사전》에 올라 있는 대표적 친일인 물들이다. 일제 강점기 시절 조선 최고의 재벌기업가로 꼽히는 민영휘는 한일병탄 과정에서 공로를 인정받아 일제로부터 자작 작위를 받기도 했고, 민대식 역시 박승직도 가입해 활동했던 동민회에서 활동하는 등 일제에 협조한 대가로 막대한 부를 축적했다. 해방과 함께 민간으로 이양된 많은 산업 분야가 그랬지만 특히 우리나라 맥주 산업은 일제의 전쟁 지원을 위해 우리나라에 보급됐고, 다시 그 친일 매국노의 후손들이 물려받아 시작된 쓰라린 상처가 남

초창기 크라운맥주

조선맥주는 크라운을 브랜드로 사용하면서 시장을 주도했으나 무리한 사업 확장과 민간 이양 과정에서 여러 내홍을 겪으며 오비맥주와 시장점유율을 두고 경쟁했다. (ⓒ하이트진로)

아 있는 분야이기도 하다.

1950년대까지는 크라운이 시장을 주도했다. 해방 전에도 조선맥주가 쇼와기린보다 우위에 있었고, 전쟁에서 쇼와기린이 입은 피해가 더 컸기 때문이기도 했다. 하지만 동양맥주는 유명인을 모델로 내세우고 재떨이, 성냥, 부채 등 다양한 프로모션 제품들을 뿌리는 등의 대대적인 마케팅 활동을 통해 시장을 잠식하며 1950년대 후반에 시장을 역전시킨다. 반대로 조선맥주는 무리한 사업 확장과 민간 이양 과정에서 여러 가지 내홍을 겪으며 해방 전후 약 65퍼센트 대에 이르던 시장 점유율을 속절없이 잃어버린 채 오비맥주의 부상을 지켜봐야 했다.

부채를 갚지 못해 결국 은행관리기업이 된 조선맥주는 1969년 부산지역을 대표하던 소주제조기업 대선주조 일가로 넘어간다. 대선주조는 박경영이 정부귀속자산이던 양조장(신세계양조장)을 불하

받아 전쟁 특수를 겪으며 큰 발전을 이뤄낸 부산의 향토 기업이다. 거의 알려지지 않았지만 '다이야몬드소주, 다이야맥주' 등을 생산했다고 한다. 맏형 박경영을 필두로 사형제가 주축이 되어 운영하고 있었는데, 원래 조선맥주를 인수한 것은 막내인 박경규였지만 안타깝게 일찍 사망하면서 3남인 박경복 회장이 다시 인수해 직접 경영하기 시작했다. 새롭게 주인을 맞이한 크라운은 안정을 되찾으며 30퍼센트 대까지 떨어졌던 점유율을 40퍼센트 대로 회복하는 등 오비와 다시 경쟁 채비를 갖춰나갔다.

끝내 왕좌 탈환에 실패한 비운의 크라운

오비와 크라운의 양강 구도로 고착되는 맥주시장은 1970년대 중반 잠깐의 풍파가 있었다. 짧고 굵게 끝났기 때문인지 기억 속에 거의 남아 있지 않지만 1975년 삼기물산이라는 섬유기업이 독일의 '이젠벅Isenbeck'과 함께 한독맥주를 세웠다. 이 회사가 들여온 이젠벅 맥주는 3개월 만에 시장 점유율을 15퍼센트까지 끌어올리는 기염을 토했다. 맥주 거품을 꽃처럼 묘사하며 풍미를 자극하는 비주얼과 함께 "바로 이제부터는 이젠벅입니다"라는 도발적 카피로 소비자를 자극했다. OB와 크라운을 겨냥해 그동안 너무 오랫동안 같은 것을 마셨으니 이제부터는 새로운 것을 즐기라는 내용이었다.

오비는 "친구는 역시 옛 친구, 맥주는 역시 OB"로 대응한다. 오비를 버리고 이젠벅을 마신다면 오랜 친구를 저버리고 떠나는 것이나 마찬가지라는, 제품보다는 감성에 소구하는 방식의 대응이었다. 새로운 도전자의 출현은 기존 경쟁자를 동지로 만들었다. 오비와 크라운은 양사 공판체제를 활용해 유통에서 한독맥주를 압박했고, 한독맥주는 과다한 마케팅 비용 지출과 로비, 불법 영업 등으로 결국 2년이 채 안 되어 철수해야 했다. 1978년에 조선맥주가 이젠벅의 공장 시설을 인수하며 다시 오비와 크라운의 2파전으로 정리되었다.

이제부터 1990년대 초반까지는 우리가 잘 아는 것처럼 오비의 시간이다. 사실 1970년대에도 맥주는 여전히 부유층이 즐기는 고급술이었다. 맥주 광고에는 승마, 조정, 테니스 등 고급 스포츠가 등장했고 일반 서민들에게 맥주는 명절에 선물로 건네는 술 정도였다. 여전히 막걸리가 대표적 국민주였고 맥주 앞에는 이미 소주가 호시탐탐 막걸리의 지위를 넘보고 있었다. 하지만 수출산업의 호조, 중동건설 붐 등 경제호황과 국민소득이 높아지면서 맥주 소비량 역시 덩달아 늘기 시작했다. 오비는 이 기회를 놓치지 않고 맥주 대중화에 앞장서며 시장을 넓히는 데 주력한다. 새로운 고객이 유입되고 시장이 커질수록 1등 브랜드가 갖게 되는 혜택과 지위가 더 커지기 때문에 오비로서는 당연한 수순이었다.

1980년대에 오비는 크라운과의 격차를 더 벌리며 '맥주=오비'의 공식을 만든다. 직장 내 회식이 많아지는 시절이었기에 오비맥주는 직장인들을 타깃으로 여러 가지 마케팅을 진행했다. 퇴근 후 동료들과 함께 시원한 맥주를 즐기는 모습이 그려진 TV 광고는 맥주가 더 이상 상류층 전유물이 아닌, 가까운 사람들과 편하게 즐기는 부담 없는 술이라는 이미지를 만들어갔다. 여기에 1980년대부터 본격화된 컬러TV도 맥주 대중화에 큰 역할을 한다. 묵직한 황금색에 풍미 가득한 흰 거품으로 덮힌 비주얼은 그 시각적 자극만으로 이미 두뇌를 마비시킨다. 목젖을 울리며 벌컥벌컥 들이키는 모습은 보는 이에게 침을 꿀꺽 삼키기에 충분했다.

영업현장에서는 "맥주 주세요"가 아닌 "오비 주세요"를 외치도록 프로모션했다. 이런 전략은 오비를 맥주의 대명사로 만들었을 뿐 아니라, 소비자 머릿속에서 크라운의 자리를 점점 좁아지게 만들었다. 오비가 젊은 직장인을 대상으로 가볍고 즐겁게 마실 수 있는 이미지를 강조하는 동안 크라운은 여전히 40~50대 유명 모델을 내세우며 성공한 중년들을 위한 고급주류 이미지를 지키려 했다. 하지만 이제 막 맥주를 마시기 시작한 젊은 계층에게 크라운은 '아저씨들이나 마시는 쓴 맥주'로 만드는 결과를 초래했다. 새로워지는 소비계층의 감성을 반영하지 못하고 보수적 선택으로 위기를 자초했다고 볼 수 있다.

1980년대 중반 등장한 'OB호프'는 맥주 소비층을 더욱 확대하고 '호프집'이라는 새로운 맥주 소비문화를 만들었다. 생맥주의 소비 증대를 고민하던 동양맥주가 직접 맥주판매업소를 고안해 오픈한 것인데 1986년 11월 동숭동 대학로에 1호 매장을 개장했다. 1980년대 후반 소득 수준 향상에 발맞추어 시설을 대형화하고 고급스러운 인테리어를 채택했는데 이것이 주효했다. 오비호프는 단순한 술집이 아니라 트렌드를 이끄는 명소로 떠올랐으며, 중장년층과 젊은 층을 가리지 않고 다양한 계층을 맥주소비자로 끌어들이면서 맥주가 다른 술 대비 대중에게 폭 넓게 사랑받게 되는 결정적 계기가 된다.

크라운과의 경쟁에서 완벽한 승리를 거둔 오비맥주는 1990년대 초반에는 시장점유율을 80퍼센트 가까이 끌어올리며 맥주 시장을 장악했다. 100퍼센트 가까이도 만들 수 있었으나 독과점으로 인한 제재가 우려되어 어느 정도 크라운에 시장을 양보했다는 이야기까지 있을 정도였다. 하지만 시장엔 영원한 승자도, 영원한 패자도 없다. 끝나지 않을 것만 같았던 오비맥주 시대도 한국 마케팅 100년사에 최대 사건이라 할 만한 하이트 신화와 함께 속절없이 막을 내린다. 30여 년을 지켜온 왕좌에서 2등으로 내려오는 데는 3년밖에 걸리지 않았다.

3년 만에 벗어버린 30년의 설움, 하이트

조선맥주와 크라운은 우리나라 최초의 맥주회사이자 브랜드이지만, 해방 이후 본격 경쟁 시대에는 한 번도 오비에 제대로 맞서본 적이 없었다. 오비는 이미 넘볼 수 없는 위치에 있었다. 하지만 오비의 위기는 엉뚱한 곳에서 시작됐다. 1991년 경북 구미공단의 두산전자에서 벌어진 낙동강 페놀 유출 사건이다. 독극물인 페놀 원액 30만 톤이 낙동강으로 유출된 엄청난 재앙이었다. 전국적 논란과 충격 속에서 두산그룹에 대한 반발과 불매운동으로 확대됐고 오비맥주 역시 큰 타격을 입게 된다. 조선맥주로서는 하늘이 준 기회였다. 때마침 마케팅에 공을 들이고 있던 '크라운드라이마일드'가

반짝 인기를 모으는가 싶었지만 의외로 오비의 저력은 만만치 않았다. 하반기에 들어서면서 다시 시장점유율을 회복했고, 조선맥주는 다시 계획을 세워야 했다. 아마 이때 동양맥주가 좀더 오래 고전했다거나 크라운드라이마일드가 좀더 선전했다면 '하이트 신화'는 없었을지도 모를 일이다.

1991년 대표이사로 부임해 시장 역전을 노리던 박문덕 사장은 신제품 개발을 추진한다. 페놀사건으로 인해 오비에 대한 경계심과 함께 깨끗하고 안심할 수 있는 먹거리에 대한 관심이 높아진 지금을 놓치면 영영 기회가 없을지도 몰랐다. 1년여 준비를 거쳐 1993년 4월, "지하 1,500미터 천연암반수로 만든 맥주, 하이트"가 탄생했다. 당시 사회 환경과 분위기를 반영한 브랜드 콘셉트였으며, 경쟁사가 매우 견제할 포인트였다. 깨끗한 물 콘셉트를 위해 공장까지 강원도로 이전했다. 새로운 이름 하이트는 맑고 경쾌한 느낌을 주며 깨끗한 맥주라는 콘셉트를 잘 살려냈다. 라벨 디자인은 고급스러웠고, 병목에도 레이블을 추가로 부착해 이제까지와는 다른 프리미엄 이미지를 더했다. 실제 가격도 기존 제품 대비 약 20퍼센트 비싸게 책정했다.

크라운을 버리고 새로운 브랜드를 채택한 것은 대단한 결정이었다. 만년 2위였지만 40여 년의 역사를 가진, 온 국민적 인지도가 있는 브랜드를 버렸다는 것은 이 신제품에 임하는 각오를 잘 보여주는 장면이었다(이렇게 크라운은 역사에서 사라졌다. 당시 크라운은 '쓰기만 한 강한 맥주'라는 인식이 강했고 맥주 선호도 테스트에서 10퍼센트를 넘기기가 어려운 상황이었음을 감안한다면 어찌 보면 당연한 결과일 수도 있겠다.

2015년에 한정판이긴 하지만 크라운맥주를 재출시하기도 했다).

결과는 대성공이었다. 1993년 출시 당시 30퍼센트 선에 그쳤던 시장점유율이 1994년 35퍼센트로 올랐고, 출시 3년만인 1996년 43퍼센트로 1위에 올라섰다. 이후 2000년에는 시장의 절반이 넘는 53퍼센트, 2009년 59퍼센트를 돌파하며 새로운 역사를 썼다. 이 성공은 브랜드에서 멈추지 않았다. 1998년에 창립 때부터 써오던 '조선맥주'라는 사명마저 '하이트맥주주식회사'로 변경한다.

하이트의 성공에는 시대 분위기를 읽은 사전 준비와 비열처리 맥주라는 새로운 공법의 도입 등 상품 본연의 경쟁력 측면이 가장 크지만, 상품 콘셉트를 잘 담아낸 브랜드 네임은 물론 임팩트 있는 메시지와 비주얼로 화제를 몰고 왔던 광고 커뮤니케이션의 역할도 컸다. 당시 '150미터 천연암반수'라는 카피와 함께 솟구치는 암반수 이미지는 소비자 뇌리에 맑고 깨끗한 물로 만든, 이제까지 없었던 맥주라는 인식을 강하게 심었다. 비열처리 공법을 강조하기 위해 내세운 "맥주를 끓여 드시겠습니까?"라는 도발적 카피는 그동안 맥주를 선택할 때 아무런 자각이 없었던 상황에서, 마치 머릿속에 큰 종이 울리는 듯한 엄청난 충격을 몰고 왔다. 두 회사는 "150미터 천연암반수는 허위다", "물에 대해 말 못하는 맥주" 등 치열한 마케팅 공방을 벌였는데, 그중에 하이트가 일부 표현에 대해 공정위 지적을 받아들여 사과문을 게재하자 오비는 그 사과를 받아들인다며 전면광고를 집행해, 마치 하이트가 오비에게 사과한 것 같은 모양새를 만들기도 했다. 당시 두 회사의 치열한 신경전을 지켜보는 것이 두 회사의 맥주를 비교하며 골라 마시는 것 이상의 재미를 주던 시절이었다.

삼국지시대를 거쳐 춘추전국시대로 흘러가는 맥주시장

하이트의 거침없는 질주에 오비는 다多 브랜드 전략을 펼치며 필사적으로 대응했다. 의도된 다브랜드 전략이라기보다는 대항마로 내세운 '사운드Sound, 아이스ICE, 넥스Nex' 등 신규 브랜드들이 제 역할을 못하면서 계속해서 새로운 시도를 했다고 보는 것이 더 맞을 듯하다. 가까스로 하이트의 기세를 멈춰세우며 오비의 체면을 세워준 것은 결국은 '오비'라는 브랜드였다. 오비맥주나 다름없는 '오비라거'를 브랜드로 채택하고, 이것저것 생각하지 말고, 그냥 "맛있는 맥주를 재미있게 즐기자"라고 이야기한다. 인기 영화배우 박중훈이 모델로 나와 아무런 설명 없이 코믹하게 "맛있는 맥주"라고 이야기한 TV 광고가 인기를 끌며 브랜드 회복에 꽤 기여를 했다.

오비라거의 성공으로 1995년 3월 아예 오비맥주주식회사로 사명을 변경한다. 앞서 본 것처럼 뒤이어 조선맥주 역시 하이트맥주로 변경하며 조선과 동양 시대가 저물고 하이트와 오비 시대가 막을 열게 된다. 하지만 오비라거는 과거 압도적 1위 자리를 내준 채 하이트를 뒤쫓는 초라한 2위 신세가 된다.

오비의 시련은 이게 끝이 아니었다. 사업다각화 관점에서 호시탐탐 맥주시장을 노리던 진로가 하이트의 파죽지세를 지켜보며 1994년, 맥주 시장 참전을 선언했다. 미국 쿠어스Coors Brewing

Company와 합작으로 진로쿠어스를 세워 '카스'를 출시했다. 맥주 시장의 삼국지 시대가 열리게 된 것이다. 카스는 맥주 시장에서는 신참이었지만 모기업인 진로는 이미 70여 년간 한국 주류시장을 주름잡고 있는 강자였으니 하이트와 카스는 긴장할 만했다. 하지만 내심 제갈공명의 천하삼분지계를 꿈꾸며 야심차게 출사표를 던진 진로의 도전은 IMF로 인해 멈추게 된다. 문어발식 확장으로 자금 압박을 견디지 못한 진로는 1997년 법정관리에 들어가는데, 이로 인해 진로쿠어스는 오비맥주에 인수된다. 오비맥주 역시 두산의 구조조정으로 인해 벨기에 인터브루Interbrew Corporate의 자본을 받아들이고 시장탈환을 위해 여러 가지 노력을 기울이고 있을 때였다. 기존 오비 브랜드로는 한계를 느끼는 상황에서 양사의 이해관계가 맞았다고 볼 수 있다.

브랜드 '카스' 입장에서는 새로운 삶이었다. 오비는 그동안 20대에 주력하면서 꾸준히 젊은 맥주 이미지를 유지하던 카스를 하이트의 대항마로 적극 육성했다. 후발 브랜드가 선발 주자를 제치고 선두를 탈환하기에는 제품 외에도 당시 사회 환경이나 소비트렌드도 큰 영향을 미친다. 카스 역시 이런 덕을 보았다. 1990년대 후반 들어서면서 점차 가볍게 술을 즐기려는 사회적 트렌드에 따라 소주의 도수가 낮아지기 시작했고, 나아가 이른바 '소맥'이 유행하며 '카스처럼'이라는 새로운 술 풍속도를 만들어갔다(소맥 덕분에 한국 맥주는 맥주 자체로는 아무런 맛이 없다는 혹평에 시달리기도 했다). 맥주 본연의 맛을 희생하는 트렌드였지만, '카스처럼'의 바람을 타고 2012년 드디어 맥주 시장의 1위로 올라선다.

영원할 것만 같았던 하이트의 시대는 이렇게 저물어갔다. 카스를 앞세운 오비는 시장 점유율을 50~60퍼센트까지 끌어올리며 예전 전성기를 회복한다. 반면 20퍼센트 대로 추락하며 위기를 맞은 하이트는 '하이트프라임, 맥스, 드라이피니시' 등 후속 브랜드를 내며 재반전을 도모했지만 쉽지 않았다. 역사는 이렇게 돌고 돈다.

다시 2파전으로 정리된 맥주시장에는 2016년 롯데가 '클라우드'를 들고 진입하면서 후삼국시대가 열리는가 싶었지만 여전히 카스를 앞세운 오비의 독주체제가 굳어지고 있었다. 하지만 최근 하이트진로에서 출시한 '테라'가 좋은 반응을 얻으며 또다른 전운이 감돌고 있다. 여기에 편의점과 할인점을 통해 유통되는 수입맥주의 할인공세와 다양한 중소 크래프트 맥주들이 차별적인 맛을 내세워 맥주 애호가들의 입맛을 공략하면서 복잡한 양상으로 흐르는 중이다. 수제맥주가 늘어나면서 그동안 우리나라 맥주 시장을 지배해왔던 라거 스타일의 맥주가 아니라 에일맥주가 더 많이 보급되는 것도 맥주 시장의 다양성을 높이는 데 큰 역할을 하고 있다. 에일맥주는 라거보다 몇 수십 배나 다양한 제품이 있다는 것을 생각한다면, 앞으로 우리나라 맥주 시장 역시 더더욱 다양하고 독특한 풍미를 내세우는 제품들의 각축전이 될 듯하다. 최근에는 다양한 브랜드와의 콜라보, 지역색을 반영한 세분화된 브랜드 등 젊은 소비층의 욕구를 자극하는 다양한 수제맥주 브랜드의 약진이 눈에 띈다. 그 혼전 속에서 우리나라 맥주 시장의 역사를 만들고 지켜온 오비와 하이트의 선전을 기대해본다.

3
한국 제과 기업의 역사
해태제과

우리나라 최초의 과자 연양갱

여의도 국회의사당 앞에는 두 개의 해태상이 서 있다. 서울시의 상징이기도 한 전설 속 동물 해태는 예로부터 화재와 재앙을 막아주는 영험한 능력을 가진 것으로 전해지며 경복궁 등 조선시대 궁궐에서도 흔히 발견할 수 있다. 이런 연유로 1975년 국회의사당이 여의도에 세워질 때 당시 고증 자문위원이었던 박종화가 화재 예방을 위해 해태 동상을 건립하길 제안했는데, 2천여 만 원에 달하는 건립비용을 '해태제과'가 지원했다고 한다. 우리 회사의 상징이 국회의사당 앞에 세워진다면 브랜딩 관점에서는 좋은 소재일 수밖에 없으니 해태제과로서는 2천만 원의 몇 배 이상 가는 마케팅 효과를 누리지 않았을까 싶다.

이 해태상의 해태제과는 우리나라에서 가장 오래된 제과전문 기업이자 브랜드다. 아쉽게도 IMF 파고를 넘지 못하고 크라운에 인수되어 주인이 바뀌었지만, 최고最古의 기업이자 브랜드임을 증명하듯 여전히 해태라는 이름을 그대로 유지한 채 장수 기록을 이어가고 있다.

앞서 보았지만 우리나라의 많은 기업들이 해방과 함께 일본인들이 남기고 간 기업을 적산 불하의 형태로 조선기업인이 인수해서 시작한 배경을 가지고 있다. 해태제과 역시 마찬가지로 일제 강점기 시절 일본인이 운영하던 '영강제과'를 그곳에서 일하던 박병규·민후식·신덕발·한달성 등 4인이 공동으로 불하받아 1945년 '해태제과합명회사'로 출발한 것이 그 시초다.

이렇게 시작한 해태제과는 먹을 것이 부족하던 시절, 가난한 우리나라 일반 서민들에게도 캐러멜, 웨하스 등 '과자'를 맛볼 수 있게 해준 기업이다. 일제 강점기에도 왜떡이라 불리기도 했던 생과자나 서양식 제과점이 있긴 했지만, 서민들에게는 그야말로 '그림의 빵'이었다. 떡이나 엿, 옥수수 등으로 심심한 입을 달래던 당시 서민들에게 달콤한 양갱이나 캐러멜은 새로운 맛이었다. 해태제과가 출발하면서 가장 먼저 만들었던 제품은 의외로 지금도 여전히 찾아볼 수 있는 '양갱'이다.

원래 '양갱'은 중국 춘추전국시대에 양의 고기와 피 등을 사용해 선지처럼 굳혀서 만든 음식으로 서양의 블랙푸딩이나 우리나라 선지와 비슷한 음식이었다. 승려들이 고기 대신 팥을 넣어 비슷하게 졸여 먹기도 했는데, 이것이 일본으로 건너가 팥을 넣어 달콤하게

해태제과 양갱 포장 박스
먹을 것이 부족하던 시절, 떡이나 엿, 옥수수 등
으로 심심한 입을 달래던 당시 서민들에게 달콤
한 양갱이나 캐러멜은 그야말로 새로운 맛이었
다. (국립민속박물관 소장)

만든 지금의 형태로 발전하면서 일본을 대표하는 전통과자로 발전했
다. 일제 강점기 시대 우리나라에 소개되었고 수제품으로 만들어져
극장 같은 곳에서 간식으로 팔리고 있었는데, 이 제품을 해태제과에
서 처음으로 규격화해서 공산품으로 만든 것이다.

당시 양갱은 큰 인기를 끌며 전 연령층에 걸쳐 사랑을 받는데,
한국전쟁 중에도 피난처인 부산까지 양갱 솥과 보일러를 옮겨가 제
품을 생산할 정도였다. 워낙 오래된 제품이라 한때는 할아버지, 할
머니들께서 드시는 간식으로 인식되면서 사라지는가 싶었지만, 최
근에도 중장년층은 물론 어린아이들 간식으로도 폭넓게 꾸준히 인
기를 얻고 있다. 1945년 해태의 출발과 함께 출시되어 지난 75년
동안 중단 없이 생산되고 있으니, 해태를 대표하는 것은 물론이거
니와 대한민국 제과류 중 가히 최장수 브랜드라고 할 수 있다.

이듬해인 1946년에는 우리나라 최초의 자체 생산 사탕인 '해태

캬라멜'을 낸다. 비록 일본 제품을 모방한 것이었지만 국산 캐러멜
들은 1950년대 들어 큰 인기를 얻으며 해태 외에도 '태양캬라멜,
백양캬라멜, 오리온캬라멜' 등이 있었다. 이 중에 1956년에 출시한
'오리온밀크카라멜'이 큰 인기를 얻으면서 원유 부족 상태를 가져
올 정도였다고 한다. 캐러멜이 인기를 끌면서 해태와 오리온은 회
사 입간판에 아예 '캬라멜'을 넣는 등 대표상품으로 내세우며 홍보
경쟁을 벌이기도 했다.

아빠와 함께 씹는 담배껌, 해태 '시가-껌'

1956년 '해태풍선껌'이 나오면서 국산 껌 시대를 연다. 아직 기술
력이 부족해 모든 과정을 일일이 수작업으로 만들었던 이 풍선껌은
송진 냄새가 많이 나는 등 품질 면에서 좋은 점수를 주긴 어렵지만
우리나라 자체 껌 시대를 열었다는 데 의의가 있다. 이 첫 제품을
발판으로 3년 뒤인 1959년에 '슈퍼민트'가 나왔는데, 당시 수입품
에는 못 미쳤지만 반대로 외래제품 단속이 심했던 터라 반사이익을
얻으며 단숨에 국민껌으로 자리 잡을 수 있었다.

1960년대 일본으로부터 제조설비와 자동포장기를 도입해 본격
적으로 생산하기 시작했는데 이때 출시해 큰 히트를 친 껌이 '시가
껌'과 '셀럼껌'으로, 지금으로선 상상도 못할 제품들이다. 이름 그
대로 담배를 흉내 낸 껌이기 때문이다. 그때나 지금이나 담배를 피
우는 사람만큼이나 담배를 끊으려는 사람들이 많았는지 흡연자들

을 겨냥한 이 껌은 모양도 담배 그 모습 그대로였다. 그런데 이 시가껌 광고의 헤드라인이 지금 들으면 경악할 만하다.

"아빠도 나도 시가껌."

어른들 뿐 아니라 아빠처럼 폼 나게 담배를 피워 물고 싶은 아이들까지도 타깃으로 삼아 담배껌을 씹으라고 했으니, 지금 이런 제품과 광고가 나왔다면 과연 어떤 일이 벌어졌을까? 이런 당혹스러움과는 달리 당시에는 아무런 문제가 없었는지 시가껌은 대히트를 치며 해태제과를 한 단계 더 유명하게 만든 1등 공신이 된다. 함께 나온 '셀럼민트껌' 역시 당시 인기 있던 담배에서 이름을 따온 것으로 역시 흡연자들의 엄청난 호응으로 단기간에 시장을 석권하는 저력을 보이기도 했다.

해태가 주도하던 국내 껌 시장은 롯데제과가 들어오면서 판도가 바뀐다. 롯데제과는 1967년 처음으로 '쿨민트껌·바브민트껌·쥬시민트껌·페파민트껌·슈퍼맨풍선껌·오렌지볼껌' 등 6종을 출시했다. 하지만 지금의 '껌 왕국 롯데'를 만든 것은 1972년 나온 '주시후레시·후레쉬민트·스피아민트' 등 대형 껌 세트 삼총사였다. "좋은 사람 만나면 나눠주고 싶어요 / 껌이라면 역시 롯데껌"이라는 유명한 광고음악과 함께 국내 껌 시장을 장악한다. 사실 미국 리글리사의 제품을 거의 그대로 카피한 상품이지만, 그때는 이런 것이 그다지 큰 문제가 되지 않았던 모양이다. 지금도 편의점에서 쉽게 찾아볼 수 있는 국내 최장수 브랜드이자 연 100억 원 이상 팔리는 스테디셀러다.

껌은 단맛으로 허기를 달래주고 씹는 재미까지 주는 일종의 국민간식이었다. 롯데가 장악했다지만 해태 역시 물러설 수 없는 시장이었다. 1976년, 해태는 '아카시아껌'으로 대반격에 나선다. 이제까지와 달리 젊은 층을 타깃으로 패키지 등을 고급스럽게 꾸몄다. "아름다운 아가씨, 어찌 그리 예쁜 가요" 하는 광고음악이 큰 인기를 끌었는데, 지금도 기억하는 중장년들이 꽤 있지 않을까 싶다. 껌은 1960~70년대 제과업계 매출 중 큰 비중을 차지한 상품군이었기 때문에 제과업계 양대 산맥이었던 해태와 롯데는 TV 광고까지 동원하며 한 치도 물러설 수 없는 치열한 경쟁을 하던 시절이었다.

1960년대를 지나 1970년대부터는 지금까지도 우리에게 사랑받는 국민 브랜드들이 줄줄이 탄생한, 우리나라 제과 브랜드의 황금기가 열린다. 해태의 '부라보콘, 맛동산'을 비롯해 농심의 '새우깡', 크라운 '죠리퐁', 오리온 '초코파이', 롯데의 '가나초콜렛', 앞서 잠깐 살펴본 롯데껌 삼총사, '삼립호빵' 등 우리나라를 대표하는 제과 브랜드들이 줄줄이 태어났다.

1970년대 황금기를 가장 먼저 알린 상품은 우리나라 최초의 소프트아이스크림인 부라보콘이다. 부라보콘은 아이스크림 브랜드 중 가장 오래된 브랜드로 지금도 매해 최장수 기록을 갈아치우고 있다. 콘 모양 아이스크림으로 부라보콘과 경쟁하고 있는 롯데제과의 월드콘은 1986년에 출시되었으니, 그 나이차로만 봐도 부라보콘이 얼마나 앞서 있는지 알 수 있다.

부라보콘에 이어 해태제과에서는 1974년~1976년까지 연이어 히트상품을 내놓는다. 이때 나왔던 제품이 '누가바·에이스·맛동산·바밤바' 등이다. 아직까지도 대부분 연령대와 성별에 관계없이 사

옛 오리온 비스킷 박스와 롯데 풍선껌

1960~70년대는 비스킷, 초콜릿, 껌, 과자 등 지금도 간식으로 즐겨 먹는 제과 브랜드가
줄줄이 태어난 시기다. (국립민속박물관 소장)

랑받는 제품들이다. 이 중에서도 맛동산은 해태에게 좀더 특별하
다. 국내 과자 브랜드 중 최초로 TV 광고를 시작하며 마케팅에 공
을 들였던 이 브랜드는 그 보답이라도 하듯이 IMF시절 전체 스낵
시장에서 1위를 차지하며 해태를 끝까지 지켜주는 역할을 했다. 물
론 해태는 그 고비를 넘지 못하고 결국 부도를 맞긴 했다.

한과에서 아이디어를 얻은 맛동산은 '맛보다'라는 이름으로 출시
된 적이 있지만 첫 반응은 실패에 가까웠다. 이에 시장조사 단계부
터 다시 밟아 제품을 개선하고 이름도 '맛동산'으로 바꿔 다시 부활
한 이력이 있다. 맛동산이라는 이름은 제품을 뜯기도 전에 이미 머
릿속이 맛있는 상상으로 가득 채워지는 행복감을 준다. 만일 맛보
다라는 이름이 그대로 유지되었더라면 지금의 성공은 없지 않았을
까 조심스레 추측해본다. 그만큼 브랜드는 제품의 특징을 전하는
것도 중요하지만 소비자의 상상력을 자극하면서 오감을 만족시켜
주는 것이 중요하다. 여기에 "맛동산 먹고 즐거운 파티 / 맛동산 먹

고 맛있는 파티 / 해태 맛동산!"으로 끝나는 광고음악은 온 국민이 흥얼거리며 따라하는 인기를 얻으며 맛동산이 장수하는 데 크게 기여했다. 잘 만든 광고음악 하나가 상품 전체를 먹여 살리던 시절이었다.

비스킷을 시작으로 초콜릿, 아이스크림, 껌 등 생산시설을 다양하게 확충하며 종합제과기업으로 성장한 해태제과는 1970년대 선보인 대표 브랜드의 활약에 힘입어 1980년대에는 명실상부한 국내 1위 제과기업으로 자리 잡는다. 1960년대 후반부터 시장에 진입한 롯데제과를 비롯해 오리온, 크라운 등 주요 제과기업들과의 경쟁 속에 이전부터 추진한 설비보강과 연구개발이 결과로 돌아오던 시절이었다. 1981년 프로야구 출범에 맞춰 '홈런볼'을 출시하는 등 사회적 분위기에도 적극 대응하는 기민한 모습을 보이기도 했다. 이때 '해태타이거즈'라는 프로야구단도 창설한다. 가난한 모기업으로부터 충분한 지원을 받지는 못했지만 뛰어난 성적으로 많은 팬들의 사랑을 받았다. '기아타이거즈'로 이어진 지금도 국내 프로야구단 중 최다 우승에 빛나는 전통의 강팀이다.

1987년과 1988년에는 각각 일본과 미국에 법인을 설립해 해외 시장까지 공략하는 등 승승장구하며 한때 재계서열 24위까지 오른 해태제과였지만, 제과업 외에도 전자, 무역, 중공업 등으로 사업을 확장한 것이 원인이 되어 결국 혹독했던 IMF 시절을 버티지 못하고 부도를 맞는다. 제과업의 경쟁이 너무 치열하다 보니 다양한 미래 먹거리 사업 발굴 차원에서 추진한 사업다각화였지만, 결국 실패로 끝나고 말았다. 해태제과는 이후 법정관리를 거쳐 크라운제과가 인수했다.

다행히도 주인은 바뀌었지만 해태라는 브랜드는 살아남았다. 게다가 크라운은 아예 '크라운해태'라는 그룹명을 채택함으로써 해태가 쌓아온 70년 가까운 역사와 브랜드 파워를 이어받겠다는 의지를 분명히 했다. 자칫하면 우리나라 제과업의 산증인이 될 브랜드가 사라질 수도 있는 위기를 넘긴 셈이다. 크라운 인수 후에 2014년에는 품귀현상까지 벌어진 '허니버터칩'이라는 또 하나의 히트브랜드를 성공시켰다. 오랜 역사 뒤에 놓여 있는 저력을 무시할 수는 없는 모양이다.

작은 빵집에서 시작된 크라운제과 70년사

다른 서양 문물과 마찬가지로 제과산업 역시 일제 시절 일본인과 일본 기업들에 의해 조선에 전파되었다. 해방 이전 서울에는 영강제과·경성제과·장곡제과·대서제과·궁본제과·기린제과·풍국제과·조선제과 등 다양한 제과점이 있었는데, 대부분 일본인들이 경영하던 곳이다. 이 중에 앞서 살펴본 대로 영강제과는 해태제과의 뿌리가 되었고, 풍국제과는 오리온으로 이어진다. 1967년 한국에 진출한 롯데제과를 비롯해서 오리온, 해태 등 1990년대까지의 국내 3대 제과 기업 모두 어쩔 수 없지만 일본 기업과 어느 정도 연관이 있다.

반면 해태의 새로운 주인이 된 크라운은 해방 후 시작된 작은 빵집이 뿌리가 되었다는 측면에서 이들과는 조금 다르다. 1800년대 후반 유럽 선교사들에 의해 국내에 빵이 소개된 이래 일제 강점기 때 인천, 군산 등 항구도시를 중심으로 빵집들이 생겨나기 시작했다. 한국의 1호 빵집이라고 알려진 군산의 이성당 역시 이즈음에 생긴 것인데, 1920년 일본인이 '이즈모야'라는 화과점으로 운영하다 광복 이후 '이성당'이라는 이름으로 현재까지 이어져오고 있다. 이런 흐름 속에서 1940년대부터 전국 각 지역별로 유명세를 떨치는 빵집들이 생겨났는데, 지금까지 그 흔적을 볼 수 있는 곳은 황해도 옹진의 상미당(1945), 서울 종로의 고려당(1945), 장충동의 태극당(1946), 중림동의 영일당제과(1947) 등이다. 이 중 상미당은 SPC그룹으로 발전했고, 고려당, 태극당 등이 지금까지 그 브랜드를 유지하고 있다. 마지막 영일당제과가 현재 대한민국 제과업계 3대 브랜드 중 하나인 크라운의 전신이다. 이 외에도 1950년대에는 전주의 PNB풍년제과(1951), 대전의 성심당(1956) 등이 시작됐고, 1960~70년대 들어서면서 나폴레옹과자점(1968), 맘모스제과(1974), 리치몬드베이커리(1979) 등 외국어 이름을 가진 빵집들이 생겨나기 시작했다. 최근에 주말에 근교에 나가보면 빵 굽는 향이 너무 좋은 카페베이커리들이 전성시대를 누리고 있는데, 이들 중 누군가는 100년을 이어가는 장수 브랜드의 기초를 쌓고 있는지도 모를 일이다.

크라운제과의 창업주 윤태현 회장이 1947년 시작한 영일당제과의 히트상품은 팥빵이었다. 팥앙금을 넣은 둥근 모양의 빵이었는데, 빵이나 과자를 구경하기 힘든 시절이었기에 구워내기가 무섭게 팔려나갈 정도로 히트했다고 한다. 1956년에 영일당제과는 크라운제과로 이름을 바꾼다. 브랜드로 쳐도 짧지 않은 역사이며, 1950년대 영어 명칭을 가진 흔치 않은 국산 브랜드이기도 하다.

드라마로 만들어진 과자 이야기, '크라운산도'

크라운의 비약적 발전은 1961년 전용공장을 지어 '크라운산도'를 양산하면서 시작된다. 산도는 오늘날의 크라운을 있게 한 주인공이라 해도 지나치지 않다. 과자 사이에 크림을 넣어 만든 것으로 국내에서는 최초로 만들어진 샌드형 비스킷이다. 윤태현 회장이 이 기술을 고안해서 1961년에 처음으로 만들었는데 처음부터 엄청난 인기를 얻어 과자 판매상들이 줄을 지어 기다렸다고 한다.

역사만큼이나 재밌는 우여곡절도 있다. 산도라는 이름은 '샌드위치 쿠키'를 줄이면서 '샌드'의 일본식 발음을 따 산도가 되었을 것으로 보이는데, 일본식 이름이라는 이유로 1999년에 '샌드'로 교체한 적이 있다. 하지만 반응이 신통치 않았는지 3년 만에 다시 '산도'로 되살아났다. 모양 역시 처음에는 네모난 형태였는데, 1980년대 후반에 지금과 같은 원형으로 변경되었다.

크라운산도를 이야기하면서 드라마 〈국희〉를 빼놓을 수가 없다. 윤태현 회장의 창업스토리에서 모티프를 얻어 제작된 이 드라마는 1999년에 방영되어 큰 인기를 얻었다. 크라운은 이 드라마 제작을 후원했고, 극중에 소개된 과자를 '국희땅콩샌드'로 실제 발매해서 현재까지도 큰 사랑을 받고 있다. 드라마 인기에 힘입어 산도의 판매량이 폭발적으로 늘었고, 1997년에 화의신청을 통해 회생절차를 밟고 있던 크라운은 덕분에 되살아 날 수 있었다. 크라운의 초기 성장을 이끌었을 뿐 아니라, 생사의 위기에서 구해주었으니 크라운에게 산도는 그야말로 평생의 은인이자 효자브랜드인 셈이다.

크라운을 대표하는 또 하나의 브랜드 '죠리퐁'이 있다. 산도가 창업자인 윤태현 회장의 대표작이라면 죠리퐁은 크라운의 오늘을 만든 2대 윤영달 회장의 작품이다. 산도가 크라운의 초석을 다졌다면, 죠리퐁은 회사를 본격 성장시켰다. 윤 회장이 유학 시절 시리얼을 보고 구상한 제품이라 하는데, 우리나라의 뻥튀기에서 아이디어를 얻어 다양한 곡물을 가지고 실험한 끝에 1972년 출시했다. 실제로 시리얼 대신 우유에 타 먹으면 얼마든지 한 끼 역할을 하곤 했다.

처음에는 먹어서 즐겁다는 의미의 '조이Joy'와 뻥튀기를 의미하는 '퐁'을 합성하여 '죠이퐁'이라 했지만 동일상표가 등록되어 있어 같은 의미를 지닌 '졸리Jolly'로 대체해 '죠리퐁'이 되었다. 이 제품은 꾸준한 인기를 바탕으로 2019년 6월 누적판매량 20억 봉지를 돌파했다. 스낵류 가운데 20억 봉 이상을 넘긴 상품은 1986년 농심 새우깡, 2000년 해태 맛동산, 2010년 롯데 꼬깔콘 정도라 하니 역사와 인기 측면에서 대한민국을 대표하는 스낵이라 부를 만하다.

산도와 죠리퐁을 발판으로 1990년대 후반 음료와 아이스크림 등 생산영역을 확대해갔지만 다른 기업들과 마찬가지로 IMF 시절 위기를 겪기도 했다. 하지만 결과적으로 IMF 위기는 크라운에게는 큰 기회가 된다. 혹독한 구조조정과 경영효율화로 회생에 성공하면서 2005년에는 한국 제과업계의 역사이자 상징이기도 했던 해태제과를 인수했다. 네 배나 규모가 더 컸던 해태제과를 인수하면서 단박에 제과업계 3위에 등극함과 동시에 롯데, 오리온과 함께 3강 구도를 형성하게 된 순간이었다.

이후에도 크라운과 해태 두 브랜드는 각자 독자 운영하면서 한국 최고의 제과 브랜드이자 민족자본으로 출발한 기업이라는 자긍심과 오랜 역사를 이어가고 있다. 일제가 남기고 간 생산설비와 시설로 겨우 시작했던 우리나라 제과산업이지만 지금 우리나라 3대 제과기업은 매출이나 품질 측면에서 글로벌 식품 기업들과 어깨를 나란히 하는 수준에 와 있다. 크라운해태가 자신은 물론 그 아래 수많은 장수 브랜드를 계속해서 잘 가꾸고 성장시키면서 한국을 대표하는 글로벌 식품기업이자 제과 브랜드로 성장해가기를 기원해본다.

4

70년을 지켜온 맑고 깨끗한 맛
칠성사이다

사이다는 왜 인천 앞바다에 떴을까

"인천 앞바다에 사이다가 떴어도, 고뿌(컵) 없이는 못 마십니다."

지금 기억하는 사람이 있을까 싶지만, 타계한 유명한 코미디언 서영춘의 유명한 속사포 만담이다. 지금으로 치자면 한국 최초의 랩이었을지도 모른다. 그런데 왜 인천일까?

사이다Cider는 원래 유럽에서 마시던 사과를 발효시켜 만든 가벼운 술을 일컫는 말이다. 오늘날의 톡톡 쏘는 시원한 탄산사이다와는 거리가 있다. 라틴어 '시케라sicera'에서 유래된 이 사과술은 프랑스로 건너가면서 '시드로Cidre'로, 다시 영국으로 건너가 '사이다'라는 이름을 얻게 된다. 영국 해군에 의해 일본에도 전해졌지만 여전히 술이었다. 그러던 것을 일본에 거주하던 영국 상인 노즈 안드레가 1686년 여기에 과일향을 첨가해 '샴페인사이다'라는 이름으로 판매하면서 술이 아니라 탄산음료로 바뀌게 된다. 우리나라에도 일제 강점기 시절 이 샴페인사이다가 유입되면서 '사이다'로 불리기 시작했다.

이 근대식 사이다가 처음 우리나라에 전파되고 만들어지기 시작한 곳이 바로 인천이다. 인천은 우리나라 근대화의 시작점이기도 하다. 1883년 개항으로 인천을 통해 많은 근대 서구 문물이 유입되었기 때문인데, 호텔(1888년 대불호텔), 철도(1899년 경인선), 등대(1903년 인천 팔미도) 등이 모두 인천에서 처음 시작되었다. 사이다 역시 이런 이유로 인천으로 처음 유입되고 인천에 공장들이 들어서기 시작했다. 1933년 일제 강점기 시절 인천부가 펴낸 〈인천부사仁川府史〉에는 "1905년 중구 신흥동 인근에 '인천탄산제조소'라는 회사가 세워져 미국식 5마력짜리 발동기를 사용해 사이다를 만들기 시작했다"는 대목이 나오는데, 이 회사는 일본인 히라야마 마쓰타로平山松太郎가 신흥동 해광사 인근에 세운 회사였다. 그는 '성인표星印標'라는 상표와 함께 별 모양의 로고를 부착한 '별표 사이다'와 라무네 등을 판매했다. 그 뒤 1910년 5월에는 같은 동네에 '라무네제조소'가 세워져 '라이온 헬스표 사이다'를 생산하기 시작했다. 《개항 후의 인천 풍경》(신태범 저, 2000)에서 "일본인이 라무네라는 싸구려 음료수를 만드는 공장을 세워 빙수밖에 없던 여름철에 시원한 마실거리를 선보였다. 병은 그대로 내놓고 3전이었다"고 전하고 있을 정로도 사이다는 인천의 흔한 풍경이었다.

라무네는 레모네이드를 일본인들이 발음하기 편하게 줄여서 부르면서 생긴 이름인데, 레모네이드와는 달리 과일향을 첨가한 여러 가지 맛의 탄산음료수 정도로, 지금 우리가 마시는 사이다와 더 비슷한 음료로 생각하면 된다. 병뚜껑이 특이한데 병 입구보다 조금 큰 구슬을 넣어 탄산이 밀어내는 힘으로 병을 밀폐하는 방식으로, 병을 딸 때에는 위에서 힘을 주어 구슬을 아래로 밀어낸다. 원래 크라운캡(현재 대부분의 유리병에 적용되어 있는 톱니 모양의 병뚜껑)이 나오기 전에 주로 사용되었는데, 지금도 이 방식을 사용하는 라무네 제품이 구슬사이다로 불리며 판매되고 있다. 최근에는 한국에도 일부 수입되어 독특한 병따개 방식으로 관심을 받고 있는 상품이기도 하다.

물 말고 마실 거라고 해봤자 한겨울에 먹는 식혜나 수정과 정도밖에 없던 시절이었던지라 톡 쏘는 상쾌한 맛에 달콤함까지 더한 사이다는 부유층을 시작으로 일반 서민층까지 광범위하게 인기를 끌었다. 해방 즈음에는 전국적으로 12개 정도의 사이다 공장이 있었는데, 기존 '인천탄산'의 후신인 '경인합동음료(주)'를 불하받은 손욱래孫旭來가 '스타사이다'와 '하이코라'로 최고의 인기를 누리며 여전히 사이다 본고장 인천의 명성을 이어갔다. 이 외에도 평양의 금강사이다가 스타사이드와 함께 쌍벽을 이루고 있었고, '서울사이다, 삼성사이다' 등이 있었다.

사이다에서 인천의 존재감이 사라지기 시작한 것은 1950년 '칠성사이다'가 등장해 서울과 수도권을 중심으로 성장하기 시작하면서부터다. 하지만 칠성사이다 역시 경인합동음료에서 일하던 멤버들이 주축이 되어 설립한 것이니, 여러모로 인천은 우리나라 사이다 역사의 발원지라 할 수 있겠다. 아쉽게도 지금은 그 흔적이 거의 남아 있지 않지만 여전히 인천시는 쫄면, 짜장면, 계란빵 등과 함께 인천에서 시작된 명물로 사이다를 소개하며 우리나라 사이다 발원지로서의 명성을 지키려고 노력하고 있다.

미국에 코카콜라가 있다면, 한국에는 칠성사이다가 있다

사이다 중심지를 인천에서 서울로 옮겨 온 칠성사이다는 70년 넘게 한국인의 입맛을 대변해온 대표적 장수 브랜드이자 코카콜라 같은 거대 다국적 기업의 공세를 물리치고 시장을 지켜낸 저력의 브랜드다. 창업자 7인의 성이 모두 달라 일곱 개의 성을 의미하는 '칠성七姓'사이다로 이름을 지었다는 것은 유명한 이야기다. 이후 '회사의 영원한 번영을 다짐하자'는 뜻으로 북두칠성을 연상시키는 일곱 개의 별이라는 뜻의 '칠성七星'으로 한자 뜻을 바꾸기는 했다. 앞서 본 경인합동음료 등 사이다 업계에서 경력을 쌓아왔던 최금덕·박운석·방계량·주동익·전선명·김명근·우상대 등이 함께 1949년 '동방청량음료합명회사'를 만들고, 이듬해인 1950년 5월부터 생산하기 시작했다.

당시 사이다는 사카린을 녹인 물에 탄산가스를 주입하고, 미군 부대에서 흘러나온 맥주 캔이나 콜라 캔을 잘라 병뚜껑을 만드는 수준이었는데, 후발주자였던 칠성사이다는 사이다 업계에서의 경험, 축적해둔 판매망 등 영업력과 일본에서 청량음료를 연구했던 경력을 바탕으로 제품을 개선하면서 1950년대 후반 빠르게 시장을 넓혀갔다. 해방 이후 미군부대에서 코카콜라가 흘러나오면서 국내에서 탄산음료가 인기를 끌기 시작한 당시 사회 분위기도 한몫했다. 1950년대에는 청와대에서 직접 전화로 주문해 수표를 주고 거스름돈 없이 박스 째 가져갔다는 일화도 전해진다.

뒤늦게 출발했지만 서울사이다, 스타사이다 등 기존 시장 지배자들을 누르고 주도권을 잡은 칠성사이다는 1957년에는 '스페시코라'라는 이름으로 콜라도 생산하기 시작했다. 1968년에 펩시콜라와 보틀링 계약을 하면서 펩시와 스페시가 헷갈린다고 이름을 '칠성코라'로 바꾸었다. 1964년에는 경쟁자였던 서울사이다를 인수했고, 1966년에는 백마부대의 월남파병과 함께 월남에 수출까지 하게 된다. 한국 음료 브랜드의 최초 해외 수출 기록이다.

하지만 1973년 석유파동으로 경기가 위축되고 아이스크림, 주스류 등 대체품의 소비가 늘면서 회사는 매출 하락 등 경영상의 위기를 맞게 되는데, 이미 1967년 동방청량음료에서 한미식품공업으로 한 차례 주인이 바뀌었던 칠성사이다는 이때를 넘기지 못하고 롯데그룹에 인수된다. 이후 회사 이름을 '롯데칠성'으로 바꾸고 그룹사의 지원에 힘입어 탄산음료에서 독보적인 강자 자리를 차지하기 시작한다.

시장을 둘러싼 패권전쟁은 지속적이고 치열했다. 탄산음료의 대표격인 콜라와 전체 청량음료 소비시장을 두고 싸워야 했지만 사이다 카테고리 내에서의 경쟁도 계속됐다. 특히 1970년대부터 2000년대 중반까지는 해태사이다, 코카콜라의 킨사이다, 동아식품의 나랑

출시 당시 모습으로 재현한 칠성사이다

칠성사이다는 코카콜라 등 여러 브랜드와 치열하게 경쟁했지만 70년 넘게 국내 사이다 판매율 1위를 지키고 있는 독보적인 브랜드다.
(ⓒ롯데칠성음료)

드사이다, 한때 해태음료에서 판권을 소유했던 쎄븐업, 일화의 천연사이다, 코카콜라사의 스프라이트, 해태음료의 매실맛사이다, 쿨사이다, 축배사이다, 코카콜라의 DK사이다 등 기업도, 브랜드도 다양했다. 그러나 이 모든 경쟁브랜드를 멀찌감치 따돌리고 칠성사이다는 70년 넘게 독보적 1위 자리를 차지하고 있다. 국내 사이다 시장에서는 거의 80퍼센트에 육박하는 시장점유율을 보이고 있을 뿐 아니라, 전 세계 1위라고 하는 코카콜라의 스프라이트(18퍼센트) 역시 칠성사이다 앞에서는 굴욕을 맛보고 있다. 사정이 이러하니 국내 브랜드인 천연사이다(2퍼센트), 나랑드사이다(1퍼센트) 등은 거의 존재감이 없는 상태다.

특히 전 세계 탄산음료 시장을 석권하고 있는 코카콜라와 펩시의 도전을 물리치고 국내 사이다 시장에서 압도적 점유율을 지키고 있다는 것은 놀랄 만한 성과이자 업적이다. 한국전쟁 때 미군을 따라 한국에 처음 선을 보였던 코카콜라와 펩시는 1956년에 정식으로 수입되었지만 이내 철수하고 만다. 당시 전쟁으로 피폐해진 상황에서 탄산음료를 돈을 내고 사 먹을 정도의 사람이 많지는 않았을테니 그들의 철수는 어찌보면 당연했다. 실제로 1970~80년대 후반까지만 해도 우리나라 사람들은 설탕물로 갈증을 달래곤 했던 것도 사실이니까.

1960년대 한국 경제의 성장과 함께 두 공룡기업은 1968년(코카콜라), 1969년(펩시)에 각각 다시 한국 시장에 진출하는데, 이로 인해 1970년대 우리나라 청량음료 시장은 치열한 마케팅 경쟁과 함께 시장도 큰 폭으로 성장하게 된다.

코카콜라의 킨사이다는 한때 칠성사이다를 꽤 위협했던 브랜드로, 미국에서의 코크-펩시간 전쟁을 연상케 할 정도로 치열한 경쟁을 펼쳤다. 킨사이다는 코카콜라가 글로벌 브랜드 정책을 버리고 한국 시장 전용으로 내세웠던 브랜드로 1980년대 중반에는 45 대 55 정도로 칠성사이다를 턱밑까지 추격하며 칠성사이다를 긴장하게 했다. 하지만 이미 30여 년 넘게 한국인의 입맛을 맞춰온 칠성사이다의 장벽을 넘는 데는 끝내 실패했다. 이후에도 2007년에 '킨사이다 제로'를, 2010년에는 다시 '다이나믹 킨사이다'를 의미하는 'DK사이다'를 출시하고 대대적 마케팅 공세를 펼치는 등 계속해서 칠성사이다를 괴롭혔지만 결과는 여전히 칠성사이다의 완승이었다.

국내 브랜드로는 동아오츠카의 나랑드사이다가 있다. 박카스로 유명한 동아제약이 1971년 오란씨에 이어 1977년에 사이다 시장에도 진출했던 것인데, 이때에는 큰 반향이 없어 흐지부지 사라진 바 있다. 이후 동아제약 식품사업부가 독립한 동아오츠카에서 2010년에 같은 브랜드로 다시 한 번 칠성사이다에 도전장을 내밀었다. 과거의 실패를 거울삼아 동아오츠카는 1년여 준비기간을 통해 1천여 명 이상의 소비자 조사를 거치면서 칠성사이다보다 맛있다는 평가를 받을 때까지 계속해서 제품을 개선했다. 음식인 만큼 더 좋은 맛으로 승부하겠다는 전략이었다. 하지만 시장의 반응은 냉담했다. 펩시의 뉴제네레이션 캠페인에 깜짝 놀란 코카콜라가 엄청난 시간과 돈을 들여 소비자 테스트를 거친 이후에 자신 있게 출시했던 '뉴코크' 실패 사례의 한국 버전인 셈이었다. 소비자들은 때로는 '더 맛있는 것'보다 함께한 시간, 그 안에 담긴 경험과 추억 등 '감성적 유대감'을 더 중시한다. 객관적 비교가 어려운 개인적 선호가 선택에 큰 영향을 미치는 분야에서 특히 더 그렇다. 이 요소가 결국 브랜드의 힘이다.

나랑드사이다는 설탕, 보존료, 카페인, 색소 및 열량이 없는 '5-제로 사이다'를 컨셉으로 칠성사이다와 차별화하기 위해 애썼지만 의미 있는 점유율을 확보하는 데는 실패했다. 나랑드사이다는 박카스, 오란씨, 판피린 등 꽤 성공한 브랜드를 직접 네이밍한 것으로 유명한 동아약품의 강신호 회장이 직접 만든 이름이다. "나랑 드시지요"의 옛 표현인 '나랑 드사이다'를 살짝 다르게 끊어 읽은 것인데, 네이밍 상으로는 칠성에 비해서는 훨씬 새로운 맛이 있긴 하다.

한국에서 '세븐업7up'의 운명은 좀 기구하다. 1985년 해태음료와 손잡고 한국 시장에 진출해 롯데칠성에 도전했다. 결과는 KO패. 그런데 거꾸로 1995년엔 롯데칠성이 세븐업의 주인이 됐다. 당연히 칠성사이다에 밀려 큰 지원을 받지 못했고, 다시 해태음료가 브랜드 판권을 가져왔지만 여전히 지지부진했다. 외국인이 많은 공항이나 백화점, 관광지 자판기에서나 볼 수 있을 정도로 애물단지가 되는가 싶더니 해태음료의 경영난이 더해지면서 2008년 철수했다. 하지만 한국에서 코카콜라의 스프라이트가 조금씩 성장하자 펩시는 스프라이트를 견제하기 위해 당시 펩시의 보틀러였던 롯데칠성과 손을 잡고 2014년 다시 한국 시장에 들어온다. 이번에는 칠성사이다가 아니라 스프라이트를 경쟁상대로 삼은 셈이다. 재미있는 것은 펩시의 세븐업을 처음 한국에 들여왔던 해태음료는 LG생활건강에 인수된 후 지금은 코카콜라의 스프라이트를 생산하고 있다는 사실이다.

변함없는 맑고 깨끗한 맛의 비결

어떤 제품이든 장수하는 브랜드의 공통적 특징은 기본적으로 소비자들로부터 인정받는 우수한 제품력이다. 칠성사이다 역시 쉽게 모방할 수 없는 칠성사이다만의 '맛'이 가장 기본적인 경쟁력이라고 할 수 있다. 사이다 제조 과정은 기본적으로는 간단하다. 여러 번 정수 처리한 물에 레몬라임향, 설탕, 구연산 등을 혼합한 뒤 탄산을 주입해서 급속 밀봉한다. 깨끗한 물과 혼합물의 배합 비율이 사이다의 맛을 좌우하는 핵심 기술이다.

칠성사이다는 레몬과 라임에서 추출한 천연향을 사용하는데 이 배합 비율과 혼합 과정은 오랜 역사를 거치며 발전시켜온 경쟁력의 원천이다. 카페인과 인공색소를 전혀 사용하지 않는 것도 여타 탄산음료와 대비되는 강점이다. 한마디로 향미가 뛰어나면서도 카페인, 인공향, 인공색소를 사용하지 않은 3무 제품으로, 실제 마케팅에서도 이 부분을 많이 강조해왔다. 여기에 장수 브랜드가 갖는 가장 강력한 자산이 더해진다. 오랜 시간이 주는 친근함과 익숙함은 새로운 경쟁자가 극복하기 어려운 절대적 강점이다. 물론 브랜드 관리를 못 하면 친근함은 진부함으로 변해 독이 되기도 하지만, 결국 이 과정을 이겨내면서 우리가 다 인정하는 장수 브랜드가 되는 것이다. 카테고리를 지배하는 대표 브랜드가 된다는 것은 한마디로 싸움의 룰을 스스로 정할 수 있는 강력한 힘을 갖게 됨을 의미한다. 그 브랜드가 가진 여러 가지 요소들이 해당 카테고리의 기준이 된다.

70여 년에 걸쳐 칠성사이다를 마셔온 우리는 자연스럽게 칠성사이다의 맛이 사이다의 맛이라고 생각한다. 나랑드사이다와 킨사이다도 칠성사이다와 다른 이상한 맛이라는 인식으로 시장 침투에 어려움을 겪었다. 실질적으로 뛰어난 맛과 이를 인정해주는 소비자 인식이 바로 누구도 모방할 수 없는 칠성사이다만의 힘이며, 오랜 기간 칠성사이다가 부동의 1위 자리를 고수해올 수 있었던 비결 아닌 비결이다.

하지만 제품력만으로는 이렇게 오랜 기간 독보적 자리를 유지하긴 어렵다. 더군다나 코카콜라와 같은 거대 글로벌기업이 끊임없이 시장을 위협했다. 칠성사이다는 시의적절한 브랜드 메시지와 시대 흐름에 맞는 마케팅 캠페인을 통해 시장을 주도했을 뿐 아니라 근본은 변하지 않는 일관된 브랜드 아이덴티티를 통해 긴 호흡의 브랜드 자산을 축적해왔다. 사실 이런 효과적 마케팅과 일관된 브랜딩 전략이 오늘의 칠성사이다를 만들었다고 해도 과언이 아니다.

우선, 칠성사이다를 상징하는 초록색과 브랜드 이름에서 연상되는 별 디자인을 통해 50년 가까이 일관된 이미지를 유지하고 있다. 초록색의 유리병이 페트병과 캔으로 다양해졌지만 브랜드 상징은 여전히 유지하고 있다. 최근 2019년에 1984년 페트병을 최초 출시하면서 적용했던 초록색을 재활용이 쉬운 무색 페트병으로 변경했지만, 여전히 라벨에는 초록색과 별을 강조했고, 병뚜껑을 초록색으로 교체하면서 그 아이덴티티를 지켜가고 있다. 시대 감각에 맞춰서 적절하게 패키지 디자인을 변경하면서 브랜드의 신선함을 유지하는 것은 기본이었다. 사실 식음료에서는 패키지 디자인이 브랜드의 이미지를 결정하는 데 큰 역할을 하는데, 이 디자인을 통해 시대 감각을 잃지 않으면서 일관성과 정체성을 지켜낸다는 것은 쉽지 않은 일이다. 칠성사이다는 고유의 초록색과 별을 아이덴티티로 삼으면서 장수 브랜드가 빠지기 쉬운 노후화의 함정을 잘 극복해온 좋은 사례라고도 볼 수 있다.

변함 없는 브랜딩과 함께 시대 흐름에 맞춰 적절한 마케팅 프로모션과 캠페인을 통해 경쟁 우위를 지켜온 것도 칠성사이다가 장수 브랜드의 대열에 오르는 데 큰 역할을 했다. 1970년대부터 광고 캠페인은 본격적으로 시도되었는데, 1976년에 당시 최고의 인기를 누리던 가수 혜은이를 광고모델로 기용해 광고음악으로 히트를 친다. 혜은이가 직접 부른 "일곱 개의 별마다 행운이 가득 칠성사이다 / 반짝이는 방울마다 젊음이 가득 칠성사이다 / 언제나 칠성 / 칠성사이다"라는 광고음악 가사는 당시 큰 화제가 됐다. 그 광고음악을 아예 인쇄광고에서 악보까지 그려가며 제시할 정도였으니, 그 인기를 짐작할 만하다. 1980년대에는 윤시내, 구창모, 이선희 등 당대 톱가수들을 기용해 경쾌한 리듬의 "슈슈슈비 슈비 슈바 칠성사이다"로 시작되는 광고음악을 다시 한 번 히트시켰다. 탄산음료 특유의 신선한 느낌을 영상화한 일련의 광고들은 갈증 해소 등과 관련된 청량음료 음용 욕구를 자극하는 기획이었다.

유명한 스타를 활용한 캠페인 외에도 사회환경 변화에 따른 기민한 마케팅도 눈에 띈다. 1970년대 후반에는 난방 설비가 갖춰진 좋은 아파트 보급이 확대됨에 따라 "겨울에 마시는 칠성사이다 역시 좋습니다"라는 메시지를 통해 오히려 비수기 시장을 확대하는가 하면, 1981년에 컬러TV가 보급되기 시작했을 때에는 "모든 것이 컬러화되고 있지만 음료는 역시 칠성사이다가 좋습니다"라는 역설적 메시지를 통해 칠성사이다의 차별점을 부각하기도 했다. 이후 칠성사이다는 본격적으로 맑고 깨끗한 이미지를 캠페인에 도입해 오늘날의 강력한 브랜드 이미지를 완성해간다.

맑고 깨끗한 이미지는 카페인, 인공향, 인공색소 등이 없는 3무 음료를 표방했던 칠성사이다가 콜라를 비롯해 1980년대 후반부터 다양하게 쏟아져 나오던 경쟁음료(맥콜과 같은 보리음료, 포카리스웨트 등과 같은 스포츠음료, 각종 과일 주스 등)와 차별화시키는 강력한 수단이었다.

라디오 광고부터 시작된 '칠성사이다, 맑고 깨끗한 소리를 찾아서' 시리즈는 계곡 물소리, 범종 소리, 산새 소리 등 자연에서 찾을 수 있는 소리와 칠성사이다의 투명하고 맑은 이미지를 결합시킨 새로운 시도였다. 청각적 요소를 브랜딩의 주요 테마로 활용하기 시작한 것인데, 백두산 천지, 백두대간, 설악산의 봄, 독도 등 우리나라의 아름다운 구석구석을 소개하는 광고로 발전하면서 큰 반향을 불러일으켰다. 특히 1992년 방영된 백두산 천지 광고는 국내 TV 광고 최초로 백두산 현지를 촬영하기도 했다. 이 캠페인을 통해 칠성사이다는 최고의 사이다로서의 이미지를 확고히 했을 뿐 아니라 브랜드 이미지 차원에서도 확실히 한 단계 성장했다고 볼 수 있다. 캠페인은 2000년대에도 계속 이어졌다. '물'의 가치와 수달, 개구리 등 물을 의지하며 살아가는 '생명체'의 소중함을 일깨우는 광고나 독도, 4대강, 무인도 등을 소재로 한 광고들은 제품의 기능적 차별점이나 비교우위를 이야기하는 것에서 벗어나 1등 브랜드가 할 수 있는 좀더 폭넓은 메시지로 경쟁사 대비 레벨이 다른 이미지를 만들어가고 있다.

IMF를 맞이하면서 칠성사이다는 오히려 이 위기를 기회로 반전시키기도 했다. 그즈음 코카콜라와의 경쟁을 의식해서 "콜라를 마실 것인가? 사이다를 마실 것인가?"라는 공격적 캠페인을 진행했는데, 여기에는 앞서 3무 컨셉에 '노 로열티No Royalty'라는 메시지를 더해 당시 국민정서에 호소하기도 했다. 실제로 외환위기로 인한 소득감소와 소비심리 위축으로 전체 음료시장 규모가 두 자리 수나 감소하는 상황에서도 오히려 사이다 시장은 1997년 2,200억 원, 1998년 2,300억 원으로 증가했는데, 여기에는 칠성사이다의 성장이 큰 역할을 했다.

칠성사이다는 1등의 지위를 지키면서 사회 분위기와 시대 흐름에 맞는 마케팅 캠페인과 소비자와의 호흡으로 코카콜라에 맞서는 국민 브랜드로 성장해왔다. 최근에 건강을 고려해 탄산음료 소비가 주춤하는 모습을 보이기도 하지만 칼로리를 줄인 제품이나 과일향을 첨가한 다양한 제품으로 극복할 방법을 찾고 있는 모습이기도 하다. 미국인에게 코카콜라가 단순 음료 이상을 의미하듯이, 칠성사이다 역시 단순한 청량음료를 넘어 한국인의 여러 가지 답답함을 뻥 뚫어주는 브랜드가 되기를 바란다.

5
여름철 무더위를 날려준 국민 간식
삼강하드

호랑이 담배 먹던 시절, 물뻑다귀의 기억

강아지도 혓바닥을 축 늘어뜨리고 가쁜 숨을 몰아쉬며 지쳐 늘어지는 한여름, 부채만으로는 감당할 수 없는 이 더위를 어찌해야 할지 모를 때, 대문 밖 저멀리서 들려오는 굵고 간결한 소리가 있다.

"아이스께끼~, 께끼나 하~드."

어머니를 졸라 쌈짓돈이라도 얻으면 다행이지만, 없으면 없는 대로 집 안의 헌 고무신짝이나 녹슨 그릇 등 고물을 들고 늦었을까 조급하게 뛰쳐나간다. 다행히 작은 상자를 둘러 맨 아이스께끼 장사가 아직 동네 아이들에게 둘러싸여 있다. 그중에 먼저 아이스께끼를 건네받은 아이는 조바심을 억누르며 조심스럽게 혀로 살살 녹이면서 빨아 먹기 시작한다. 안타깝지만 돈이 없던 아이는 그 친구

옆에 바짝 붙어 애타는 목소리로 "한 입만" 하며 맛보기를 청하고, 떨리는 손으로 보물 같은 아이스께끼를 건네면서 "빨아 먹어, 베어 먹으면 죽을 줄 알아"라고 엄포를 놓는다. 그렇게 서너 명의 아이들이 들러붙어 이 천국의 맛이 영원하기를 바라면서 아끼고 아끼며 빨아먹던 소중한 간식이었다. 호랑이 담배 먹던 시절 이야기로나 들릴 법 하지만 우리네 1950~60년대 골목 어귀에서 흔하게 만날 수 있는 풍경이자 그 시절에 대한 기억이다.

아이스께끼는 1950년대 어린이들에게는 최고의 인기상품이었는데, 냉동시설이 어느 정도 갖춰진 이후에나 들어왔을 것 같지만 의외로 일찌감치 대한제국 말미에 이미 우리나라에 소개된 것으로 전해진다. 1920년대에 신문을 보면 "산과 들이 차츰차츰 엷은 녹음으로 철을 옮겨감에 따라 한겨울에 살을 에일 듯한 추위에 밤도 가는 줄 모르고 팔든 가련한 그들의 장사는 이제부터 아이스크림이나 어름장사로 변해가게 된다"(《동아일보》, 1924년 4월 30일자)며 인천에서만도 예년에 비추어볼 때 200여 명이나 되는 여름 아이스크림 행상이 활동할 것을 예측하고 있으니, 일제 강점기 시절 이미 아이스크림은 꽤 인기 있던 여름 군것질거리로 자리 잡고 있었던 듯하다.

언론에서는 예전부터 아이스크림이라는 명칭을 사용했지만, 대중에게는 1950~60년대까지도 아이스께끼라는 말이 더 일반적이었다. 그보다 더 초기에는 '물뻑다귀'라는 이름으로도 불렀다. 당시 아이스께끼는 무턱대고 덥석 깨물면 이가 부러질지도 모를 정도로 무시무시하게 딱딱했다. 보냉기능이라고는 하나도 없었을 부실한 양철 아이스박스에 넣고 몇 시간을 돌아다니면서 팔려면 무엇보다도 녹지 않는 단단함이 생명이었을 것이다. 그 모양과 성질을 생각해보면 물백다귀라는 말이 딱 어울리는 제품이었으니, 우리나라 말의 뛰어난 조어 능력에 다시 한 번 감탄한다.

큰 인기를 끌던 아이스께끼였지만, 아직 제대로 된 아이스크림이라고 할 수는 없었다. 여름이면 일시적으로 생겨나는 소규모 제조업자들이 설탕이나 사카린을 녹인 단 물에 과일즙이나 향신료, 색소 등을 적당히 넣어 얼려 만드는 조잡한 제품이었다. 팥앙금이나 팥물을 넣은 버전은 조금 더 비쌌다. 제대로 된 생산설비나 위생환경이 갖추어지지 않은 건 당연해서 아이스께끼를 먹고 배탈이 나서 화장실을 들락날락거리기 일쑤였다. 한여름에 대장균이 우글거리는 얼음을 그냥 맛있다고 먹는 상황이었을 테니 화장실 영접은 당연한 결과였을 듯하다.

1950년대 신문 기사들을 살펴보면 "빙과업자 등이 위생상 불결한 원료와 유해, 유독한 색소향료, 감미를 사용한 각종 음식을 판매하며 더군다나 하등의 위생상 장비도 갖추지 않고 있기에 이를 엄중 단속하겠다"는 보건부의 방침이라든지, "비용절감을 위해 비위생적 천연얼음을 사용하는 제조업자들을 겨냥해 비위생적 천연빙을 사용하지 말 것을 요청한다"는 내용들을 찾아볼 수 있다. 이런 기사들이 사회면에 단골로 등장할 만큼 당시 불량 빙과제품의 문제가 컸던 것으로 알 수 있는데, 결국 1962년에 '식품위생법'이 공표됨에 따라 가내수공업 수준의 소규모 아이스께끼 생산업자들은 하나둘씩 문을 닫게 된다. 소비자의 욕구는 큰데 시장에서 제품이 받쳐주지 못한다면? 그 기회를 찾아 사업을 일으키는 기업가가 어디

선가 나타나게 마련이다.

보통명사가 된 '하드'의 출현

1962년 7월, 롯데푸드의 전신인 '삼강유지화학'이 '삼강하드'를 출시한다. 이제까지의 소규모 수공업 수준을 벗어나 규격화된 설비에서 대량생산된 국내 최초의 빙과제품이다. 우리가 먹는 빙과류를 굳이 분류해보자면 고깔처럼 생긴 과자 안에 아이스크림을 넣은 '콘형', 나무 손잡이를 박아 넣은 '스틱(바)형', 비닐 튜브 안에 아이스크림을 넣어 짜먹는, 흔히 쭈쭈바로 알고 있는 '펜슬형' 정도로 분류할 수 있다. 물론 카스테라나 과자 사이에 아이스크림을 넣은 형태나 '빵빠레'와 같이 콘 형태를 변형한 제품, 팥빙수 등 세월이 흐르면서 제형은 다양해지고 있으며, 프리미엄급 떠먹는 홈타입 아이스크림도 있다. 하지만 기본적으로 위의 세 가지 형태가 기본적인 분류인데 삼강하드의 '하드'는 이 가운데 스틱형 제품을 통칭하는 보통명사가 되어버린다. 그만큼 큰 인기를 끌면서 많은 사람들이 즐긴 브랜드였다.

일본에서 들여온 최신 아이스크림 제조기에서 만들어지는 상품은 우선 품질 측면에서 그동안 영세업체들이 수작업으로 만들던 얼린 설탕물 수준의 아이스께끼와는 비교할 수 없었다. 게다가 이제까지는 없었던 개별 포장까지 더하면서 세련된 이미지와 함께 위생에 대한 불안감도 해소할 수 있었다. 이런 제품력의 우위로 삼강하드는 출시하자마자 불티나게 팔리며 아이스께끼라는 이름을 '하드'로 대체하면서 국내 빙과류 시장을 평정한다.

원래 삼강유지화학은 1958년 10월에 설립된 일동산업이 모태였다. 이듬해 12월에 삼강유지공업으로 이름을 바꾼 다음 1년 뒤인 1960년에 국내 최초로 마가린을 생산했다. 이 회사는 잘 알려지지 않았지만 삼성 창업주인 이병철 회장의 형인 이병각이 설립했다. 제일제당이 설탕, 밀가루 등을 담당하고, 일동산업은 마가린을 포함한 제과, 제빵 등 식료품 영역을 각기 담당하는 구조였다. 이런 설립 배경 때문에 삼강이 일본으로부터 아이스크림 제조설비를 들여오려고 할 때, "삼강유지화학은 이병철 씨를 중심으로 하는 삼성 재벌 산하의 회사라고 하며 유지화학회사가 어찌하여 아이스크림 따위를 만들어 팔고 있는지 식자로 하여금 의아한 인상을 느끼게 하여 왔던 것이다"(《경향신문》, 1963년 7월 20일자)라는 비판을 받기도 했다.

당시 삼성계열사가 영세제조업자들의 영역으로 받아들여지던 아이스께끼 산업에 진출하는 것은 지금으로 치자면 소상공인 중심의 골목상권에 대기업이 덩치를 앞세워 밀고 들어간 셈이 된다. 게다가 당시 중소기업을 위해 들여온 차관을 재벌 산하 대기업에서 규정을 어기고 아이스크림 제조기 수입에 활용했다는 것도 논란의 빌미를 제공한 것으로 보인다.

삼강은 1977년 롯데그룹으로 편입되며 이듬해인 1978년부터 롯데삼강으로 바뀌었고, 2013년에는 롯데푸드로 이름을 바꾸면서 국내 빙과류 시장을 개척한 삼강이라는 이름은 아쉽게도 사라지게 되었다. 롯데푸드는 우유, 햄 등을 생산하는 종합식품기업을 표방하지만 여

삼강하드 광고

1969년에 단종했지만 '물빽다귀'에서 '하드'의 시대를 연 대표적인 히트제품이자, 우리나라 빙과 시장의 전성기를 가져온 제품이기도 했다. (ⓒ롯데푸드)

전히 아이스크림도 주력 상품군이다.

롯데삼강은 1970~80년대를 지나면서 다양한 제품을 출시하는데, 이 중에는 지금도 여전히 막강한 힘을 자랑하고 있는 히트 브랜드들이 꽤 많다. 이때는 삼강뿐 아니라 해태제과, 빙그레, 롯데제과 등이 빙과산업에 진출하면서 경쟁구도가 만들어지고, 각 회사를 대표하는 메가 히트 브랜드들이 탄생하는 시대였다. 한마디로 우리나라 빙과 시장의 전성기였다.

삼강하드는 공식적으로는 1969년에 단종한다. 이후 2005년, 2016년 등 두 차례에 걸쳐 재출시한 바 있지만 시장에 다시 정착하지는 못했다. 삼강하드에 이어 삼강을 대표하는 브랜드로 1972년 출시한 '아맛나'가 있다. 우유를 기반으로 한 삼강하드에 단팥을 추가한 업그레이드 버전으로 볼 수 있을 텐데, 아직도 판매되는 현역 최장수 브랜드다. 팥을 재료로 쓴 빙과류를 좋아하는 마니아들 사이에서는 '비비빅', '깐도리'와 함께 3대 팥 아이스크림으로 추앙받고 있기도 하다.

후발주자의 반란, 쭈쭈바

이어서 1970년대 중반에서 1980년대 후반기까지 대표작들이 줄줄이 출시된다. 하드와 함께 쭈쭈바 역시 원 제품명이 그 카테고리 전체를 대표하는 보통명사로 승격된 이름이다. 빙과류에서는 다른 케이스를 발견하기 어렵다. 카테고리를 지배하는 브랜드를 두 개씩이나 키웠다는 것은 당시 빙과시장에서 삼강의 지위나 앞선 제품력, 마케팅 파워 등을 짐작할 수 있게 한다.

특이한 것은 최초였던 삼강하드와는 달리 쭈쭈바는 후발주자였다는 사실이다. 최초는 삼립식품의 '아이차'다. 호빵으로 겨울철 특수를 누리던 삼립식품이 여름철 비수기 극복을 위해 시장에 내놓은 제품으로 1974년에 첫 출시했다. 당시 부라보콘의 등장과 함께 국내 빙과류 시장이 프리미엄급과 일반형으로 분화되면서 경쟁이 치열하던 시점이었는데, 아이차는 완전히 다른 제품이었다. 무더위 속에서 얼음이 든 차가운 튜브를 양손으로 들고 몸도 식히면서 과즙이 든 시원한 얼음물을 빨아 마실 수 있었으니, 일거양득이었다. 당시 미처 제대로 얼리기도 전에 중간 상인들이 제품을 받아가려고 싸움을 벌였을 정도로 큰 인기를 끌었다고 한다. 보온형 원통 안에 드라이아이스를 담아 아이차 전용 케이스를 가게에 보급하기도 했다. 호빵을 보관하기 위한 찜통을 만들었던 노하우를 접목했을 것으로 보인다.

빙과류 최강자 삼강이 이 인기를 오랫동안 지켜보지만은 않았다. 삼강은 1976년 카피제품인 쭈쭈바를 내놓는다. 이때 삼강뿐 아니라 해태(맛기차)·롯데(아차차)·대일유업(차차차)·서울유업(차고나) 등도 대거 경쟁에 참여했다. 빙과류 전문기업이 아닌 삼립식품으로서는 이런 치열한 경쟁을 감당하기 어려웠던 것으로 보인다. 삼강은 TV 광고를 동원한 마케팅 공세를 통해 쭈쭈바를 이 시장의 주인으로 등극시킨다. 도전자가 선발주자를 물리치고 그 영역의 보통명사 자리를 차지했으니 더욱 놀라운 사례라 할 수 있다.

1981년에는 '빠삐코'라는 프리미엄급 제품이 등장한다. 빠삐코는 그동안 쭈쭈바가 짊어지고 있던 값싼 불량식품 이미지를 떨쳐버림과 동시에 쭈쭈바 제품들이 모두 과일맛 일색인 상황에서 초콜릿맛을 선보이며 새롭게 아이들의 입맛을 사로잡는 데 성공한다. 하지만 50원이던 쭈쭈바가 100원으로 무려 두 배나 오르는 충격적인 순간이기도 했다. "빠빠라 빠빠빠 빠삐코" 하는 고인돌 가족의 TV 광고를 기억하는 분이 많이 있을 것이다. 여기서도 삼강은 자사 브랜드인 쭈쭈바에 머물지 않고 스스로 프리미엄급 시장을 개척하면서 다른 브랜드의 추격도 방어하면서 전체 시장 크기도 키워가는 1등으로서의 전략을 펼쳐간다.

"12시에 만나요, 부라보콘"

1970년대는 해태, 빙그레 등이 진출하면서 빙과류 시장 경쟁이 본격화되는 시기다. 롯데삼강은 쭈쭈바, 빠삐코에 이어 돼지바(1983)·빵빠레(1983)·구구콘(1990) 등의 히트브랜드로 1980년대를 장식했지만, 1970년대는 해태와 빙그레가 빙과업계 강자 자리를 차지하는 시기였다.

그중에서도 1970년대 경쟁의 시작을 알린 것은 우리나라 빙과류 시장의 판도를 바꿔놓은 대작, 부라보콘이다. 1970년 4월 1일, 해태제과가 빙과류 시장에 진출하면서 내놓은 신작이었는데, 나오자마자 아이스크림 업계의 판도를 바꿔버리며 해태제과를 아이스크림의 명가로 등극시킨 주인공이다.

여기서 부라보콘의 탄생 과정을 잠시만 살펴보자. 해태는 1945년에 출발한 우리나라 최고最古의 제과기업이다. 이런 해태가 60년대 빙과시장의 성장세를 그대로 보고만 있을 리 없었다. 이미 25여년 간의 제과업계 업력을 바탕으로 비슷한 제품으로는 선발주자를 따라잡기 힘들다는 판단이었을까, 이제까지 10년 넘게 시장을 지배하고 있던 바 형태를 벗어나 콘을 만들기로 하고 시장조사에 나선다.

1968년부터 낙농 선진국 벤치마크를 시작으로 덴마크로부터 생산설비를 도입해 본격적 준비에 들어갔다. 하지만 설비 도입만으로 당장 아이스크림 콘을 만드는 과제가 끝난 게 아니었다. 원료 수급은 물론 포장 등 모든 것이 힘든 과제였다. 유럽에서 인기를 끌던 아이스크림 콘을 그대로 만들려니 우유에 탈지분유를 섞어야 했는데, 탈지분유를 구할 수가 없었다. 우유도 부족했던 시절에 탈지분유는 언감생심이어서, 미군부대에서 탈지분유를 구한 다음에 협력업체와 함께 직접 제조하는 방식으로 해결할 수 있었다. 콘 위에 토핑으로 올라가는 아몬드도 문제였다. 유럽을 돌면서 보았던 제품에는 아몬드가 뿌려져 있는 것이 일반적이었지만, 당시 우리나라 실정에 아몬드는 구하기도 쉽지 않았을 뿐더러 사람들에게 익숙하지도 않았다. 짐작할 수 있듯이 땅콩이 그 자리를 차지했다. 아이스크림을 감싸는 포장지 역시 개발팀을 힘들게 했다. 비닐로는 안 되고, 종이로 하자니 눅눅해지는 것이 문제였다. 이번에는 담배 포장지에서 힌트를 얻어 해결했다.

또한 부라보콘을 아는 사람이라면 부라보콘의 광고음악을 모를 수가 없다.

"12시에 만나요 부라보콘 / 둘이서 만나요 부라보콘 / 살짝쿵 데이트 / 해태 브라보콘, 아이스크림은 해태~!"

당대 최고 인기 배우 정윤희와 함께 등장했던 이 TV 광고음악은 부라보콘이 오늘날의 인기에 오르는 데 가장 큰 역할을 했다. 당시 점심식사 후에 주로 부라보콘을 먹는다는 조사 결과에 따라 "1시에 만나요"로 될 뻔했지만, 왠지 말의 느낌이 살지 않고 "12시"가 더 자연스럽다는 이유로 12시가 되었다고 한다.

부라보콘은 아직도 건재하는 최장수 콘 브랜드다. 2010년에는 40억 개 매출 기록으로 기네스북에도 등재됐다. 이 40억 개를 늘어놓으면 경부고속도로를 800번, 지구를 15바퀴나 돌 수 있는 거리다. 50살이 된 2019년까지 46억 개가 판매되었다. 부라보콘의 단독 질주를 막은 것은 롯데의 월드콘이다. 1986년, 당시 100원에 팔리던 콘 시장에 용량을 키우고 내용물을 고급화하면서 300원이라는 파격적인 가격을 책정해 기존 제품 대비 프리미엄급 브랜드로 포지셔닝하면서 시장에 출시됐다. 특히 콘 아랫부분에 초콜릿을 넣어 아이스크림을 다 먹은 후 초콜릿까지 즐길 수 있게 한 것도 새로운 히트 요인이었다. 이처럼 경쟁 제품과의 차별화를 통해 출시 2년 만인 1988년에 부라보콘을 누르고 시장 1위를 차지한다. 1998년 에는 빙과 브랜드로는 처음으로 단일품목 300억 원 매출을 돌파했을 뿐 아니라, 현재까지도 단일 브랜드로는 최대 매출을 올리고 있다.

부라보콘 역시 고급화·다양화를 통해 여전히 사랑받고 있다. 해 태제과가 크라운제과에 인수될 때에도 그랬지만 최근에 해태아이스 크림 부분만 분할해 빙그레로 주인이 바뀌면서도 여전히 부라보콘 이 '해태부라보콘'일 수 있는 이유는 우리나라 아이스크림 역사에서 갖는 해태와 부라보콘의 상징성과 브랜드 가치 때문일 것이다.

"엄마 아빠도 함께 투게더"

1970년대는 우리나라 빙과류 브랜드의 역사가 본격적으로 시작 된 때이기도 하지만, 시장 개척자 삼강이 지지부진한 틈을 타 해태 제과가 새로운 강자로 자리 잡은 시기이기도 하다. 삼강은 1970년 대에 쭈쭈바 시장을 장악했지만, 반대로 삼강하드로 시작된 바 타 입의 시장에서는 해태의 약진을 막지 못했다. 지금도 우리가 맛있 게 즐기고 있는 '누가바(1974)·바밤바(1976)·시모나(1976)·쌍쌍바 (1977)' 등이 모두 1970년대 해태제과가 내놓은 브랜드들이다. 아 이스크림 판매 경쟁에 원유 품귀 현상을 빚을 정도였다고 한다.

하지만 누가 뭐라 해도 1970년대를 대표하는 두 개의 브랜드는 부라보콘과 함께 빙그레의 '투게더'라고 할 수 있다. 부라보콘이 아이스께끼에서 아이스콘 시대로의 전환을 가져왔다면, 투게더는 떠먹는 홈타입의 프리미엄 아이스크림 시대를 연 장본인이다.

투게더의 빙그레는 1967년에 세운 대일유업에서 출발한다. 미군에 아이스크림을 납품하다가 미국 퍼모스트 맥킨슨과 제휴해 1973년 '퍼모스트 아이스크림'을 내놓는데, 이것이 투게더의 전신이다. 이때 대일유업은 아이스크림을 만들기 위해 시설을 들여놓으면서 자금 압박이 심해져 부도를 냈는데, 다행히 한화그룹의 지원을 받아 공장을 완공하고 제품 출시까지 갈 수 있었다. 다행히 퍼모스트 아이스크림의 반응이 좋아서, 대일유업은 곧바로 독자 브랜드를 내기로 결정하고 다시 1년 여간 기술연구 끝에 1974년 투게더를 출시한다.

그때까지도 생산설비가 부족해 손으로 직접 담아내야 하는 등 대량생산에 어려움이 있었지만, 생우유로 만든 국내 최초의 독자 제품이자 브랜드였다. 돌이켜보자면 이런 정통 아이스크림을 맛보기는커녕 구하는 것조차 쉽지 않은 1970년대였다. 특급호텔이나 미군부대 근처에서나 구경할 수 있었던 진기한 간식이었으니, 당시 수준에 어찌 보면 이런 고가의 프리미엄 브랜드를 낸다는 것은 도전을 넘어 무모한 결정일 수도 있었다. 하지만 어떤 산업 카테고리에서 오랫동안 사랑받으면서 수위를 차지하고 있는 브랜드나 제품을 보면 이처럼 한 발 앞선 무모한 결정과 어려움을 이겨내면서 끝까지 포기하지 않는 도전이 첫 번째 조건인 듯하다.

투게더는 굉장히 비싼 제품이었다. 아이스께끼 하나에 10원 하던 시절, 투게더는 자그마치 600원이었다. 이렇게 높은 가격이니 투게더를 먹는다는 것은 웬만한 가족 외식에 준하는 특별행사가 되었다. 월급날 아버지께서 투게더를 사 들고 오시면 온 가족이 모여 앉아 밥숟가락으로 아이스크림을 퍼먹으며 이야기꽃을 피울 수 있었다. 지금도 이런 추억이 남아 있는 50~60대 중년이 많이 있을 것이다. 부라보콘과 마찬가지로 투게더도 "엄마 아빠도 함께 투게더"로 시작되는 광고음악이 브랜드 성공에 크게 기여했다. 1970년대 트윈폴리오, 세시봉 등 한국 음악사에 큰 발자취를 남긴 송창식이 작곡하고 직접 불렀는데, 그 부드러운 목소리가 제품과 잘 맞아떨어져서 더 히트한 것 아닌가 싶다.

황금색의 패키지에 바닐라맛으로 대표되는 투게더는 출시 후 다양한 도전자들이 있었지만 여전히 떠먹는 아이스크림 1위 자리를 지키고 있다. 특히 투게더의 상징과도 같은 황금색 패키지는 출시 이후 거의 원형을 유지하고 있다. 또한 여러 가지 제품 종류 중에도 처음 나왔던 생우유 바탕의 바닐라맛이 여전히 가장 큰 인기를 끌고 있다. 변하지 않는 맛과 모습이 예전의 추억과 향수를 불러일으키면서 세월이 흘러도 여전히 많은 소비자에게 사랑받는 가장 큰 이유일 듯하다(고도 성장기 시절 성공한 브랜드에는 클리셰처럼 따라오는 표현이긴 하지만 당시 인기에 힘입어 대리점 차량들이 제품을 먼저 받기 위해 공장 앞에 길게 줄을 섰다고 한다).

투게더라는 브랜드는 사내 공모를 통해 선정되었다. 우리나라에서 신상품을 내면서 브랜드 전문회사에 의뢰해서 브랜드 네임이나 디자인을 제작하는 것은 1990년대에나 있었던 일이고, 이때까지는 대부분 최고경영자나 담당팀, 사내공모 등을 통해 진행되는 것

투게더

월급날 아버지께서 사오면 온 가족이 모여 밥숟가락으로 퍼먹던 추억을 불러일으키는 떠먹는 아이스크림의 대표 제품으로, 출시할 때의 맛과 모양을 그대로 이어가고 있다. (ⓒ빙그레)

이 일반적이었다. '온 가족이 함께, 온 국민이 함께 정통 아이스크림을 즐기라'는 뜻에서 채택되었다고 한다. 1976년 퍼모스트와의 제휴가 끝나자 이때부터 '빙그레'라는 브랜드를 개발, 아이스크림 등 전 제품에 적용한다. 듣는 순간 머릿속에 이미지가 바로 그려지면서 친숙함을 주는 좋은 이름이다. 빙그레는 1982년에는 사명으로 승격된다. 한자 이름 투성이었던 우리나라 기업명 시장에서 이처럼 순 한글을 사명으로 택한 것은 꽤 파격적이다. 1970~80년대 대학가를 중심으로 일었던 국어순화운동의 영향력도 어느 정도 있었을 것으로 보인다.

불황은 옛 브랜드를 소환한다

1970년대에 이어 1980년대까지 빙과 4사의 치열한 경쟁에 힘입어 신규 브랜드 출시가 활발했다. 롯데삼강은 빠삐코에 이어 '돼지바(1983), 빵빠레(1984)' 등으로 1980년대를 열었고, 롯데제과는 '죠스바(1983), 스크류바(1985), 수박바(1986)' 등을 연이어 내면서 빙과류 전쟁에 기름을 부었다. '메가톤바(1988)' 역시 이 대열에 합류했고, 1986년에 출시했던 월드콘이 전통의 강자 부라보콘을 제압했다. 1970년대가 해태의 약진 시기였다면 1980년대는 이른바 롯데의 빙과 황금기라고 할 수 있다.

조용한 강자도 있다. 빙그레는 1975년 비비빅에 이어 1982년에는 '메로나'를 출시한다. 둘 다 장수 브랜드 반열에 오르며 지금까지도 여전히 사랑받고 있는 제품이다. 귀한 과일이었던 멜론을 간접적으로나마 맛보게 해줌으로써 큰 인기를 끌었던 메로나는 이제는 그 브랜드 파워에 힘입어 '메로나망고·메로나바나나·메로나코코넛' 등으로 원래 브랜드 의미를 희석하며 확장해가고 있다. 멜론이 바로 연상되는 한정적 이름이었기에 이런 식의 확장이 쉽지 않았겠지만, 비교적 저가의 저관여 제품군이자 워낙 브랜드 자체가 유명해진 상황이라 소비자들도 그냥 받아들이는 것으로 보인다.

아쉽지만 2000년대를 지나 2010년대로 접어들면서 빙과류 시장은 정체기에 들어섰다. 2015년을 기점으로 확연한 마이너스 상황이다. 핵심 고객인 어린이 인구가 감소하면서 기본적으로 시장의 정상이 멈춘데다가 수입 아이스크림의 시장 잠식도 있고, 아이스크림 말고 음료 시장의 팽창과도 연관이 있다. 긴 불황의 터널이 시작되면서 신규 브랜드는 종적을 감추고 1970~90년대 출시된 브랜드가 여전히 활약하고 있다.

그중에는 단종되었다가 다시 되살아난 브랜드도 있고, 콘에서 바 형태로, 바에서 콘 형태로, 혹은 홈타입 아이스크림으로 모양을 바꿔가면서 친숙한 브랜드를 확장해서 사용하는 경우가 많다. IMF 시절 중단 위기가 있었지만 브랜드 파워 덕에 생명을 연장한 부라보콘은 불황을 틈타 복고바람을 일으키며 오히려 몸집을 불리고 있다. 2018년 1월에는 출시 48주년 기념으로 막대 아이스크림으로 만든 '부라보바'가 나왔고, 같은 해 12월에는 홈아이스크림으로 만든 '부라보홈'이 출시되기도 했다. 돼지바는 돼지콘으로, 죠크박 삼총사로 불리며 인기를 끌었던 죠스바·스크류바·수박바는 아예 하나로 합체해 '죠크박'이라는 신상품으로 부활하기도 했다. 수박바는 속과 껍질을 거꾸로 한 제품을 이벤트성으로 만들었다가 반응이 좋아 추가 생산하기도 한다.

이처럼 신규 브랜드보다 기존 브랜드 중심으로 시장이 형성되는 이유는 이들이 가진 강력한 인지도나 자산도 있겠지만, 소비주체와 구매주체가 분리되는 유통환경의 변화에서도 원인을 찾을 수 있다. 예전처럼 슈퍼마켓에서 낱개로 구매해 그 자리에서 바로 까먹는 게 아니라 이제는 대형마트나 할인점에서 대량으로 구매해 냉장고에 채워놓고 틈틈이 꺼내 먹는 게 일반적이다. 아이가 아니라 엄마가 먹을 것을 고르다 보니 자연스럽게 예전에 본 익숙한 브랜드 중심으로 손길이 가게 된다. 여기에 최근 아이스크림 할인점 혹은 마트에서의 할인판매가 늘어나면서 기업 입장에서는 많은 투자가 필요한 신규 브랜드 출시보다는 이미 검증된 예전 브랜드를 재활용하는 안전한 방식을 선호하게 된 영향도 있다.

사회적으로 문제가 되는 출산율 저하와 함께 빙과류 시장에서도 신규 브랜드 출산율이 떨어지고 있으니 안타까운 일이다. 시장이 성숙기를 지나 정체기에 접어들면서 업계 구조조정도 나타나고 있다. 빙그레가 2020년 해태아이스크림을 인수하면서 시장은 롯데(롯데제과–롯데삼강) 연합군과 빙그레(빙그레–해태아이스크림) 팀의 경쟁으로 재편되었다.

기업과 브랜드는 소비자 선택과 생존을 위해 계속해서 변신하고 경쟁해야 하는 것이 숙명이다. 불황과 정체기에 접어들었지만 빙과 업계가 이 고난의 시기를 슬기롭게 극복하고 계속해서 좋은 브랜드로 우리 국민의 입을 즐겁게 해주길 기대한다.

6
보릿고개를 넘어 먹거리 전성시대로
새우깡부터 바나나맛우유까지

옥수수깡이 될 뻔했던 새우깡

일제 강점기 시절 온갖 수탈과 끔찍한 한국전쟁을 겪으며 피폐해진 경제상황으로 우리나라는 1950년대와 1960년대를 힘겹게 살아야 했다. 꿀꿀이죽으로 배고픔을 달래던 서민들은 원조 밀가루와 라면으로 허기와 영양 보충을 해결하면서 의식주 전 영역에 걸쳐 산업 발전을 차근차근 이뤄냈고 1970년대 들어서면서 고도 성장기에 돌입한다. 오랫동안 우리 국민들을 괴롭혀온 보릿고개가 조금씩 해결되면서 단순 배고픔의 해결에서 나아가 입을 즐겁게 해주는 간식거리로도 눈을 돌릴 수 있는 여유가 생긴다. 이 시기에 지금까지도 우리가 일상에서 간식과 군것질로 즐기는 장수 상품과 브랜드들이 줄줄이 태어날 수 있었던 배경이다.

우리나라 제과의 역사를 열었던 해태제과는 물론 껌으로 천하통일을 한 롯데제과, 빙과류 시장을 열었던 삼강, 최초로 아이스크림을 전파한 빙그레, 라면으로 전 국민을 배고픔에서 벗어나게 해준 삼양식품, 쇠고기라면으로 농심에 대적하던 롯데공업 등이 뛰어들어 우리나라 제과업계의 빅뱅을 만들었다.

해태의 부라보콘이 새로운 아이스크림 시대를 열었다면 새우깡은 우리나라에 스낵이라는 새로운 카테고리를 만든 주인공이다. 라면시장에 진출했지만 삼양식품의 위세에 눌려 고전을 면치 못하던 롯데공업은 1970년에 쇠고기라면으로 일대 전기를 마련하고 이어서 스낵개발에 착수한다. 과자라고 해봤자 아직은 군부대에서 흘러나오는 건빵류 제품들이 고작이었고, 연양갱이나 캐러멜, 껌 정도나 볼 수 있었던 시절이었다. 어린아이뿐 아니라 어른들도 좋아할 스낵을 만들겠다는 롯데의 목표는 1년 여간 연구 끝에 1971년 12월 출시된 '새우깡'으로 결과를 맺었다.

한마디로 우리나라 스낵의 원조라 할 만한 새우깡은 출시되자자마자 무섭게 팔려나가기 시작했다. 출시 3개월 만에 회사 전체 매출이 350퍼센트나 성장했다. 첫 해 생산량이 20만 6천 박스였는데, 그다음 해 무려 20배가 증가한 425만 박스를 생산했으니 새우깡의 기적이라 할 만하다.

개발 당시 회사는 주원료를 옥수수와 새우를 놓고 고심했는데, 결과적으로 단맛보다는 고소하고 짭잘한 맛이 더 물리지 않고 누구나 좋아할 것이라는 판단에 새우를 낙점했다고 한다. 새우깡이 아니라 옥수수깡이 될 뻔한 순간이었다. '강냉이'라고 불리는 옥수수

뻥튀기 역시 여전히 온 국민의 사랑을 받는 국민 간식인 것을 보면, 옥수수깡이 나왔으면 시장은 어떻게 바뀌었을지 궁금하기도 하다 (농심은 최근인 2020년 10월에 옥수수깡을 새롭게 출시했다).

새우깡의 성공은 당시 환경에서는 꽤 큰 투자의 결실이기도 했다. 1년여 개발 과정을 거치면서 4.5톤 트럭 80대에 달하는 엄청난 양의 밀가루가 투입되었다는데, 기름에 튀겨내는 일반적 방법이 아니라 뜨겁게 가열한 소금을 이용해 튀기는 공법을 창안해 시제품을 만들면서 적절한 온도와 식감을 내느라 계속해서 실험을 반복했기 때문이었다. 새우의 맛을 살리기 위해 생새우를 직접 갈아 넣은 것도 성공의 포인트였다.

새우깡 이후 우리나라 스낵류에는 '깡' 바람이 불었다. 새우깡이 히트하면서 농심(1978년 롯데공업에서 농심으로 사명을 변경했다)에서는 '감자깡(1972)·고구마깡(1973)·양파깡(1973)' 등 '깡'을 붙인 과자를 잇달아 선보였는데 이때부터 '~깡'이라는 명칭은 스낵이나 과자류를 지칭하는 어미처럼 받아들여지기도 했다. 깡에 특별한 의미가 있는 것은 아니었다. 새우깡 개발 당시 이름을 고민하던 신춘호 회장이 어린 딸이 아리랑을 "아리깡 아리깡 아라리요"로 부르는 것을 듣고 여기에서 힌트를 얻어 새우에 깡을 붙여 만든 이름이었다. 예로부터 전해지는 깡밥, 깡보리밥 등 음식 이름에 쓰이는 깡이라는 말이 신선하고 친근한 느낌이 들었다고 한다.

농심의 새우깡이 큰 인기를 끌면서 유사 모방제품들도 나타났는데, 이중 삼양식품이 내놓은 '새우스낵'은 새우깡과 법정 분쟁까지 치러야 했다. 농심은 삼양의 새우스낵을 향해 "새우라는 글자 모양이 비슷하다", "포장에 새우를 감싸고 있는 원형 무늬가 새우깡의 무늬와 흡사하다"라고 주장하며 상표권 침해 소송을, 삼양식품은 "새우깡과 달리 새우스낵은 네 글자다", "새우깡은 독점 상품명이 아니다"라며 상표 무효 소송으로 맞섰다.

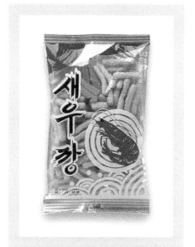

출시 초기의 새우깡

누구나 들으면 알 만한 광고음악으로 국민 브랜드가 된 새우깡은 50년이 넘은 브랜드지만 지금도 여러 신제품과 변신을 거듭하며 또 다른 전성기를 누리는 중이다. (ⓒ농심새우깡)

지금 보면 마치 "새우깡은 너만 만드냐"라며 시비를 거는 어린아이 싸움 같기도 한데, 당시 이미 라면 시장에서 20여 년 가까이 치열하게 경쟁하던 두 기업으로서는 간판 브랜드를 앞세운 물러설 수 없는 자존심 싸움이기도 했다. 1986년에 시작된 이 공방은 1991년 대법원까지 가서야 결론이 났다. 물론 법원이 새우깡의 손을 들어주었기에 지금도 우리는 농심의 새우깡을 즐기고 있다.

오랜 법정 공방을 끝낸 그 해, 새우깡의 오늘을 만들어준 히트송이 등장한다.

"손이 가요 손이 가 새우깡에 손이 가요 / 아이 손 어른 손 자꾸만 손이 가 / 언제든지 새우깡 어디서나 즐겁게 / 누구든지 즐겨요 농심 새우깡."

1990년대를 지난 사람이라면 누구나 기억하고 있을 이 광고음악은 새우깡을 국민 브랜드로 만들었다. 한 번 맛보면 멈출 수 없는 손길을 표현하며 새우깡을 대표하는 또 하나의 아이콘으로 자리 잡고 있다.

1970년대 새우깡과 함께 태어난 세대가 이제 부모가 되어 자녀들과 함께 새우깡을 즐긴다. 새우깡은 본 제품 외에도 '노래방새우깡·매운맛새우깡·쌀새우깡·깐풍새우깡' 등 신제품과 변신을 거듭하며 젊음을 유지하고 있다. 50년이 넘은 브랜드이지만 여전히 700억 원 이상의 연매출을 올리며 농심의 효자 역할을 해왔는데, 최근에는 가수 비의 '깡' 관련 이슈가 SNS에 퍼지면서 '1일 1깡', '식후깡' 등의 해시태그와 함께 또 다른 전성기를 구가하고 있다.

겨울에 먹는 단팥빵, 삼립호빵의 등장

1970년대 제과업계 전성시대를 새우깡과 함께 시작한 또 하나의 브랜드가 '삼립호빵'이다. 지금도 찬바람이 불면 어김없이 나타나 겨울을 함께 나는 대표적 계절상품이기도 한 호빵은 브랜드가 독점성을 유지하지 못하고 누구나 쓸 수 있게 된 조금은 아쉬운 사례이기도 하다.

호빵의 원조 삼립은 1945년 시작한 삼미당이라는 빵집을 기반으로 하는 해방둥이 기업이다. 1959년에 삼립제과공사로 기업의 체계를 갖춘 뒤 1964년 국내 최초로 비닐 포장에 넣은 크림빵을 만들었다. 달콤하면서도 입에서 살살 녹는 크림 덕에 이 크림빵은 큰 히트를 치면서 삼립식품은 본격 성장의 길을 걷는다. 그러면서 1960년대 후반, 전통적으로 제빵업계의 비수기인 겨울을 공략할 방안을 찾기 시작했다.

이때 길거리에서 팔고 있던 찐빵에서 아이디어를 가져왔다. 분식집에서 사먹던 찐빵을 가정집에서도 간단하게 쪄먹을 수 있게 만든 호빵은 출시와 함께 말 그대로 뜨거운 반응을 얻었다. 1971년 10월 출시한 호빵이 그 해 겨울 시즌에 만들어낸 매출이 당시 삼립식품 1년 매출의 절반에 육박했다고 하니 비수기 매출 방어 수준을 넘어 대박을 터뜨린 것이다. 처음에는 가정에서 쪄먹어야 하는 형태였는데, 추가 연구개발을 통해 이듬해(1972년 1월)부터는 지금처럼 판매점에서 직접 쪄서 팔 수 있는 형태로 개량되었다. 그러면서 호빵 판매용 찜통을 제작해서 판매점에 제공하면서 삼립호빵은 겨울철 대표 간식이 되었고, 50년이 넘는 스테디셀러로 자리 잡게 된다.

앞서 잠시 보았지만 호빵으로 겨울철 매출을 확보한 삼립식품은 오히려 여름철 매출 확대를 위해 '아이차'를 출시한 바 있다. 비닐 튜브 안에 얼린 주스 물을 넣어 만든 이 제품은 우리가 쭈쭈바라고 부르는 튜브 형태 빙과류의 효시다. 지금 보면 간단해 보이지만 세상에 없던 제품을 처음 만드는 일은 쉽지 않은 일이다. 완전 독창적 방식으로 호빵을 만들어낸 것이나, 세상에 없던 새로운 빙과류 아이차 등의 사례를 보면 당시 삼립식품은 꽤 혁신적이고 도전적 아이디어로 가득 찼던 기업이 아니었나 싶다.

호빵이 파죽지세로 뜨거운 반응을 얻으면서 이른바 증기빵 전쟁이 벌어졌지만 여전히 대표주자는 삼립호빵이었다. 그런데 반대로 삼립호빵이 너무 큰 인기를 끌면서 사람들이 모두 이런 종류의 찐빵을 호빵이라고 부르게 되자 역설적으로 삼립식품은 '호빵'이라는 브랜드를 잃게 된다. '호빵'은 "뜨거워서 호호 분다", "온 가족이 호호 웃으며 함께 먹는다"는 뜻으로 지어진 삼립식품의 고유 브랜드였다. 하지만 삼립식품이 호빵을 내면서 상표등록 절차를 소홀히 했던 것이 문제였는데, 호빵이라는 이름이 난립하면서 뒤늦게 호빵을 정식상표로 특허청에 출원했으나 이미 모든 사람이 사용하는 보통명사로 인정되어 상표등록이 거절되었다. 안타깝지만 지금은 다른 회사들도 호빵이라는 이름으로 가정용 찐빵을 만들어 판매하고 있다.

삼립식품의 전신인 상미당의 창업주 허창성은 큰아들 허영선에게는 삼립식품을, 차남인 허영인에게는 '샤니'의 전신인 '한국인터내쇼널식품'을 각각 물려주었다. 사업의 본류는 큰아들에게 이어진 것이었지만, 지금의 결과는 반대가 되었다. 파리바게뜨, 배스킨라빈스 등으로 사업 확장에 성공한 작은 아들의 샤니가 경영이 어려워진 본가 삼립식품을 거꾸로 인수해 SPC그룹으로 통합, 작은 빵집에서 시작된 혁신과 도전의 역사를 이어가고 있다.

전 세계가 함께 즐기는 한국인의 정, 초코파이

온 국민이 누구나 하나 이상은 먹어봤을 과자가 바로 초코파이다. 우리에게 너무 친숙하지만 알고 보면 20년 정도 된 브랜드이며, 일찌감치 나라 밖으로 눈을 돌려 지금은 중국, 러시아, 베트남을 비롯한 60여 개 해외 국가에서도 인기를 끌고 있다.

초코파이를 만든 오리온은 창업주 이양구가 1956년 적산기업 풍국제과를 인수해 동양제과공업으로 바꾸면서 시작되었다. 풍국제과는 1934년 일본인이 세웠던 제과공장으로, 해방 후 정부에 귀속된 것을 인수해 본격적으로 제과 기업에 뛰어든 것이다. 북한 출신이었던 그는 남한으로 내려와 식료품 사업으로 기반을 다진 후 (전쟁과 함께 송두리째 날려버리기도 했지만 곧 재기한다) 삼성의 이병철 회장과 인연이 닿아 제일제당이 생산한 설탕을 판매하면서 큰 성공을 거둔 때였다.

1957년에 이양구는 당시 남한 유일의 시멘트 공장이었던 삼척시멘트를 인수해 건설 산업에도 뛰어들며 훗날 재계 10위권에 오르는 동양그룹의 초석을 다진다. 사위에게 승계된 그룹은 금융업 등으로 확장하면서 사세를 키웠지만, 2008년 터진 글로벌 금융위기로 그룹의 주축이던 시멘트 사업이 치명타를 입으면서 그룹 전체가 몰락했다. 오리온제과는 이보다 앞선 2001년, 이양구의 둘째 사위인 담철곤 회장이 십여 개 계열사를 이끌고 동양그룹으로부터 독립해 독자경영을 했기 때문에 모 그룹의 몰락 사태에서 한발 비켜날 수 있었다. 이후 오리온제과를 중심으로 오리온그룹을 형성하여 제과기업으로 시작한 동양그룹의 역사를 지켜가고 있다.

앞서 삼립식품의 경우 초라하게 시작한 동생이 형의 사업까지 인수하며 기업의 역사를 물려받았다면, 동양그룹 역시 비슷하게 큰 사위는 비록 실패했지만 작은 사위가 기업의 뿌리를 잘 지켜내고 있는 모습이다. 창업도 어렵지만 수성 역시 얼마나 어려운 일인지 여러 사례에서 많이 볼 수 있다.

동양제과는 캐러멜, 캔디 등을 생산했고, 1960년대에는 일본에서 설비를 도입해 국내 최초로 소프트 비스킷인 '마미비스킷'을 만들어낸다. 건빵이나 딱딱한 과자 정도 밖에 없던 시절, 부드러운 마미비스킷은 큰 인기를 끌었다.

우리가 알고 있는 초코파이는 1974년 4월에 태어났다. 오리온 홈페이지에는 "세계 최초 초코파이"라고 적어놓고 있기는 하나, 사실은 미국에서 큰 인기를 누렸던 '문파이'에서 뿌리를 찾을 수 있다. 문파이는 1917년 미국 테네시의 채터누가라는 작은 도시에서 만들어졌는데, 과자 사이에 마시멜로를 넣고 초콜릿으로 덮은 형태로 지금의 초코파이와 유사하다. 1973년 미국을 방문한 오리온 식품개발팀장이 우연히 이 문파이를 맛보고 우리도 해보자며 이를 벤치마킹해 개발한 것이 오리온 초코파이다.

달콤한 마시멜로와 부드러운 과자 위에 초콜릿까지 더해졌으니 아직 종류도 다양하지 않았던 당시 우리나라 제과 시장에서 초코파이가 인기가 없는 것이 더 이상할 정도였다. 50원이면 당시 짜장면 한 그릇의 절반에 해당하는 비싼 가격이었지만 이 걱정이 무색하게 초코파이는 1970년대 최대의 간식으로 자리 잡으면서 오리온제과 성장의 견인차 역할을 한다. 실제로 초코파이가 나오기 3년 전인 1971년에 그룹의 주축인 동양시멘트가 법정 관리에 들어가며 동양제과 역시 위험한 상황이었지만, 초코파이가 매년 100퍼센트 이상씩 성장하며 그룹을 위기로부터 구해내 효자 역할을 톡톡히 했다.

초코파이가 인기를 끌자 롯데, 해태, 크라운 등 경쟁사들이 속속 비슷한 이름과 형태의 초코파이 제품을 내기 시작했는데 이와 맞물려 매출이 떨어지며 첫 번째 위기를 맞는다. 하지만 이때를 돌아보면 오리온 입장에서는 매출 하락보다 훨씬 심각하게 받아들여야 할 이슈가 있었는데, 앞선 삼립호빵과 마찬가지로 상표등록으로 시작하는 브랜드 보호와 관리에 소홀했던 게 문제였다. 롯데제과는 오리온의 초코파이와는 단 한 획 밖에 차이가 없는 '쵸코파이'를 내며 시장에 진출했는데, 매출 관점에서의 방어에 치중하느라 브랜드 관점에서 조치하지 않고 이를 방치했던 것이다.

브랜드는 식별(부를 수 있는)과 차별(남들과 다른)이라는 기본적 기능과 이를 바탕으로 독자적인 가치를 축적하는 도구다. 특히 차별적 가치와 오랜 역사로 쌓아올린 브랜드 자산은 모방과 대체가 불가하기에 요즘에는 기업이 갖는 최고 중요한 자산 중 하나로 인정된다. 롯데의 쵸코파이 출시와 상표출원을 지켜만 보던 오리온은 20여 년 가까이 지난 1997년에서야 롯데의 상표등록을 무효로 해달라고 신청했지만, 법원은 초코파이라는 이름은 이미 많은 제조업자들이 자유롭게 사용해왔고 오리온 역시 독점권을 위해 특별한 노력을 하지 않았음을 이유로 기각, 롯데의 손을 들어준다.

초코파이는 보통명사의 성격이 강하긴 하지만, 상표등록과 관리 차원에서 조금 더 주의를 기울였다면 오리온만의 초코파이가 되어 수백, 수천 억 원의 독자적 브랜드 가치를 가진 훨씬 더 강력하고 차별적인 브랜드가 될 수 있었을 것이다.

하지만 전화위복이자 1등 브랜드의 저력일까, 경쟁제품이 쏟아

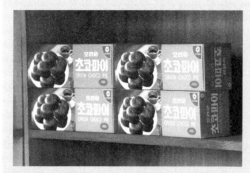

초코파이

달콤한 마시멜로와 부드러운 과자 위에 초콜릿을 뿌린 초코파이는 유사제품들의 경쟁 속에서도 오랫동안 사랑받는 브랜드다. (국립민속박물관 소장)

지면서 위기에 처해 있던 오리온이 내민 반격은 완벽한 한 방이었다. 바로 '정情' 캠페인을 펼친 것이다. 그리움이랄까 애틋함이랄까, 한마디로 정의하기 어렵지만 한국인이라면 누구나 공감할 법한 보편적인 정서인 '정'을 테마로 내세웠다. 소중하지만 어느덧 잊혀가는 가족 간의 정, 이웃 간의 정을 표현했던 이 광고 시리즈는 전 국민의 공감을 불러일으켰다. 정 캠페인의 큰 성공을 통해 오리온 초코파이는 경쟁제품을 압도하며 절대적 우위를 차지하게 된다. 이제 초코파이를 즐기며 어린 시절을 보냈던 사람들에게 '정'은 오리온과 오리온이 아닌 초코파이를 구분하는 기준이 되고 있다. 브랜드의 독점성을 잃어버리며 위기에 처했지만, 마케팅 캠페인을 통해 기존 브랜드 자산을 이어받으면서 동시에 새로운 자산적 요소를 더했던, 성공 사례라 볼 수 있다.

이 '정'으로 촉발된 감성적 접근은 해외 진출 시에도 적극적으로 활용하고 있다. 한국에서 성공했다고 '정'을 고집한 것이 아니라, 현지에서 통하는 소재로 변경했다. 중국에서는 '정' 대신에 '인仁'을 붙인다. 전통적으로 중국인이 가장 중요시하는 가치가 '인'이다. 이름도 '하오리요우好麗友 파이'로 바꿨는데, 이는 '좋은 친구'라는 뜻이다. 또한 포장지 색도 중국인들이 좋아하는 붉은색으로 바꿨다. 2007년부터는 아예 중국에 공장을 설립하고 현지생산을 시작했다. 이처럼 오리온 초코파이의 중국 진출은 철저하고도 꾸준한 현지화의 과정이었고, 어렵다고 소문난 중국 시장에서 현지화를 통해 성공한 대표적 사례로 꼽힌다. 최근에는 베트남에서도 큰 성공을 거두고 있는데, 여기에서는 '정' 대신에 '틴 캄Tinh Cam(정감이라는 뜻)'을 사용해 현지인들의 감성을 자극하며 인기를 끌고 있는데, 한 예로 제사상에 초코파이를 올릴 정도라 한다.

'정'으로 기억되는 초코파이는 이제 우리에게 과자 그 이상의 의미를 준다. 한 입 베어 물면 어린 시절의 기억, 잊고 지내던 친구나 멀어진 가족과의 여러 가지 추억들이 소환되면서, 배가 아니라 가슴까지도 기분 좋게 채워준다. 한국의 브랜드 중 해외에서도 가장 크게 성공한 브랜드인 초코파이는 한국뿐 아니라 전 세계 사람들에게도 따뜻한 경험을 선사하고 있다.

패키지로 브랜드가 되다

초코파이가 완전히 새로운 형태의 과자였다면, 빙그레 '바나나맛우유'는 바나나와 우유의 조합을 통해 우유의 새 장을 연 주인공이다. 바나나맛우유는 초코파이와 동갑내기로 1974년생이다. 바나나맛우유는 같은 해 출시된 투게더와 함께 오늘날의 빙그레를 만든 대표 브랜드다. 투게더와 마찬가지로 바나나맛우유 역시 지금까지 45년 넘게 가공유 시장 1위를 차지하고 있다. 단일품목으로 2천 억 원 가까운 매출을 올리며 빙그레 전체 매출의 20퍼센트 가량을 차지할 정도이니, 약 50년 가까이 모기업을 먹여 살리고 있는 셈이다.

바나나맛우유하면 떠오르는 가장 큰 이미지는 항아리를 닮은 독특한 플라스틱 용기 디자인이다. 당시 유리나 종이팩이 일반적이었지만, 차별화를 위해 플라스틱의 일종인 폴리스티렌을 이용해 반투명으로 만들어 노란색의 내용물이 보이도록 했다. 사실 우리가 먹는 바나나는 흰색이 맞지만, 당시만 해도 바나나는 서민들에게는 귀한 과일이었고, 따라서 껍질에서 보이는 노란색으로 인식하는 것이 일반적이었기에 노란색으로 만들었다. 소비자 시각에서 출발한 좋은 결정이었지만, 이 때문에 2007년에는 매일유업에서 '바나나는원래 하얗다'라는 도발적인 브랜드와 마케팅으로 공격하는 빌미를 주기도 했다. 바나나맛우유로서는 최대 위기를 맞았지만, 결과적으로 매일유업이 휘두른 이 회심의 일격도 소비자들의 오랜 습관과 인식을 바꾸기에는 역부족이었다. 소비자들은 새롭게 맞닥뜨린 이 충격적인 주장에 동의하면서도 여전히 배불뚝이 바나나맛우유를 찾았다. 그만큼 1등 브랜드가 만들어놓은 무의식은 강력했다.

특징적인 배불뚝이 항아리 모양은 조선시대 백자 달항아리에서 모티프를 얻었다고 한다. 1970년대 우리 사회 분위기상 아직 디자인의 차별성이나 심미성보다는 비용 관점의 실용성이나 기능성을 더 중시했을 텐데, 분명히 손에 잡기도 어려운 데다가 제작비용은 물론 운반이나 보관에도 더 큰 비용이 들 수밖에 없는 이 불편한 디자인을 차별화와 브랜드를 위해 감수했다는 것은 지금 생각해봐도 놀라운 결정이다. 물론 당시 많은 반대가 있었으나, 반대 의견을 설득하기 위해 용기 허리춤에 돌출 턱을 만들어 손에 걸리게 하고, 그 아래위로 작은 돌기들을 만들어서 더 쉽게 잡을 수 있도록 했다. 한국에서는 생산하기 어려워 독일에서 용기를 만들고 공수해왔다고 하니, 빙그레가 이 용기 디자인에 얼마나 집착했는지 알 수 있다.

이 독특한 디자인은 만들어진 지 50년에 가까운 지금까지도 원형을 유지하며 바나나맛우유를 상징하는 대표 이미지가 되었고, 결과적으로 '바나나맛'이라는 아무런 특징과 독점력이 없는 브랜드 네임을 보완하면서 그 자체로 훌륭한 브랜드 역할을 하고 있다. 실제로 2016년 빙그레는 이 용기 디자인으로 상표권을 등록함으로써 법적으로도 바나나맛우유를 대표하는 브랜드로 인정받게 되었다.

바나나맛우유는 최근 들어 신제품과 이에 맞는 마케팅 캠페인을 통해 브랜드를 혁신하고 있다. 자칫하면 부모님 세대의 추억을 간직한 브랜드로 늙어갈 수 있었지만, 이제는 오히려 젊은 고객들이 '뚱바(뚱뚱한 바나나맛우유)'로 부르며 친근함을 표시한다. '오디맛우유, 귤맛우유, 바닐라맛우유' 등 바나나와는 관계 없는 전혀 새로운 맛의 우유라 해도 항아리 모양의 그 용기에 들어 있는 순간, 뚱바의 형제인 게 인증되고 그것만으로 바나나맛우유에서 가졌던 친근함과 기억, 품질에 대한 인식 모두를 그대로 인정해준다. 디자인을 통한 브랜드 확장의 대표적인 사례다.

세상에 없던 우유를 선보이는 '단지가궁금해' 신제품 시리즈는 매출과 재미 두 마리 토끼를 모두 잡고 있다. 여기에 SNS를 중심으로 젊은 층의 취향에 맞춘 위트 있는 이벤트, 고객의 요구에 반응해 없던 제품까지 만들어내는 등 적극적인 소통으로 계속 호평 받고 있다. 2004년부터는 미국을 시작으로 해외 시장 진출까지 넘보고 있는데, 전통 백자의 아름다움이 전 세계를 홀렸듯이, 뚱바가 세계인의 입맛마저도 홀릴 날이 얼마 남지 않았을지도 모를 일이다.

참고로 세계적으로 용기 디자인이 브랜드화된 가장 유명한 사례는 코카콜라 컨투어병이다. 1886년에 론칭한 코카콜라는 펩시 등 경쟁사의 추격이 거세지면서 차별화를 위해 1915년 공모전을 내걸어 새로운 병 디자인을 채택했는데, 그게 바로 컨투어병이었다. 이 디자인만으로도 약 4조 원 이상의 가치가 있다는 평가를 받고 있다. 바나나맛우유의 달항아리 디자인도 이 정도 가치를 인정받는 날이 오지 않을까 기대한다.

여전히 우리 곁을 지키는 장수 제과들

1945년 해태제과의 '연양갱'에서 시작된 우리나라 제과시장은 1970년대에 들어서면서 산업발전에 따른 소비 여력의 증가와 다양해지는 소비자 기호 등에 따라 그 종류도 다양해졌을 뿐 아니라 기업들이 브랜드에도 눈을 돌리면서 지금까지도 사랑받는 장수 브랜드들이 대거 탄생하게 된다.

앞서 다루지 못한 브랜드 중에는 1972년 출시된 삼양식품의 '뽀빠이'가 기억에 남는다. 생라면에 라면수프를 뿌려서 간식으로 먹는 아이들 모습을 보고 아예 라면과자를 만들었는데, 그게 뽀빠이로 이어졌다. 고소한 과자 사이사이에 들어 있던 달콤한 별사탕의 맛을 아직도 잊을 수 없다.

달콤함 하면 농심의 '꿀꽈배기'를 빼놓을 수 없다. 새우깡의 뒤를 잇는 히트 제품으로, 화려하지 않지만 조용히 세월을 버티며 아직도 소비자들의 많은 사랑을 받고 있다. 조용하지만 은근하게 인기를 얻고 있는 브랜드로는 해태 '에이스(1974)'도 꼽을 수 있다. 짜거나 달지 않은 심심하기까지 한 맛이지만 그렇기 때문에 꾸준히 사랑을 받고 있는지도 모른다. 그렇게 대한민국의 산업발전과 생활상을 반영하면서 빅뱅처럼 태어난 브랜드들이 이제 대부분 50년을 바라보고 있다.

분야를 막론하고 신제품과 새로운 브랜드를 만들고 시장에 내놓는 작업은 힘겨운 일이다. 오랜 준비와 투자를 바탕으로 시장에 대한 인사이트와 함께 때로는 무모해보이는 도전, 과감한 결정이 필요하다. 또한 당시 소비자들의 기호와 밖으로 드러나지 않은 욕구를 잘 읽어야 한다. 그렇게 어렵게 태어나도 그들을 기다리는 것은 이미 세상에 있는 다른 제품이나 브랜드와 치러야 하는 목숨을 건 경쟁이다. 그렇게 살아남아야 성장할 수 있다.

그 와중에 누군가는 자기혁신과 변신을 거듭하며 우리 곁에 함께 살아남는다. 그리고 이 과정을 겪으며 장수 브랜드로 성장한다. 이제까지 살펴본 대부분의 브랜드가 그 험난한 과정을 이겨내며 아직도 우리 곁에, 나아가 세계로 발을 넓히고 있다.

3부

튼튼하고 건강한 대한민국을 만들다

:의약 브랜드

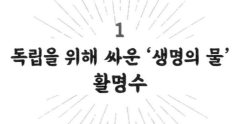

1
독립을 위해 싸운 '생명의 물' 활명수

서양에 아스피린이 있다면, 한국에는 활명수가 있다

1897년, 고종황제가 대한제국의 황제로 즉위하며 근대 국가로서의 깃발을 올릴 때, '활명수'와 함께 우리나라 브랜드 역사도 시작된다. 대한제국 궁중 선전관으로 있던 민병호가 궁중의 생약 비방에 서양의 의학 기술을 접목해 만든 소화제인 활명수는 세계 최초의 합성의약품으로 알려진 '바이엘 아스피린'과 무려 동갑이다.

소화불량은 큰 병까지는 아니었지만, 급체나 토사곽란이 사망으로 이어지는 경우도 종종 있었기에 마냥 무시할 증상도 아니었다. 예나 지금이나 빨리 먹는 한국인의 식습관에 좋지 않은 위생환경 등이 더해져서 그랬을 텐데, 치료제라고 해야 침을 맞거나 시간을 들여서 달여 먹어야 하는 탕약밖에 없었으니 처치가 쉽지 않았다.

이런 상황에서 활명수는 간편하게 마실 수 있으면서 효과까지 좋았으니 일반 서민들에게는 기적과도 같은 선물이었다. 이름 그대로 '목숨을 살리는 물活命水'로 알려지자 누구나 체했다 싶으면 활명수를 찾기 시작했다. 이보다 더 좋은 이름이 있을까 싶을 정도로 상품의 본질을 잘 반영한 브랜드였다.

활명수는 위속 음식물을 직접 삭이는 방식이 아니라, 신경을 자극해 위장 활동을 활발하게 하는 원리였으니 몸에도 무리가 없는 생약 처방이었다. 이를 위해 계피, 정향, 후박 등 이름도 생소한 한약재를 달인 후 그 약물을 체로 걸러내 다시 약재를 첨가하고 마지막으로 박하, 클로로포름을 첨가해 효과를 강화한다. 이 마지막 과정이 활명수의 특급 비방인데, 그 배합비율은 제조책임자만 아는 철저한 비밀이었다고 한다.

민병호는 큰아들 민강과 함께 1897년 '동화약방同和藥房'을 설립해 본격적으로 사업화의 길을 걷기 시작하는데, 이로써 동화약방은 우리나라 최초의 제약기업이자 최장수 제조기업이라는 타이틀도 갖게 된다. 1910년에는 조선총독부 특허국에 활명수와 부채표라는 상표를 등록했다. 두 상표는 우리나라 최고령 등록상표로서 지금도 매일 그 기록을 갱신해가고 있다. 1996년 한국기네스협회는 가장 오래된 제약기업, 제조기업, 등록상품, 등록상표 등 4개 부문 인증서를 발급하며 활명수의 역사적 가치를 인정한 바 있다(참고로 우리나라에서 제일 오래된 기업은 동화약방보다 한 해 빠른, 1896년 '박승직상점'으로 시작한 지금의 두산그룹을 꼽을 수 있는데, 이름에서 알 수 있듯이 제조업은 아니었다).

동화약방은 활명수로 시작해 점차 제품을 확대했는데, 1917년 에는 '이화분', '도화분' 등 화장품까지 다루기도 했다. 뒤에 소개할 '박가분'이라는 화장품이 이때 큰 인기를 얻었는데, 당시로서는 제조기반을 갖춘 몇 안 되는 기업이었을 테니 동화약방 역시 사회적 소비 욕구를 읽고 시장에 참여했던 것으로 보인다.

활명수는 답답한 속을 시원하게 뚫어주는 소화제로 인기를 끌었지만 한 병에 50전이나 하는 가격이 만만치는 않았다. 이 가격이면 설렁탕 두 그릇, 막걸리 한 말 정도를 살 수 있었다. 그래서인지 일반 가정에서는 한 병을 사면 아껴두면서 속이 답답하거나 급체했을 때만 조금씩 마셨다고도 한다.

인기 제품이 나오면 으레 유사제품이 따라붙는다. 활명수 역시 '보명수, 회생수, 통명수' 등 유사한 이름의 경쟁 제품들이 쏟아지기 시작했는데, 이렇게 되자 모방상표의 난립을 막기 위해 '활명액' 등 유사상표를 선제적으로 등록하기도 했다. 브랜드라는 개념조차 제대로 정립되지 않았을 이 시기에 브랜드 권리 보호를 위해 비슷한 이름을 함께 출원했다는 것이 놀라울 따름이다.

동화약방은 1931년 '주식회사동화약방'으로 이름과 조직을 바꾸며 근대기업으로의 면모를 갖춰가기 시작한다. 하지만 반대로 1930년대에는 최대 위기를 맞이하기도 했다. 초대 사장이었던 민강이 독립운동에 투신하면서 옥고를 견디지 못하고 1931년 48세의 젊은 나이로 숨을 거둔 것이다. 이로 인해 회사 역시 크게 위축되면서 파산 위기를 맞는다. 활명수와 동화약방의 청년기에는 일제강점기 시절 어렵고 힘들었던 이전 세대의 힘겨운 삶과 고달픔이 그대로 묻어 있다.

독립운동을 이어간 민족 기업의 고난

1995년 8월 15일, 서울시는 광복 50주년을 맞아 동화약품 창립지 부지를 항일 의거 유적지로 선정, '서울 연통부聯通府 기념비'를 설치했다. 동화약품 본사가 일제 강점기 시절, 목숨 걸고 싸웠던 독립운동의 중심지였음을 인정한 것이다. 연통부는 상하이에 설치된 대한민국 임시정부와 국내 독립운동 조직을 연결하는 조직체계였다.

1910년 일본의 강제병합 이후 국내외 곳곳에서 시작된 독립운동은 1919년 3·1운동 직후 임시정부 수립으로 이어졌는데, 연통부는 해외 임시정부의 활동 내용을 국내에 전달하고 독립운동 자금과 국내 정보 동향 등을 취합해 전달했다. 민강 사장이 연통부 연락 거점으로 동화약방을 사용케 함으로써 활명수와 동화약방은 대한민국 독립운동의 중심지가 된 것이다.

사실 민강은 이미 오래전부터 독립운동에 참여하고 있었다. 1909년에 독립운동단체 '대동청년단'을 조직해 국권회복운동을 이끈 것을 시작으로 한일강제합병 직후에는 소의학교(지금의 동성고등학교)와 조선약학교를 세워 교육 사업으로 민족의 실력을 키우고자 했으며 3·1운동 참여 이후에는 한성임시정부 수립에 앞장서며 독립을 위해 헌신했다.

민족의 부흥을 향한 그의 열망은 동화약방, 부채표라는 브랜드에도 녹아 있다. '동화'는 《주역周易》의 "이인동심 기리단금[二人同心 其利斷金]", "시화연풍 국태민안[時和年豊 國泰民安]"에서 각각 '동'과 '화'를 취해 만들었는데, "두 사람이 마음을 합치면 그 예리함이 쇠도 자를 수 있다. 나라가 화평하고 해마다 풍년이 들면 부강해지고 국민이 평안해진다"라는 의미로, 온 국민이 합심해 부강한 나라를 만들기를 바라는 소망을 담았다. 부채표 역시 《시전詩傳》의 "지죽상합 생기청풍[紙竹相合 生氣淸風]"에서 따온 것인데 "종이와 대나무가 서로 합하여 맑은 바람을 일으킨다"는 의미로 '민족이 합심하면 잘 살 수 있다'는 민족정신을 내포하고 있다.

독립운동을 향한 일제의 탄압은 극악무도했고 독립투사들은 목숨을 걸어야 했다. 민강 사장 역시 두 차례나 투옥되며 고생했는데, 결국 지독한 옥중 생활의 후유증으로 이른 나이에 세상을 떠나게 된다. '목숨을 건다'는 표현이 말과 글로는 쉬우나, 실제 그 상황에 처하지 않고서야 어찌 그 두려움과 공포감을 알 수 있을까. 새삼 우리 독립을 위해 목숨 바쳐가며 싸워준 독립투사에게 감사할 따름이다.

민강 사장이 사망하면서 동화약방은 새 주인을 찾아야 했다. 아버지 민병호는 이미 74세의 고령이었고 아들은 아직 17세에 불과했다. 민병호를 비롯한 민 씨 문중은 민족기업가인 윤창식에게 동화약방을 맡아줄 것을 제의했다. 그는 이미 성공한 사업가로 동화약방을 운영할 만한 재력을 갖추었을 뿐 아니라 빈민구제사업과 함께 꾸준히 독립운동자금을 지원하는 등 당시 민중에게 존경받는 민족기업가 중 한 명이었다. 독립운동에 헌신한 기업과 문중이 새로운 주인을 맞이하는 기준에는 기업을 살릴 수 있는 능력 못지않게 민족과 동포에 대한 헌신과 독립에 대한 열망도 중요했던 것이다.

윤창식이 맡은 후에도 동화약방의 독립운동 지원과 민족기업으로서의 활동은 계속되었다. 1936년 8월에는 독일 베를린 올림픽 마라톤 경기에서 금메달과 동메달을 딴 손기정 선수와 남승룡 선수의 승전보를 알리는 신문 광고를 일간지에 집행했다. 어려운 환경을 이겨내고 승리한 두 젊은 선수를 축하하면서 동시에 나라를 빼앗긴 설움과 울분 속에 암울한 현실을 살고 있는 조선인에게도 자부심이 생기는 순간이었다. 이 외에 건강한 위장이 건강한 체력의 근원이며, 이를 통해 "건강한 조선을 목표로 하자"라는 광고를 집행하는 등 민족의 아픔을 위로하면서 격려하고 용기를 북돋는 활동들을 지속했다.

윤창식에 이어 동화약품 사장을 지낸 큰아들 윤광열 역시 보성전문학교 재학 중 상하이 임시정부로 건너가 광복군 중대장으로 활약한 독립군 출신이다. 민중을 소화불량에서 구해낸 활명수와 동화약방은 창업주 민강 사장을 포함해 세 명의 독립투사를 배출해낸 명실상부한 독립운동 기업이다.

활명수의 만주 진출과 또 다른 위기

활명수는 해외 생산 시설을 갖출 정도로 해외 시장 진출에 성공한 국내 최초 브랜드이기도 하다. 동화약방을 인수한 윤창식은 국내 성장이 쉽지 않겠다고 판단해 활명수에게 낯설지만은 않았던 중국

만주로 눈을 돌렸다. 만주는 지금
의 랴오닝성과 지린성, 헤이룽장
성 등의 지역을 일컫는데 우리에게
는 항일무장투쟁의 근거지가 된 곳
이다. 1930년대 일제가 만주사변
을 일으켜 만주국을 세우면서 중
국 한족을 비롯해 일본인과 조선
인 등 다양한 민족이 뒤엉켜 살고
있었는데, 특히 1930년대 중반 이
후에는 일제의 식민지 수탈정책에
의해 우리 농민들이 거의 반강제
로 이주하게 되면서 조선 동포의
숫자가 크게 늘었다.

옛 활명수 용기

상품의 본질을 잘 반영한 활명수는
생약 처방으로 체하거나 답답한 속
을 뚫어주는 소화제로 인기를 얻었
다. (국립민속박물관 소장)

 만주에는 이미 활명수를 포함한 동화약품의 주요 제품들이 어느
정도 알려져 있었는데, 독립운동가들이 중국으로 건너갈 때 돈 대
신 활명수를 가지고 들어가서 현지에서 비싸게 팔아 자금을 마련했
다고 할 정도였다. 현지 수요가 충분했고, 어려운 환경에서 고생하
는 우리 동포들에게 좋은 약품을 보급해야 한다는 측면에서도 동화
약품의 만주 진출은 의미가 있었다.

 동화약품은 1937년 만주국 특허사무소에 '부채표활명수'를 출원
하는데, 이 또한 대한민국 최초의 해외 상표등록이다. 활명수와 동
화는 우리나라 근대화 과정에 기업과 브랜드 관점에서는 다양하고
도 뜻깊은 여러 가지 최초 사례들을 만들어낸 기록제조기라 할 수

있다. 뜻깊은 기록이 하나 더 있다. 상표등록 이듬해 드디어 만주에 지점을 설치하면서 본격적으로 시장 개척을 시작하는데, 이때 책임자로 임명된 만주 지점장이 국내 1호 여성 약사인 장금산이었다. 첫 해외 진출 거점에 여성 책임자를 임명하는 것은 지금도 흔치 않은 일인데, 당시로는 정말 파격적·선진적인 사례라 할 수 있다.

활명수의 만주 진출은 대성공이었다. 이북과 만주지역에서 올리는 매출이 남한 전체 매출을 뛰어넘었으며, 찾는 사람이 많아 선금을 예치하고도 구하기 어려울 정도였다. 하지만 현지에서의 인기에도 국내 사정이 계속 나빠지며 원료 조달이 어려워지자 1942년 만주에 직접 생산공장을 설립했다. 만주 공장은 일본이 제2차 세계대전에 패망하면서 물러날 때까지 계속 운영되었다. 하지만 그토록 염원하던 해방을 맞이하면서 반대로 동화약품은 만주지역의 생산시설을 모두 포기해야 했다. 미국과 소련이 각각 남북을 나눠 점령하면서 왕래가 끊어지게 되고 이에 따라 만주 인원은 모두 철수하고 북한 쪽의 거래처들도 모두 끊어진 것이다. 남한보다 북한과 만주지역이 차지하는 비중이 더 컸던 것을 감안하면 동화약품 입장에서는 매우 큰 타격이었다. 이게 끝이 아니었다. 서울 공장에서 생산을 이어갔지만 곧이어 한국전쟁이 벌어지면서 서울 공장마저 폐허가 되고 만다.

위기가 닥쳤을 때 극복하고 일어나는 것 역시 장수 브랜드의 필수 코스다. 동화약품은 전쟁 기간에 마산으로 원료와 공장설비 등을 옮겨 계속 활명수를 생산하며 부산과 경남, 전남 등 남부지역을 대상으로 시장을 넓혀갔다. 전쟁 후에는 서울공장을 재건하고

1955년부터 다시 서울에서 제품을 생산하기 시작했다. 이렇게 전열을 재정비한 동화약품은 1962년 사명을 '동화약품공업주식회사'로 변경하고 현대화에 박차를 가한다.

1950년대 이전까지가 활명수에게 고난을 뚫고 지나온 생존과 확장의 시기였다면 1960년대 이후부터는 본격 경쟁의 시기에 돌입한다. 사실 이전부터 활명수의 명성에 업혀가려는 유사상품들도 많았지만 사실 그다지 위협적인 존재가 되지 못했다. 그러던 중 1965년, 삼성제약이 '까스명수'로 도전장을 내민다. 강력한 라이벌의 등장이었다.

65년 만에 등장한 라이벌을 제친 1등의 저력

삼성제약은 1927년에 설립된 기업으로 창립 초기에는 '푸로마인'이라는 진통제를 주력제품으로 밀고 있었다. 하지만 1960년대까지도 일반 대중에게는 잘 알려지지 않았는데, 1965년 까스명수를 출시하면서 일약 소화제 분야 1위 제약기업으로 올라서게 된다. 그밖에 우리에게 잘 알려진 상품으로는 '에프킬라', 간장약 '쓸기담' 등이 있다(에프킬라는 IMF시절 한국존슨에 매각되어 현재는 삼성제약의 소유가 아니다).

까스명수는 최초의 탄산액상소화제다. 당시 인기를 끌던 청량음료에 탄산가스가 들어 있는 것에 착안하여 기존 소화제에 탄산을 첨가함으로써, 한약 맛을 없애고 청량감을 주는 한편 소화작용도 개선한 제품이었다. 동화약품은 1967년 '까스활명수'를 내며 대응하기 시작했다. 이렇게 보면, 액상소화제의 원조는 활명수가 맞지만, 탄산가스가 들어간 탄산액상소화제의 원조는 까스명수라고 할 수 있다. 경쟁자가 만들어놓은 시장에 들어가 '더 좋은' 상품을 만드는 것보다 나만의 새로운 영역을 창조하는 것이 마케팅 성공의 가장 첫 번째 원칙이다. 까스명수는 액상소화제에서 다시 더 시장을 쪼개 탄산액상소화제 시장을 개척해 1위를 차지하는 마케팅의 정석을 보여줬다.

까스활명수가 나오기 전까지 액상소화제 시장에서 1위를 차지하던 삼성제약이었지만 까스활명수가 출시되면서 두 회사는 사활을 건 경쟁에 돌입한다. 전체 광고비 중 절반 이상을 활명수와 까스명수에 투입했을 정도였다. 동화약품은 활명수의 '원조元祖' 역사를 내세웠고 삼성제약은 "세계 최초로 '발포發泡성 구급위장약'인 까스명수"라고 응수했다. 이 외에도 '위청수(솔표조선무약), 속청(종근당), 생록천(광동제약), 생단액(일양약품)' 등이 잇따라 등장하면서 생약 성분의 액체 소화제는 소화제 시장의 주류로 성장했다.

재미있는 일화도 있다. 1960년대에는 소화제 못지않게 소주 업계의 판매경쟁도 치열했는데, 이때 진로소주 영업자들이 판촉 활동의 일환으로 술집을 돌아다니며 진로소주에 활명수를 타서 마시는 시범을 보였던 것이다. 소주의 쓴 맛을 없애주면서 술 색깔이 노르스름하니 마치 양주를 마시는 기분을 낼 수 있었다. '활명수 칵테일'은 당시 주당들에게 화제가 되었는데, 과일소주나 칵테일, 소맥 등 섞어먹는 이른바 폭탄주 술문화는 이때가 시작인지도 모르겠다.

우리나라 소화제의 원조로서 활명수의 자부심은 1990년대에 진행한 '부채표' 캠페인에 잘 묻어난다. 여러 가지 한방 액상 소화제들이 난립하자 "부채표가 없는 것은 활명수가 아닙니다"라는 카피로 활명수만의 독창성을 강조하며 남들은 따라올 수 없는 깊은 역사와 전통을 전면에 내세운 것이다. 부채표라는 독특한 브랜드 캐릭터가 빛을 발했는데, 이 캠페인을 통해 동화약품의 활명수가 진짜이자 원조라는 인식을 더욱 강화할 수 있었다.

1991년 '까스활명수-큐'로 브랜드를 리뉴얼했던 동화약품은 2000년대 들어서면서 보존제 성분을 없애는 등 안전성과 품질을 강화하고 동시에 제품을 다양화하면서 브랜드 노후화 방지와 고객 확대를 위한 노력을 지속하고 있다. 매실을 훈증한 생약성분 오매를 첨가하고, 액상과당 대신 올리고당을 첨가해 여성 고객의 손길을 붙잡으려는 '미인활명수', 어린이를 위한 '꼬마활명수' 등 고객층에 따라 제품을 세분화하는 식이다. 2012년부터는 편의점이나 대형마트 공략을 위해 의약외품인 '까스活(활)'을 출시해 변화하는 소비환경에도 빠르게 대응하고 있다.

앞서 바이엘 아스피린과의 비교에서도 알 수 있듯이, 산업화 시기가 훨씬 빠른 서구에서조차 100년이 넘는 기업과 브랜드가 존재하는 것은 결코 쉬운 일이 아니다. 그럼에도 활명수는 120년 넘게 우리나라 서민의 답답한 속을 시원하게 달래주며 위기와 굴곡을 딛고 여전히 1등 브랜드의 자리를 지키고 있다. 그 오랜 역사와 여러 가지 최초 기록만으로도 이미 대한민국을 대표하는 최고 브랜드로서 부족함이 없다. 여기에 자랑스럽고 고마운 독립운동 역사가 더해져 있으니 그 가치가 더욱 커보인다.

2
난치병의 공포를 없애준 신약
이명래고약

조선의 왕들도 고생했던 난치병, 종기

지금에야 귀한 풍경이지만 옛 어른들은 정월대보름이 되면 아침 일찍 일어나 부럼을 깨물며 하루를 시작했다. 땅콩이나 호두, 잣 등 딱딱한 견과류를 깨트리며 치아를 튼튼하게 하려는 의미와 함께 올한해 만사형통하고 부스럼이나 종기가 나지 않기를 기원하는 풍습이다. 이처럼 새해를 시작하면서 올해도 부스럼을 피할 수 있게 해달라고 기원할 만큼 부스럼 혹은 종기는 무섭고 괴로운 질병이었다. 나타나는 부위와 형태에 따라 이름도 제각각이어서, 뾰족하게 부어오른 작은 부스럼은 뾰루지, 목뒤 머리털이 난 가장자리에 생기는 부스럼은 발찌, 풍열 때문에 볼 아래에 생기는 것은 볼거리라고도 부른다.

지금에야 의학기술의 발달로 간단한 피부질병 정도로 여겨지지만 조선시대에는 '치종청'이라는 종기 치료 전문 의료기관을 둘 정도였다. 조선의 많은 임금들도 종기로 고생했고, 심지어 목숨을 잃는 경우까지 있었으니, 제대로 된 치료를 받지 못하는 일반 백성들이 겪었을 고초야 굳이 표현하지 않아도 짐작할 수 있다.

마땅한 치료제가 없었지만 조선 후기 고약이 개발되면서 제한적으로 종기 치료에 사용되기 시작했는데, 1906년부터 이명래가 종기에 효과가 좋은 고약을 개발해 저렴하게 보급하면서 가난한 일반 서민들도 드디어 부스럼의 공포에서 그나마 벗어날 수 있었다.

그는 서울에서 태어났지만 생활이 어려워지자 가족이 함께 충청도 아산군 공세리라는 곳으로 이주하면서 이곳에 터를 잡게 된다. 여기에는 프랑스에서 전도사로 파견한 에밀 드비즈Emile Devise 신부가 활동하고 있었는데, 그는 의료와 교육사업에도 관심이 깊었다. 그래서 이전에 중국에 파견 갔을 때 배웠던 한의학에 자신의 의학 지식을 더해 만든 고약으로 종기 환자들을 치료하고 있었다. 기독교 집안이었던 이명래는 드비즈 신부의 성당에서 잔심부름과 치료를 도우며 고약제조법을 익혔고, 열여섯이 되던 해인 1906년부터는 직접 종기환자를 치료하기 시작했다. 그래서 이 해를 이명래 고약의 출발로 삼는다.

공세리에서 10년 넘게 고약을 연구하고 환자를 치료하던 그는 1920년 서울로 올라와 중림동에 자리를 잡는다. 서울에서도 이명래고약의 효험은 금새 입소문을 타고 퍼져나갔다. 노란 기름종이에 싸인 손가락 한 마디 크기의 단단한 고약을 성냥불에 살살 녹여 종기 위에 붙여놓으면 며칠 뒤 누런 고름이 쏙 빠지고 상처가 아무는 것이 신기하기만 했다.

"거의 매일 300·400명의 환자가 몰려드는 바람에 아버지께서는 새벽 미사를 마친 다음 오후까지 쉴 새 없이 진료를 해야 했습니다."

훗날 명래제약을 차려 이명래고약을 대중화하면서 명맥을 이었던 막내딸 이용재의 회고다. 실제로 이명래고약은 1980년대까지도 일반 가정집에 하나씩은 비치되어 있는 필수 가정상비약이었다.

이명래고약의 효험과 이명래의 성정을 알려주는 일화가 하나 있다. 1930년대 말, 일본 육군 대좌였던 사사키가 이명래고약집을 찾아왔다. 그의 뒷목 언저리에는 꽤 심각한 종기가 보였다. 목에 큰 발찌가 나면 아예 관을 짜두라고 할 만큼 종기는 일본에서도 무서운 병이었다. 오랫동안 고생한 만큼 사사키는 이미 죽음을 각오하고 있던 상황이었다. 하지만 이명래고약으로 종기를 무사히 치료한 그는 꽤 기쁘고 감사했는지, 총독부 기관지인 《경성일보》에 치료 후기를 기고한다. "매우 불결하였지만, 치료비가 아주 저렴하고 기가 막히게 잘 낫는다는 사실에 놀랐다"는 내용으로 보아 치료 효과는 분명히 좋았지만 위생 상태가 그다지 좋지는 않았던 모양이다.

한 가지 분명한 점은 그때 당시 가난한 서민들도 충분히 의료 혜택을 받을 만큼 낮은 치료비를 책정해두었다는 것이다. 게다가 이명래는 당시 한의사에게 주어지는 의생면허나 비교적 쉽게 얻을 수 있었던 약재상면허조차 거부하고 일종의 무면허로 의료 행위를 하고 있었다. 그래서 일제 정부의 위생검사에 걸리기 다반사였고, 그때마다 벌금을 내면서도 고집을 꺾지 않았다. 보다 못해 사사키가

고마움의 표시로 고약집 면허 취득을 주선해주려 했지만 "내가 총독부에서 면허증을 받을 거면 진즉에 받았다"며 그마저도 거절했다. 그의 고집을 엿볼 수 있는 일화다. 결국 그는 해방 후 미군정 시대에 비로소 의생면허를 취득했다.

대한민국 최초의 인명 상표로 등록되다

이명래 원장은 젊었을 때부터 술을 좋아해서 환자들을 치료하면서도 자주 술을 즐겼다고 한다. 한국전쟁을 피해 친지가 있던 경기도 평택으로 이주했던 그는 이곳에서도 환자들을 돌보며 명성을 이어가고 있었는데, 1952년 1월 추운 겨울날 술을 마시고 집에 들어와 잠이 든 채로 다시는 일어나지 못했다. 허망한 죽음이었다. 뛰어난 치료법과 고약제조기술을 가졌던 그가 좀더 건강하게 오랫동안 의학기술을 발전시키고 후대로 전승했으면 하는 아쉬움도 남는다.

이명래가 떠나면서 이명래고약은 두 갈래로 전승된다. 전통적 방법 그대로 이명래고약을 전승한 둘째 사위가 있었고, 이와 반대로 명래제약을 설립해 근대적 방식으로 대량 생산 체제를 갖춰 고약의 대중화를 추구한 막내딸이 있었다.

원래 이명래에게는 세 명의 딸과 두 명의 아들이 있었지만 이들이 어린 나이에 죽으면서 둘째 사위인 이광진이 그의 곁에서 한약방 운영을 도우며 직접 의료기술과 고약제조법 등을 전수받았다. 이광진은 지금의 충정로인 애오개에 자리 잡은 명래한약방을 자신의 사위인

이명래고약 봉투

불치병이었던 종기의 공포에서 해방시킨 이명래고약은 1970년대까지 집집마다 구비해둬야 하는 가정상비약이 되었다. (국립민속박물관 소장)

임재형에게 물려줄 때까지 이명래 고약의 전통적 방식을 지키며 명성을 이어갔다(2대에 걸쳐 사위에게 전승된 것도 특이한 점이다).

3대 계승자인 임재형은 경희대학교 한의대를 졸업했는데 1970년에 이광진의 사위가 되면서 이명래고약과 인연을 맺었다.

"장인어른이 가업을 이으라고 권했을 때 고민도 많이 했습니다. 고약만 팔아서는 한의원 운영에 도움이 되지 않거든요."

임재형의 회고대로 고약집의 이미지가 너무 강렬하다 보니 경제적으로 보탬이 되는 보약 손님은 거의 없었다고 한다. 하지만 그를 끝으로 전통적 방식의 이명래고약은 더 이상 찾아볼 수 없게 되었다. 해외에서 찾아오는 환자들도 있을 정도로 인기를 끌었던 이명래고약이지만 제약기술의 발달과 대형 제약사들의 진출로 입지는 점차 좁아졌고, 아쉽지만 이후 가업을 이을 사람이 없어 문을 닫아야 했다.

이와는 달리 이명래의 막내딸 이용재는 1955년 제약회사를 설립하며 의약품화하는 방식으로 아버지의 고약을 계승했다. 아버지의

242

처방과 효험을 계승한 이명래고약은 역시 많은 사랑을 받았다. 한약 방이 아닌 약국에서 구매하던 이명래고약은 명래제약에서 생산한 제품으로 1970년대까지 집집마다 하나씩은 구비해두어야 하는 가정 상비약이 된다. 1960년대를 지나며 많은 유사제품이 나왔으나 "종기엔 이명래고약"이라는 강력한 이미지 덕에 경쟁이 되지 않았다.

명래제약은 이명래고약을 전국적으로 보급하고 '이명래'를 브랜드화하는 계기도 되었다. 회사 설립과 함께 이명래고약을 상표로 출원하여 1955년 12월에 정식 등록을 받았다. 우리나라는 독립 이후 1949년 11월 독자적 상표법을 제정, 공표했는데 이 법에 따라 등록된 최초의 인명 상표 기록이다. 일반적으로 외국 대비 우리나라는 개인 이름을 활용한 브랜드가 흔치는 않은데, 그나마 2000년대 이후 늘어나는 추세다. 특별한 제조 비법, 노하우 등을 바탕으로 개인의 전문성이나 인지도에서 비롯된 확실한 신뢰가 있을 경우에 사용되는 것이 개인 이름을 활용한 브랜드라고 볼 때 1950년대 당시 이미 이명래라는 이름이 갖는 위상을 보여주는 단면이다. 참고로 인명을 활용한 두 번째 상표는 그보다 두 해 늦은 1957년의 '공병우타자기'이다.

가난한 서민에게는 값싸고 손쉽게 종기를 물리칠 수 있게 해준 특효약이었지만 이명래고약에도 아쉬운 단점은 있었다. 기본적으로 고약은 이미 생긴 종기를 치료하는 것인데, 그러다보니 치료 후에 흉터가 남게 된다. 우리가 정말 어렵고 힘들던 시절에야 "흉터 좀 있으면 어때" 하고 넘어갔지만 사회 발전과 함께 외모에 대한 인식도 바뀌었다. 고운 얼굴에 흉터가 나면 너무 속상하다. 이런 단점을 파고들어 이명래고약을 곤혹스럽게 만든 제품이 1980년에 출시한 '후시딘'이다. 굳이 이명래고약을 겨냥한 것은 아니지만 상처나 종기 위에 바르기만 해도 "흉터 없이 치료"하고, "딱지 위에 발라도 덧나지 않는"다는 메시지로 엄마들의 마음을 파고들었다. 1980년대 이후 다양한 연고제들이 나오기 시작하면서 고약은 이미 위기의 시대가 오고 있었지만 이명래고약은 그 흐름에 맞춘 변신에는 실패했다. 사용이 간편하고 효과가 좋은 항생제 연고 시대가 오면서 결국 입지가 좁아진 명래제약은 경영난으로 2002년에 문을 닫았다.

문화유산으로 인증받은 신약, 브랜드로 살아남다

이명래고약의 비결은 멀쩡한 다른 살은 다치지 않게 하고 살 속에 응고된 고름만 골라 신속히 빼내는 '발근고拔根膏'에 있다. 즉, '뿌리를 캐낸다'는 뜻이다. 이 고약은 소나무 뿌리를 태워 나오는 기름(송탄유)이 기본원료가 되고 여기에 약물을 추가해 녹여서 제조한다. 발근고가 수술 칼처럼 종기를 터뜨리고, 고약은 고름을 빨아내 가라앉히는 식이다. 원료 못지않게 제조과정의 노하우도 중요했기에 이명래약방에서 대를 이어 직접 전수하는 과정이 중요했지만 아쉽게도 이 부분은 현재 명맥이 끊겼다. 명래제약 역시 제약 허가신고를 내면서 기본 약재인 오행초, 가래나무 등 일부 성분을 공개했을 뿐 자세한 약재를 비롯한 구체적 제조법은 비밀에 부쳐진 바 있다.

명래제약이 2002년 문을 닫고, 명래한약방 역시 2011년 영업을 중단하면서 100년 전통의 이명래고약은 그렇게 잊힐 수밖에 없었다. 한때 서민들에게 신비의 명약으로 알려지며 20세기 우리나라를 대표하는 신약이었기에 더욱 아쉽다. 이명래의 비법을 전수받은 2세들이 한약방과 제약회사로 각각 원조를 주장하며 다른 길을 걷지 않고 합심하여 한 길로 걸었다면 어땠을까 하는 아쉬움이 남는다.

　다행히 이명래고약이 완전히 역사 속으로 사라지지는 않았다. 2006년 천우신약이라는 중소제약사가 명래제약을 인수하고 부착이 간편한 밴드 형태로 개선해 다시 세상에 내놓았다. 천우신약 역시 19세기 후반에 출발한 한약방을 모태로 하는데, 여기서도 고약을 생산하고 있었기에 브랜드 강화 차원에서 명래제약을 인수했던 것으로 보인다. 천우신약은 고약 외에도 '이명래잇몸치약'을 출시하는 등 아직도 그 이름을 기억하는 소비자들을 대상으로 브랜드를 활용하며 신제품을 확장하고 있다. 이 가치를 인정해 서울시는 2014년 이명래고약을 미래유산으로 선정했다.

3
서민에게도 보급된 신비의 명약
우황청심원

죽음을 앞두고야 한 번 먹게 된다는 귀한 약

전 국민이 긴장한다는 수능 날 아침, 수험생 자녀에게 엄마가 조심스럽게 동그란 환약을 하나 건넨다. 요즘에는 마시기도 하지만, 왠지 금박지를 풀어헤쳐 조심스럽게 꼭꼭 씹어먹어야 제대로 된 효과를 볼 것만 같은 '우황청심원'이다. 심신의 안정을 가져와 긴장감을 없애준다고 해서 수능은 물론 중요한 이벤트가 있을 때마다 찾게 되는 단골 약품이다.

중국에서는 1107년 한의서인 《태평혜민화제국방太平惠民和劑局方》에 처음 소개된 것으로 나타나고, 우리나라에서는 조선 광해군 5년(1613) 허준이 집필한 《동의보감東醫寶鑑》에 그 처방이 기록되어 있는데, "갑작스러운 중풍으로 정신을 잃어 말을 제대로 못하고 입이 비뚤어지며 손발을 잘 쓰지 못하는 것을 치료한다"고 나와 있다. 이를 보면 정신안정제라기보다는 졸도나 발작을 위한 응급처방용으로 사용되는 약으로 볼 수 있다. 하지만 고혈압이나 동맥경화, 뇌졸증에도 약효가 있다고 알려져 있다. 시기상으로는《동의보감》이전에 이미 중국 송대에 신라 문무왕이 우황을 조공품으로 보낸 기록이 남아 있는 것을 보면 기록으로 정립되기 훨씬 이전부터 전해 내려오는 약제라고 보는 게 맞을 것이다. 한편 중국에서는 '우황청심환'으로 불리기도 한다.

우황청심원은 주로 왕실이나 대신들에게 사용되는 귀한 약재이자 일종의 특혜품이었기 때문에 일반 민간인에게는 죽음을 앞두고서야 한번 먹어볼까 말까 했던 '영약'으로 통했다. 죽음을 앞두고서야 먹어볼 수 있다 하니, 웬만하면 먹는 날이 오지 않기를 바랐을지도 모르겠다. 상류층의 전유물이었던 우황청심원은 1925년 조선무약이 설립되어 대중화하며 비로소 민간에게도 보급되기 시작한다.

초기 이름은 '기사회생 우황청심원', 한마디로 죽어가는 사람도 다시 살린다는 명약이었다. 실제로 조선 태종 8년, 상왕이었던 태조 이성계가 세상을 떠나기 직전 우황청심원을 투약했다는 기록이 전해지는데, 이때부터 기사회생의 명약으로 알려지기 시작했다.

조선무약은 일제 강점기에 독립운동과 한의학 발전에 투신했던 박성수 회장이 설립했다. 유교 가문에서 태어난 그는 일제의 식민교육을 거부한 부친의 뜻에 따라 한학과 한의학을 배운 후 경성한의약 전수학원을 졸업했다. 그 후 한성약업사, 대창약업사 등을 창업했으나 그 해 9월 독립자금과 밀서를 전달하고 3·1운동에 가담한 혐의

옛 우황청심원 제품 박스
죽어가는 사람도 다시 살린다는 명약 우황청심원은 일반 서민도 쉽게 먹을 수 있는 필수 약이 되었다. (국립민속박물관 소장)

로 체포되어 투옥된다. 그가 출감 후 "우리 국의 건강은 우리가 지킨다"는 정신과 함께 한의학의 현대화를 목표로 설립한 회사가 조선무역 합자회사, 즉 조선무약이다. 이전에 설립했던 두 회사에서 이미 한방생약을 다룬 경험이 있었기 때문에 조선무약 설립과 함께 우황청심원을 낼 수 있었다. 솥표는 자신의 아호 '일송'에서 따왔다.

회사 임직원들은 "박 회장은 서민들이 우황청심원을 절실히 필요로 하면서도 그림의 떡으로만 바라보고 있는 게 안타까워 사업 수단이 아니라 일제 치하의 우리 민족을 위한다는 생각으로 이 약을 만들었다"고 회고한다. 박 회장이 독립운동을 하다가 1920년 9월 수감돼 혹독한 옥고를 치른 사실을 보더라도 한의학 지식으로 돈을 벌려고만 생각한 것은 아니라는 게 드러난다. 실제로 조선무약은 전국적으로 약재를 사고팔면서 그 속에 독립운동가의 편지 등을 전달해 연락책 역할을 하며 독립운동에 함께했고, 박성수 회장은 이런 공로와 행적을 인정받아 독립유공자에 선정되었다.

조선무약은 우황청심원 외에도 '홍양자춘원호생단' 등 히트 상품을 잇달아 내면서 회사의 기반을 다졌지만 한국전쟁으로 인해 공장이 모두 불에 타면서 어쩔 수 없이 사업을 중단했는데, 이 기간 동안 박 회장은 국내 한의학계의 터전을 만드는 큰 족적을 남긴다. 부산 피난 시절 한의과대학 인가 및 한의사제도를 만들기 위해 동분서주했고, 이런 활동으로 인해 서울시 한의사회 초대회장에 선임되어 활동했다. 1957년에는 지금의 경희대학교 한의대학의 전신인 동양의약대학에서 한의학과 교수로 임용되어 제자들을 양성하기도 했다. 그러면서 전쟁으로 중단됐던 조선무약 역시 영등포에 공장을 짓고 다시 출발하는데, 이때부터 반세기 넘도록 솔표조선무약은 우황청심원이라는 귀한 약재를 일반 서민도 비교적 쉽게 접할 수 있는 대중의약품으로 보급하면서 한방의 현대화·과학화를 이끌게 된다.

'솔표우황청심원'은 대한민국 완제의약품 수출 1호라는 기록도 가지고 있다. 1968년에 처음으로 일본에 수출했는데, 일본으로 수입되는 타 우황청심원은 건강식품으로 분류되지만, 솔표우황청심원은 일본 후생성으로부터 정식으로 의약품허가를 획득한 의약품이었다는 측면에서 의미가 크다.

처음부터 일본 수출을 의도했던 것은 아니었다. 해방 전후 국내에 거주했던 일본인들 중 기존에 조선무약의 우황청심원을 복용했던 사람들이 귀국 후에도 이 약을 계속 찾았고 박 회장에게 찾아와 따로 20~30개씩 구매해가는 일이 잦았다고 한다. 이런 욕구를 포착한 박 회장은 일본에서 세미나와 학술대회에 참여해 우황청심원의 효과를 발표하는 등 적극적 홍보활동을 펼쳐 일본 후생성의 허가를 받아낸다. 시장 가능성을 보고 수출을 추진한 지 5년 만에 결실을 얻었을 정도로 일본 진출은 쉽지 않았다. 하지만 일본을 시작으로 미주, 동남아 지역까지 수출 대상을 늘리면서 1990년대 초반까지 매년 250달러 안팎의 수출액을 기록하면서 20년 이상 완제의약품 수출 1위를 차지했다. 1990년에는 일반의약품 중 매출 3위에 오를 정도로 대중의 사랑을 받았으며, 1995년에는 서울 정도 600년 기념 타임캡슐에 수장품으로 선정되는 등 대한민국을 대표하는 의약품 브랜드로 인정받게 된다.

우리 것에 대한 자부심을 살린 조선무약

우황청심원 대중화의 선두주자였지만, 1970년대에는 중국 등지에서 밀려들어오는 밀수품이나 가짜 외제 상품들 때문에, 1980년대에는 광동제약, 일양약품, 유한양행 등 후발주자들이 지속적으로 우황청심원 시장에 진입하면서 한때 70~80퍼센트까지 가던 시장 점유율이 크게 떨어지기 시작했다. 여기에 1980년대 후반부터 중국산 우황청심환이 밀려들어오기 시작했는데, 우황청심원의 본류가 중국인 것으로 인식되면서 중국산 제품이 국내 시장을 크게 잠식하는 현상마저 벌어졌다. 시장에는 40여 개가 넘는 우황청심원 브랜드가 나와 있었다.

이런 배경에서 1990년대 초반 방영된 조선무약의 TV 광고는 큰 화제가 되며 솔표 브랜드의 가치를 올리는 데 큰 역할을 한다. 판소리 명창이자 인간문화재인 박동진이 등장해 〈흥부가〉의 대목인

"제비 몰러 나간다 / 제비 후리러 나간다"로 시작해서 "우리 것은 소중한 것이여"로 마무리하는 TV 광고는 당시 대한민국에서 모르는 사람이 없었을 정도였다. 명창의 뱃속으로부터 우러나오는 판소리 한 대목과 이를 전수받는 제자들의 모습에서 우황청심원이 갖고 있는 오랜 역사와 우리 민족 고유 자산이라는 이미지가 겹쳐진다. 중국산이나 경쟁사와 비교할 수 없다는 솔표의 정통성, 자부심을 잘 드러낸 광고였다. 이후 박동진은 1990년대 중반까지도 광고 모델로 활약하며 솔표의 간판스타가 되었는데, 2003년 그가 사망하자 조선무약은 추모 광고를 실을 정도였다.

하지만 2000년대 이후 더욱 치열해진 경쟁 상황 등으로 조선무약은 기업운영이 어려워진다. 2008년에 처음으로 부도가 났고, 인수합병이나 기업회생 절차를 시도했지만 모두 무위로 돌아가 2016년에 공장을 모두 매각하면서 청산절차에 들어가게 된다. 2018년 모든 절차를 마무리하고 청산, 93년에 걸친 역사를 안타깝게 마감할 수밖에 없었다. 동화약품이나 두산에 이어 또 다른 100년 전통의 브랜드와 기업을 볼 수 있었는데 아쉬울 따름이다.

기업은 사라졌지만 솔표는 우황청심원과 함께 이름 그대로 기사회생한다. 경쟁사 광동제약이 조선무약의 솔표 브랜드를 인수한 것이다. 광동제약은 브랜드 인수 후 '위청수, 솔청수, 쌍감탕' 등 조선무약을 대표하던 브랜드를 하나씩 되살려냈으며 가장 최근인 2020년 11월 솔표우황청심원을 재발매함으로써 조선무약 브랜드의 라인업을 완성했다고 발표한 바 있다.

한방의 과학화를 이끈 광동제약

솔표 브랜드의 역사를 이어가고 있는 광동제약은 1963년 최수부 회장이 설립했다. 가난했던 집안 사정으로 초등학교조차 마치지 못하고 어머니를 도와 생계를 책임져야 했던 그는 군대 제대 후 고려인삼산업사에 영업사원으로 취직한다. 이때 담당했던 제품이 '경옥고'였는데, 그는 이 기간을 통해 한방약품에 대한 지식을 쌓은 후 직접 경옥고를 만들어 팔기 시작했다. 나중에 "최씨 고집"으로 알려진 그의 집념과 끈기는 영업사원 시절 현장을 누비면서 단련된 것이라고 회고하고 있는데, 실제 초등학교를 중퇴할 정도로 제대로 배우지도 못한 소년이 국내 한방의약계를 대표하는 굴지의 제약사를 일굴 수 있었던 여러 가지 전환점이었던 시기로 보인다.

　서울 용산구의 한 작은 건물에서 경옥고 제조용 가마 하나로 시작한 그의 사업은 직접 제조한 한방의약품과 한약재 등을 판매하면서 차곡차곡 성장해 창업 10년만인 1973년에는 주식회사 형태를 갖추게 되었다. 같은 해 우황청심원 제조허가를 취득해 이듬해인 1974년에 '거북표우황청심원'을 출시하면서 솔표와 30년 넘는 경쟁이 시작된다. 솔표우황청심원이 있었지만 최 회장은 아직 그 규모가 크지 않기 때문에 대량생산을 통해 경쟁력을 확보할 수 있다고 판단했다. 창업자가 직접 우황을 고른다는 콘셉트를 바탕으로, 최씨 고집과 품질의 우수성을 내세우며 자리를 잡아갔다. 경옥고 시절부터 경동시장에서 약재를 구해 직접 빻고 가마에 달인 후 포장까지 모든 과정을 손수 했던 그에게 우황청심원의 핵심 재료인 우황을 직접 고르는 것은 사실 너무도 당연한 일이었을 것이다.

국내 우황청심원 시장은 솔표와 거북표가 1, 2위를 다투며 2000년 대까지 치열하게 경쟁했다. 하지만 결국 2000년대 중반부터 광동 제약이 확고한 1위를 차지하게 된다. 솔표조선무약이 경영난을 이기지 못해 휘청거리던 시기다. 경쟁사의 어려움으로 1위 자리에 올라서게 된 면도 있지만 꾸준히 품질 개선에 쏟은 정성이 없었다면 이런 기회를 잡는 것 자체도 불가능했을 것이다. 광동제약은 1990년에는 마시는 우황청심원을 최초로 출시하는 등 지속적으로 상품 개선을 위한 연구개발 투자에 많은 공을 들였다. 마시는 우황청심원은 한약 특유의 냄새와 쓴 맛을 없애는 동시에 마시기도 편하고 효과도 빨라 젊은 고객층을 끌어들이는 데 크게 기여했다.

우황청심원의 핵심 원료인 사향의 사용이 어려워졌을 때 경쟁사들과 달리 광동제약은 생약성분의 대체재를 개발해 사용할 수 있었던 것도 꾸준한 연구개발의 결과였다. 우황청심원은 소 담낭에서 만들어진 결석인 '우황'과 사향노루의 생식기에 딸려 있어 특유의 향을 뿜는 분비샘을 건조시킨 '사향'을 주 원료로 한다. 우황은 중추신경을 진정시키고 심장을 수축시키며, 적혈구 생성을 도와주고 염증을 완화하는 효능이 있다. 사향노루가 번식기에 이성을 유혹하는 수단으로 내뿜는 사향은 예로부터 기절했을 때 정신이 들게 하는 구급약이자 강심제로 사용되어 왔다. 그런데 이 사향의 수급에 문제가 생기면서 우황청심원 업계 전체가 위기에 휩싸인 때가 있었다. 1993년에 한국이 '멸종 위기에 처한 야생동식물종의 국제거래에 관한 협약(CITES)'에 가입하면서 청심원의 주성분인 사향의 수급이 힘들어졌다. 원래도 사향은 구하기가 어려워 고가인 데다가 가짜 상품도 많았는데, 여기에 우황청심원이 인기를 얻으면서 사향의 수요가 폭증해 수급 자체가 어려워진 측면도 있었다.

어쨌거나 사향을 대체할 수 있는 성분이 필요했다. 광동제약은 2000년에 사향노루가 아닌 사향고양이로부터 얻는 영묘향을 사향 대체제로 개발했다. 솔표를 비롯해 대부분의 제약사들이 'L-무스콘'이라는 화학성분을 이용한 반면, 광동제약은 원방에 충실한 천연성분을 사용해 제품력 측면에서 우위를 차지할 수 있게 된 것인데, 실제로 이 영묘향은 일본과 중국에서도 사향 대체 천연성분으로 인정받고 있다. 영묘향과 함께 원방에 따른 품질력을 앞세운 거북표우황청심원은 확실한 경쟁우위를 보이며 2000년대 중반부터 압도적 시장 점유율 1위를 차지하게 되었다.

광동제약 우황청심원은 후발주자였지만, 결국 원조인 솔표우황청심원을 누르고 시장을 차지했을 뿐 아니라, 이제는 그 솔표마저 품었다. 최근에는 솔표우황청심원도 다시 발매해, 우황청심원 원조 브랜드의 역사도 이어가고 있다.

"감기몸살, 이 손에 있소이다"

경옥고, 우황청심원과 함께 '광동쌍화탕'은 광동제약의 이름을 유명하게 만든 히트 상품이자 대표 한방의약품 삼총사의 막내 제품이다. 쌍화탕 역시 우황청심원과 마찬가지로 시장에는 늦게 진입했지

광동제약의 '쌍화탕'

쌍화탕은 원래 원기보충, 피로회복 등에 효과가 있는 자양강장제였으나, 점차 감기 몸살에 먹는 약으로 발전했다.
(ⓒ광동제약)

만 품질력을 바탕으로 경쟁자들을 물리치고 시장을 장악한 사례이기도 하다.

원래 쌍화탕은 동의보감에 나와 있는 처방이다. 사물탕(보혈제)과 황기 건중탕의 합방 처방으로 '기와 혈 두 가지 모두를 보한다'해서 '쌍화탕'이라 붙여졌다. 양기보충, 피로해소 등에 효능이 있어 조선시대 양반층에선 아침저녁으로 먹었다고 전해진다. 하지만 요즘엔 쌍화탕 원처방뿐 아니라 갈근탕·쌍금탕 등 한방감기약 탕제를 모두 쌍화탕으로 통칭해 부르기도 한다.

최수부 회장이 쌍화탕에 관심을 갖게 된 것은 비교적 처방이 간단해 대량생산이 가능하다는 장점 때문이었다. 당시 어부들이 고기잡이를 떠날 때에 배에 싣고 나가는 원기충전제로 쌍화탕이 선호되고 있다는 이야기를 들은 최 회장은 직접 마셔보니 생각보다 맛이나 효능이 좋지 못하다고 느꼈다. 당시 쌍화탕 제조사들이 가격을 싸게 하기 위해서 원처방을 따르지 않거나 품질이 좋지 못한 재료를 쓰고 있었기 때문인데, 이에 제대로 된 쌍화탕을 만들면 잘 될 거라 믿고 직접 제조에 뛰어든다. 하지만 정부에서는 영세 제약업체 보호를 명분으로 광동제약에 생산허가를 내주지 않았다. 이에 최 회장은 쌍화탕을 생산하고 있던 서울신약이라는 회사를 아예 인수해, 1975년에 광동제약의 이름으로 새로운 쌍화탕을 출시한다.

광동 쌍화탕은《동의보감》〈방약합〉 편에 나온 쌍화탕 처방을 근거로 삼아 제조했다. 작약·숙지황·황기·당귀·천궁·계피·감초 등이 들어가는데, 모두 우리 몸의 기와 혈을 보하는 대표적인 약재들이다. 숙지황은 혈을 보하는 보약의 단골 약재이고, 황기는 쉽게 피로하고 힘이 약한 증상에 인삼 대용으로 쓰이며, 당귀는 부족한 피를 생성해주는 보혈 작용이 뛰어나다. 천궁과 계피, 감초는 통증을 완화하고 혈액 순환을 촉진시키는 효과가 있다. 이런 약재들을 동의보감 처방에 충실하게 사용하다 보니, 가격을 낮추기 어려운 문제가 생겼다. 당시 다른 쌍화탕이 50원 정도였는데, 광동쌍화탕은 고민 끝에 품질을 지키기로 선택하며 경쟁사 대비 두 배인 100원을 책정했다. 내부에서도 우려의 목소리가 강했지만 소비자들이 먼저 품질을 인정했다. 결과적으로 출시와 함께 큰 인기몰이를 하며 첫 달에만 30만 병이 팔리는 등 광동제약의 대표상품으로 떠올랐다.

원기보충, 피로회복 등에 효과가 있는 일종의 자양강장제였던 쌍화탕이 감기 몸살에 먹는 약으로 발전하게 된 것은 1984년에 나온 '광동탕'의 역할이 컸다. 유명 탤런트 변희봉이 등장해 "감기몸살 바로 이 손 안에 있소이다"라고 외치는 TV 광고 시리즈가 크게 인기를 끌며 약국에서는 감기약과 함께 이런 쌍화탕류 의약품을 하나씩 끼워주는 것이 일상이 되었다. 엄밀히 말하면 광동탕은 쌍화탕과는 다른 처방이지만, 맛이나 효능 등이 비슷하게 느껴져 우리는 포괄적으로 서로 다른 이름을 가진 쌍화탕류 제품으로 인식하는 것이 현실이긴 하다. 광동탕을 바탕으로 '광동원탕, 광동탕골드, 진광탕' 등 증상에 따른 다양한 한방감기약이 출시되어 있다.

현재 쌍화탕은 광동제약이 여전히 1위를 달리는 가운데 동화약품의 쌍화탕과 편의점 등에서 판매되는 다양한 쌍화탕류 드링크제가 추격하고 있다. '쌍화골드·진쌍화·참쌍화·생강쌍화·쌍화원·쌍화천·원쌍화·가을생강쌍화' 등 광동제약과 동화약품에서 나오는 제품들만 어림해도 십여 가지가 넘는다. 참고로 덧붙이자면, 쌍화탕이라는 이름이 붙어 있어야 비로소 식약처 인증을 받은 일반의 약품이다. '쌍화'라는 이름 앞뒤에 무언가를 덧붙여 '탕'이라는 표현을 쓰지 않는 제품들은 쌍화차 유의 혼합음료라고 하니, 기왕에 몸을 위해 마실 생각이라면 정확히 쌍화탕이라고 표기되어 있는 제품을 마시는 것이 좋을 듯하다. 단, 엄연한 의약품이니 과다복용 등으로 부작용을 일으키지 않도록 주의하길 바란다.

솔표 브랜드를 인수해서 부활시킨 광동제약은 우황청심원 외에도 솔표쌍금탕도 되살려 시중에 내놓았다. 기업으로서 조선무약은 아쉽게 사라졌지만, 브랜드로서 솔표는 되살아나 100년 장수의 길을 걷고 있으니 위안이 된다. 최수부 회장이 IMF 시절 닥친 부도 위기를 극복한 후 "시련은 산삼보다 더 좋은 보약"이라고 남긴 명언처럼, 각자 시련을 이기고 살아남은 거북표와 솔표가 나란히 한방 의약품의 과학화·대중화·세계화를 통해 계속해서 국민의 건강 지킴이가 되어주길 기대해본다.

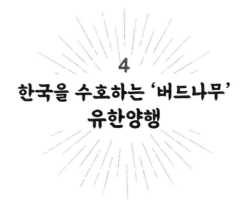

4
한국을 수호하는 '버드나무'
유한양행

한국 최고의 노블레스 오블리주, 유일한

"외출 전 안티푸라민을 코 밑이나 코 안쪽, 입술, 손 등에 얇게 펴 바르면 코로나19를 예방할 수 있다?"

온 세상이 코로나19로 고통받는 와중에 이런 황당한 글이 인터 넷을 돌아다닌 적이 있다. 안티푸라민의 냄새를 세균들이 싫어하기 때문에 이 약을 발라놓으면 세균 침투를 막을 수 있다는 것이다. 물론 바로 팩트를 확인해 사실이 아닌 것으로 판명이 났지만, 그럴만 하다고 생각했던 사람이 혹시라도 있다면 오랜 기간 동안 국민 상 비약 자리를 지켜오며 많은 사람들을 다양한 통증으로부터 해방시 켜준 공로를 인정하는 마음에 믿고 싶었던 것이 아닐까?

실제 1970~80년대까지도 우리 어머니들은 안티푸라민을 만병통치약쯤으로 생각하고 온갖 자질구레한 통증치료에 동원했다. 멍든 데, 삔 데야 말할 것도 없거니와 배가 아프다고 하면 배에 발라주고, 코감기로 고생하고 있으면 코 밑에 발라주고, 벌레에 물려 가려워하면 벌레 물린 곳에 발라주는 식이었다.

안티푸라민은 1933년 유한양행이 개발한 자체 신약 1호 제품이다. 서양의학이 갓 도입되던 시기로 대부분 해외의약품을 수입해서 그대로 처방하던 시절에 우리 기업이 자체적으로 근대화된 신약을 개발한 것이니 국내 제약업 관점에서는 큰 도약이었다. 이 큰 도약에는 창립자 유일한 박사가 가진 민족과 나라에 대한 끝없는 사랑과 올곧은 기업가 정신이 그대로 담겨 있다.

브랜드의 출생과 성장 과정을 거슬러 올라가다 보면 그 뿌리라고 할 수 있는 창업자와 기업의 역사를 자연스럽게 따라가게 된다. 맨 바닥에서 빈손으로 시작해 큰 사업을 일구고 신상품을 만들어 새로운 시장을 창출하는 것도 어렵지만 여러 고객의 다양한 요구를 만족시키며 오랜 기간 사랑받는 장수 브랜드로 성장시키는 것은 더욱 어려운 일이다. 당연히 그 기업과 창업자, 모든 구성원이 인정받고 존경받아야 할 일이다.

이 같은 일을 이뤄낸 대한민국의 수많은 기업인 중에서도 유일한 박사는 매우 독보적이다. 그의 일대기와 기업가 정신을 좇아가 보면 이처럼 훌륭한 기업인이자 독립운동가이며 노블레스 오블리주를 몸소 실천한 인물은 우리나라 기업사에서 더는 찾아볼 수 없겠다는 확신이 들 정도다.

유일한은 조국의 장래를 위해서는 선진교육을 통한 인재 양성이 필요하다고 믿었던 부친의 뜻에 따라 1904년, 9세라는 어린 나이에 미국 유학길에 오르게 된다. 아무런 연고 없는 유학생활이 편하고 달콤했을 리 없지만 유일한은 일과 학업을 병행하며 아버지의 기대에 부응하는 훌륭한 청년으로 성장했다. 미식축구 선수로 활동하며 장학금을 받기도 했고, 방학 중에는 한인 소년병 학교에서 군사훈련으로 심신을 단련하며 동시에 조국을 잊지 않았다.

유일한 박사
미국에서 유학한 뒤, 숙주나물 판매 사업으로 성공을 거둔 그는 지분을 정리하고 고국으로 돌아와 유한양행을 창립하고 독립운동에 매진했다. (©유한양행)

대학 졸업 후 제너럴일렉트릭GE에서 회계사로 일하던 그는 동양 시장 판매 총책임자를 맡아달라는 회사의 제안을 거절하고 스스로 사업을 시작한다. 미국 굴지의 회사에서 동양인이 회계사로 일하며 이런 고위직을 제안받았다는 것에서부터 그의 비범함이 드러나는데, 그가 이 제안을 뿌리치고 사업을 선택한 것은 하루바삐 경제적 기반을 갖춰 조국으로 돌아가는 것이 중요하다고 생각했기 때문이었다.

회사를 그만둔 그가 시작한 사업은 숙주나물 판매업이었다. 당시 현지 중국인에게 만두는 주식이었고, 서양인에게도 차츰 별미로 받아들여지면서 인기를 끌고 있었는데 그 재료인 숙주나물의 공급이 늘 부족했다. 미국에서는 녹두를 기르는 농장도, 이 녹두로 싹을 틔워 숙주나물로 만드는 업체들도 거의 없었기 때문이다. 여기에 주목한 유일한은 현지 농장들을 돌아다니며 녹두를 구매한 후 직접 숙주나물을 재배해 판매하기 시작했다. 이미 대학 시절 학자금과 생활비 마련을 위해 중국인과 동양인을 대상으로 중국에서 들여온 손수건, 카펫 등을 판매하며 돈을 벌었던 경험이 있었을 뿐 아니라, 미시간 대학 재학 시절 그는 한중 학생회 회장을 맡기도 했기 때문에 현지에 사는 중국인들의 생활상을 잘 알고 있었다.

숙주나물은 원래 상하기 쉬운 식품인지라 유통이 쉽지 않았다. 처음에는 유리병에 담아 팔던 그는 유통기한을 늘리기 위해 홀로 연구를 거듭해 통조림에 넣어 판매하는 방식을 고안했다. 깨지기 쉬운 유리병 대신 통조림은 훨씬 더 오랫동안, 더 안전하게 숙주나물을 보관하며 더 넓은 지역까지 판매할 수 있었기 때문에 사업은 날로 번창해갔다. 그러자 그는 사업을 본격화하기로 마음먹고, 대학 친구였던 월레스 스미스Wallace Smith의 도움을 받아 '라초이 La Choy 식품회사'를 세운다. 라초이는 프랑스어로 '중국' 혹은 '고급요리'를 뜻한다. 이 회사는 1990년 미국의 식품기업인 '콘아그라 브랜즈Conagra Brands'에 인수되며 아직도 미국에서 아시안 식품을 생산, 유통하는 회사로 운영되고 있다. 유일한은 한국으로 귀국하며 라초이의 모든 지분을 정리했지만, 《위키피디아》에서는 그 설립자를 유일한으로 표기하고 있다.

민족 기업의 설립과 안티푸라민 개발

역설적이지만 사업의 번창이 거꾸로 유일한을 조국으로 돌아오게 만든다. 숙주나물 통조림이 계속 인기를 얻으면서 재료인 녹두가 부족해지자, 그는 안정적 공급처를 확보하기 위해 직접 중국을 찾았다. 중국에서 녹두 수급 문제를 해결하고 이어서 조선으로 들어왔는데, 20여 년간 떠나 있던 조국의 모습은 너무 참담했다. 일제는 잔인한 수탈로 민중의 삶을 파탄시켰고 여기에 황국신민화 정책과 식민지 교육을 통해 조선인의 정신마저 말살하려 하고 있었다. 열악한 위생환경과 부족한 의료시스템은 삶의 질은커녕 기본적인 생존권조차 갖추지 못하고 있는 현실이었다.

조선인들은 기생충이나 피부병, 감기 등 단순하고 간단한 의약품만으로도 치료할 수 있는 가벼운 질병들로 고생하고 있었고, 의약품이나 이에 대한 지식이 부족하다 보니 이른바 만병통치약이라며 사람들을 현혹하는 사기꾼 약장수들이 판을 치고 있었다. 그가 귀국 후 제약사업을 시작한 데는 의사였던 아내 호미리 여사의 영향도 있었지만 이때 접한 조선의 열악한 보건환경과 의료현실이 큰 영향을 미쳤던 것으로 보인다.

만주 북간도에 머물던 부친 역시 유일한을 만나자 "민족의 미래를 위해 유학을 보냈으나 숙주나물이나 팔고 있는 아들의 모습"에 실망하며 "기왕에 큰 공부를 했으면 큰일을 하라"는 말로 유일한의 가슴에 불을 지폈다. 언젠가 조국으로 돌아와 자신이 할 수 있는 일로 민족과 나라에 기여하겠다는 생각을 더 이상 미룰 수 없겠다 결심한 그는 바로 미국 생활을 정리하고 한국으로 돌아온다. 이때가 조선을 떠난 지 22년만인 1926년이다. 이미 유일한은 미국에서 크게 성공한 조선인 사업가로 유명했기에 《동아일보》 등 언론에서도 그의 귀국 사실을 크게 다루기도 했다.

미국의 라초이 지분을 정리해 마련한 자금으로 의약품을 구매해 돌아온 그가 조선에서 시작한 첫 사업은 당연하지만 해외 의약품을 수입해 병원에 공급하는 일이었다. 그는 앞선 귀국에서 변변한 치료제 없이 질병에 고통받던 동포들을 보았고, 조선에 가장 시급한 분야가 의료분야라 판단했다. 선교사들이 설립한 병원들을 일일이 찾아다니며 영업맨을 자처한 그의 노력으로 인해 곧 전국적으로 판매처를 확대해갈 수 있었다.

그가 세운 유한양행은 초기에는 제약사업보다는 무역업에 가까웠다. 당시 조선의 부흥과 동포들 삶에 실제 도움이 되는 일을 하는 것이 그의 관심사였고, 첫 번째가 해외 의약품 수입이었을 뿐이었다. 화장지·생리대·락스·비누·치약 등 우리 국민에게 필요한 생활용품으로 품목을 차츰 넓혀갔으며, 그중에는 염료와 농기구까지도 포함되어 있었다. 조선 사람들이 즐겨 입는 흰 옷은 쉽게 더러워져서 자주 빨아야 했기에, 색깔 있는 옷을 입으면 반대로 세탁일을 줄여 경제적·인적 낭비를 줄일 수 있다고 판단해 염료를 수입하기 시작했다. 당시 가난에 시달리는 농촌 현실에도 눈을 돌린 그는 제대로 된 농기구가 있다면 노동효율성이나 생산성 등이 높아져 전체적으로 농촌 경제 부흥과 국력강화로 이어질 것으로 판단해 농기구를 수입해 보급하는 사업도 추진했다. 염료나 농기구 수입은 이익

안티푸라민
1961년 리뉴얼된 제품으로, 초창기에는 항염증제이자 진통소염제라는 본 효능과 달리 만병통치약으로 쓰였다. (국립민속박물관 소장)

을 기대하기 어려운 사업이었지만 다른 사업에서 얻은 이익을 이 사업에 투자하며 꾸준히 이어갔다. 미국에서 창업해 짧은 기간에 큰 사업을 일구었던 그의 역량을 감안하자면 조선에서도 얼마든지 이익을 추구하며 사업을 확대할 수 있었을 테지만, 보장된 성공을 뒤로하고 조국으로 돌아왔을 때부터 이미 개인적 이익이나 성공은 그의 관심사가 아니었음을 보여준다.

유한양행은 3~4년 만에 일본 제약기업들과 어깨를 겨룰 정도로 성장했다. 하지만 유일한은 이에 멈추지 않고 또 한 발자국 앞서간다. 해외 의약품 수입만으로는 부족하다고 생각한 끝에 독자 의약품 개발을 추진한 것이다. 이렇게 해서 당시 소아과 병원을 운영하던 부인 호미리와 함께 '안티푸라민'을 개발한다. 가벼운 상처에 바를 연고조차 귀하던 시절이라 사람들은 타박상이나 삐었을 때, 근육통은 물론 벌레에 물렸을 때나 손이 부르트고 동상에 걸렸을 때에도 안티푸라민을 찾았다. 바세린 성분이 포함되어 보습효과나 가려움증에도 효과가 있긴 했지만 반대로 유일한은 이처럼 특정 의약품이 본 효능과 달리 만병통치약으로 여겨지는 것을 꽤 경계했다.

당시 조선에서는 의약품의 정확한 성분이나 효능, 복용방법 등

은 밝히지 않은 채 "이 약만 먹으면 모든 병이 낫는다" 식의 과대 과
장광고와 서로를 향한 비방 등이 난무하던 시절이라 이렇게 가다간
한국제약 산업 전체가 공멸에 빠질 수도 있다고 우려하는 신문 사
설이 나올 정도였다. 유한양행은 안티푸라민을 광고하며 제품 용도
를 명확히 밝히며 의학박사와 약제사의 이름을 싣고 "사용 전 의사
와 상의하라"라는 문구를 삽입했다. 이는 안티푸라민 이전 유한양
행의 다른 제품 광고에도 항상 보이는 모습이다. 안티푸라민이라는
이름 역시 '염증을 일으키다'는 뜻의 '인플레임inflame'에 반대라는
'안티anti'를 더해 항염증제이자 진통소염제임을 분명히 하기 위함
이었다고도 전해진다.

지금은 그 모습을 찾을 수 없지만 1970~80년대를 살았던
40~50대들은 녹색의 철제캔에 간호사 모습이 그려진 안티푸라민
을 기억할 것이다. 1961년에 리뉴얼된 제품으로, 이 간호사 모습은
유일한의 막내동생인 유순한을 모델로 했다는 설도 있다. 이 간호
사 이미지로 인해 안티푸라민은 집집마다 꼭 갖춰놓아야 하는 상비
약의 이미지를 더욱 강화할 수 있었다.

독립운동에 앞장선 모범 기업가

1930년대 중후반을 지나며 유한양행은 중국을 필두로 아시아 지역
으로 시장을 확대하며 명실상부한 글로벌기업으로 성장해갔다. 중
국 본토의 상하이나 톈진을 비롯하여 다롄, 모란강, 하얼빈 등 만주

지역과 일본 오사카, 대만까지 영업소를 설치해 관리했을 뿐 아니라 베트남의 하노이, 호치민 등지에도 유한양행의 의약품들이 수출되고 있었다. 의약품 제조와 수출입 등으로 회사가 자리를 잡자, 이번에는 거꾸로 한국 특산물 등 우리 제품을 해외로 수출하는 사업을 위해 미국으로 출국한다. 그러나 1941년 일본의 진주만 습격으로 전세가 격화되고 조선 전역에 대한 야만적 수탈과 폭압이 극에 달하면서 유일한은 미국에서 다시 조선 독립운동에 앞장서게 된다.

귀국하기 이전 그는 이미 1919년 서재필이 소집한 1차 한인협의회에 참석해 대표로 결의문을 작성하는 등 독립운동에 깊숙이 참여하고 있었다. 이때의 인연으로 서재필은 유일한을 많이 아꼈다고 하는데, 유일한의 귀국 결심을 전해들은 후 그를 격려하고 응원하며 '나무 그늘 아래 사람들이 시원하게 쉴 수 있는 사업을 하라'는 의미의 버드나무 목각화를 선물한다. 조각가로 활동하던 서재필의 딸 스테파니가 준비한 것이었는데, 이 버드나무 목각화는 그대로 우리나라에서 가장 존경받는 민족기업이자 신뢰받는 기업의 상징이 되었다.

한국으로 돌아가는 길이 어려워진 상태에서 그는 미 국무부의 제안을 받고 미군의 작전수행 한국담당고문으로 일하며 미국이 태평양 전쟁에서 일본을 격파하는 데 공헌을 세웠을 뿐 아니라 로스앤젤레스 지역 한인으로 구성된 한인국방경비대(맹호대) 창설의 주역으로 활동했다. 이와 함께 훗날 알려진 사실이지만 냅코 작전 NAPCO Project(미국 육군전략처 OSS가 주도하여, 재미한인으로 구성된 공작원을 침투시켜 국토를 수복하려 했던 작전)에 참가해 50세라는 나이로 고된 훈련을 소화하며 독립운동에 대한 의지를 보였다. 군사기밀이었던 냅코 작전은 밖으로 알리지 않아 세상에 드러나지 않았으나 그가 세상을 떠난 지 20여 년 뒤 사실이 밝혀지면서 1995년 정부는 그에게 건국훈장독립장을 추서했다.

해방 후 한국으로 돌아와 다시 유한양행의 경영을 맡은 유일한은 모범기업인이자 교육자로서 우리 사회에 큰 족적을 남긴다. 기업가로서의 역량을 발휘해 유한양행을 비롯해 다양한 사업을 크게 성장시켰을 뿐 아니라, 투명하고 정직한 경영을 통해 모범납세 기업인의 표상이 되기도 한다. 박정희 정권 시절, 부정부패를 이유로 기업을 압박하고 정치자금을 거둬가는 것이 관행이었지만 유일한은 당연히 이런 정치자금 요구를 거절했다. 이에 정권은 강도 높은 세무조사를 여러 번 진행하며 회사를 압박했으나, "이렇게 털어도 먼지 안 나는 경우가 있구나" 할 정도로 위반 내역이 전혀 발견되지 않았다. 세무조사 후 1968년에는 오히려 모범납세업체로 동탑산업훈장을 수훈했을 정도였다. 이승만 정권 시절에도 이미 거듭된 세무조사를 통한 압박이 있었으나, 이때에도 조사 결과에는 아무런 흠집이 없었다고 한다.

국가 발전을 위해서는 인재양성이 중요하다고 여긴 그는 여러 개의 학교를 직접 설립해 무상교육을 실시하는 등 교육자로서도 활발하게 활동했다. 전문경영인제도를 도입하며 기업은 개인의 것이 아니라 사회와 임직원의 것이라는 평소 신념을 실제로 실천했다. 그가 1971년 세상을 떠나면서 공개된 유언장은 당시 사람들에게는 충격이라 할 만큼 시대를 앞서간 내용이었다. 아들에게는 "대학까지 졸업시켰으니 앞으로는 자립해서 살아가거라"라며 손녀의 교육자금 약간만을 남겼고, 딸을 위해 물려준 유한동산에는 "울타리를 치지 말고 학생들이 자유롭게 드나들 수 있도록 하여 어린 학생들의 티 없이 맑은 정신에 깃든 젊은 의지를 지하에서나마 더불어 느끼게 해달라"라고 남겼다. 할아버지로부터 교육자금을 받은 손녀는 얼마 전 유한양행에서 무료 영어강의로 자원봉사를 하면서 할아버지의 뜻을 새기기도 했다고 전해진다.

100년 브랜드를 향한 제2의 도약

제약업계에서 단일 품목으로 매출 100억이 넘으면 블록버스터 제품으로 여겨진다고 한다. 안티푸라민은 파스류와 해외 브랜드 등의 진입으로 한때 침체기를 겪기도 했지만, 2000년대 이후 꾸준한 제품개선과 확장으로 또 다른 성장세를 보이고 있다. 1960년대부터 지켜온 초록색 철제캔에 담긴 연고형태에서 벗어나 로션, 파프 및 스프레이 형식으로 제품을 다양화하며 2013년 매출 100억 원을 넘긴 이후 2018년에는 180억 원을 달성하는 등 블록버스터 의약품으로의 자리를 지켜가고 있다.

유한양행의 또 다른 히트상품이자 장수 브랜드로 '삐콤씨'가 있다. 여기에도 유일한의 철학을 보여주는 일화가 있다. 당시 유한양행은 국민들의 비타민 섭취를 증진시키고자 비타민 영양제를 개발하고 있었다. 이때 1961년 동아제약이 '박카스'를 출시하면서 공전의 히트를 치게 되고, 유한양행은 제약업계 1위 자리를 내주게 된다. 박카스의 히트로 여러 제약업체들이 비타민 드링크제 시장에 뛰어들던 시절이었다. 이때 주주총회에서 "우리 회사도 박카스 같은 드링크제를 만들어 팔아야 하지 않겠느냐?"라는 의견을 들었지만, 유일한 회장은 "설탕물 같은 드링크제를 약이라고 속여 팔란 말인가?"라는 말로 주주들의 의견을 기각했다고 한다.

당시 박카스에는 카페인, 타우린, 비타민 성분이 첨가되어 금방 피로가 싹 가시게 하는 기분이 들어 인기를 끌었는데, 유일한 회장은 "이 박카스를 포함한 모든 드링크제는 인체의 전반적인 에너지를 향상시키는 게 아닌, 순간적으로 활력이 솟는 느낌만 주는 제품 같다"라고 생각해서 드링크제 개발을 하지 않았다는 것이다. 이후 계속해서 원래의 연구를 지속시켜 출시된 제품이 바로 '삐콤씨'다. 지금까지도 장수하고 있는 유한양행의 대표적 비타민제로 1963년 '삐콤정'이라는 이름으로 출시했고, 1987년에 비타민C 함량을 보강하는 등 제품을 개선해서 현재의 이름과 모습을 갖추게 되었다.

유한양행의 제품 중에 '콘택600'이라는 브랜드 역시 유명했다. 1967년부터 유한양행이 판매한 제품인데, 12시간 지속 종합감기약으로 꽤 큰 인기를 얻었다. 하지만 2004년 콘택600에 출혈성뇌졸중을 유발되는 PPA성분이 발견되어 판매중단하고 회수조치한다. 2006년 PPA성분이 함유되지 않은 감기약 '콘택골드'로 재출시되었지만 예전의 명성은 되찾지 못하고 있는 듯하다.

유일한과 그의 유산인 유한양행은 한국에서 가장 존경받는 기업인, 기업으로서의 자리를 지키고 있다. 나라와 민족만을 바라보며 헌신적으로 봉사했던 그의 정신이 깃든 기업과 제품, 브랜드 모두가 계속해서 사랑받으며 우리 곁을 지켰으면 좋겠다. 아울러, 창업자인 유일한의 정신이 후세 기업인들에게도 널리 퍼져서 훌륭한 기업과 기업인이 많아지기를 바란다. 그 속에서 100년을 넘어 200년을 살아내는 멋진 브랜드들이 또 꽃을 피우지 않겠는가.

5
전 국민의 피로회복제
박카스

가난과 피로에 지친 간을 위한 의약품

"그 날의 피로는 그 날에 푼다."

"젊음, 지킬 것은 지킨다."

"진짜 피로회복제는 약국에 있습니다."

"풀려라 5천만, 풀려라 피로."

대한민국 국민이라면 최소 하나 정도는 기억하고 있을 법한 광고 카피들이다. 소비자 기억에 남는 광고 하나 만들기도 어려운데, 일반 상품도 아닌 약국에서나 파는 의약품이 이 정도의 히트 광고를 가지고 있다는 것이 놀라울 따름이다. 60년 가까이 대한민국 국민의 피로를 풀어주고 있는 국민 피로회복제 박카스가 그 주인공이다.

야근과 과로로 늘 피곤한 우리나라 노동자와 직장인, 티 나지 않는 가사 노동에 늘 힘겨운 가정주부, 초등학교, 중학교부터 이미 살인적 입시 경쟁에 내몰려 있는 가여운 수험생까지, 축 늘어진 어깨와 무거운 눈꺼풀을 끌어올리기 위해 박카스 한 병 정도 안 마셔본 우리나라 국민은 아마 없을 것이다. 이제는 편의점에서도 너무나 쉽게 구할 수 있는지라 단순한 에너지 드링크 정도로 생각될 수도 있지만 식약청에 등록되어 있는 엄연한 의약품이다. 그래서 박카스에는 성인 기준 하루 한 병 정도만 마시라는 권장 복용량을 표시하고 있다.

박카스가 처음 태어난 해는 1961년인데, 아직도 전쟁의 여파로 궁핍한 삶에서 벗어나지 못한 상태에서 비타민은 쉽게 먹을 수 있는 영양보충제 역할을 하고 있었다. 미국으로부터 오는 구호품 중에서도 비타민의 인기는 단연 으뜸이었다. 이런 흐름 속에 동아제약은 비타민에 간기능보호 성분을 첨가한 새로운 영양제를 연구하기 시작했다. 기본적으로 종합영양제로 인식되는 비타민에, 가난과 피로에 지친 도시 서민들과 퍽퍽한 삶을 잊기 위해 한 잔 마시는 술로 인해 망가진 몸을 보호해줄 수 있다면 가능성이 있을 거라는 판단이었다. 그렇게 1년여 연구개발을 거쳐 1961년 9월, 박카스가 탄생했다.

출시 당시 박카스의 슬로건은 "최신 종합강간제綜合强肝劑"였다. 기존 비타민 제품 대비 간기능보호 및 강화를 위해 '강간제'를 배합한 강점을 살리기 위해 찾아낸 표현인 듯하다. "간장 관리는 현대인의 상식"이라며 박카스를 마시면 "젊음과 활력"을 되찾을 수 있다고, 피곤한 간을 보호하기 위해 박카스를 마시라고 제안했다. 아무리 한자라지만 지금 시절에 강간영양제라고 내세웠으면 어찌되었을까. 생각만 해도 아찔하다.

박카스라는 이름 역시 술과 연관이 깊다. 로마 신화에 나오는 '바쿠스Bacchus'라는 신의 이름에서 따온 이름인데, 포도주로 대표되는 술의 신인 동시에 곡식, 추수 등을 돕는 풍요와 부활, 생명의 신으로 알려져 있다. 신제품 출시 당시 브랜드를 고민하던 강신호 회장이 독일 유학시절 자주 보았던 함부르크 시청 앞 바쿠스 동상을 떠올리며 술에 지친 현대인의 간장보호와 피로회복을 도와주는 제품 이미지에 딱 맞는다고 생각해 이름을 지었다고 한다. 바쿠스는 한 손에는 포도송이, 다른 한 손에는 곡식 뭉치를 들고 있는데, 흔히 포도주 혹은 술과 풍요의 신으로 알려져 있다. 술의 신[酒神]이, 술로 지친 현대인의 간장을 달래주게 된 배경이다.

당시 신문광고를 보면 피로회복과 간기능강화 외에도 입덧으로 힘들어 하는 임산부에게는 해독작용을 통해 불쾌함을 해소해주며, 콜레스테롤을 낮춰 각종 성인병을 예방하는 데에도 도움을 줄 뿐 아니라 간장을 튼튼하게 하고 호르몬 분비를 조절해서 여드름이나 기미 등으로 거칠어진 피부를 아름답게 가꿔주기도 한다고 적고 있다.

강 회장은 박카스 외에도 직접 네이밍한 상품이 꽤 되는데, 대표적으로 '칠성사이다'의 경쟁자로 잠시 얼굴을 드러냈던 '나랑드사이다', '잘 알면서'의 경상도 사투리를 표현한 '암씨롱', '한 오백년 건강하게 살자'는 뜻의 '하노백', 순환을 의미하는 '서큘레이션'에서 따온 혈액순환개선제 '써큐란', 오렌지와 비타민C를 합쳐 만든 '오란씨' 등이 그의 작품이다.

알약의 불편함을 해소한 드링크제 개발

지금은 상상하기 어렵지만, 박카스의 첫 모습은 음료가 아니라 알약 형태였다. 당시 트렌드를 따른 것이었겠지만 음료보다 '약품으로서의 효능'에 대한 이미지를 얻는 데 도움이 되었을 듯하다. 실제로 한국전쟁 이후 건강과 영양상태가 좋을 리 없던 국민에게 '젊음과 활력'을 되돌려준다는 메시지는 꽤 효과적이었다. 술꾼을 대상으로 "음주 전후에 박카스를 복용하면 간이 손상되지 않는다"는 캠페인과 함께 전 직원이 나서서 직접 샘플링 등 공격적인 판촉 활동을 하면서 발매 후 몇 달 만에 100정 포장단위로 월 1만 개까지 늘어나는 등 큰 성공을 거두었다.

빠른 성공만큼이나 위기도 바로 닥쳐왔다. 아직 미숙한 제조기술 탓이었는지 알약의 겉에 입힌 당의가 녹아내리는 현상이 발생했는데, 단순 소비자 불만을 넘어 대량 반품 현상으로 이어졌다. 우리가 흔히 말하는 '당의정'은 '단맛(당)으로 겉을 입힌(의) 알약(정)'을 말한다. 일반적으로 약은 입에 쓰기 마련인데, 이것을 입에 넣고 삼키기 쉽도록 단맛으로 약을 덧씌우는 방식이다. 여기에 문제가 생긴 것이다.

당시 기술로는 이를 극복하기 힘들었는지 동아제약은 알약 형태에서 앰플 형태로 제형을 변경해서 '박카스내복약'으로 재발매했다. 알약 대비 청량감 등이 우수해 시장의 반응이 나쁘진 않았지만 익숙하지 않았던 용기 탓에 앰플 입구를 따다가 다치는 사고가 자주 있었고, 용기 특성상 운반 과정에서 파손되는 경우도 많았다. 앰

박카스 박스

'젊음과 활력'을 되돌려준다는 메시지로 빠르게 인기를 얻은 박카스는 출시 이후 지금까지 1위 자리를 놓치지 않는 피로회복제로 활약 중이다. (국립민속 박물관 소장)

플 용기 모양 탓에 주사제로 착각해서 주사를 놓는 경우까지 나타나는 등 심각한 문제도 발생했다. "드링크 용이니 주사로 사용하지 마시오"라는 경고문을 붙여야 할 정도였다.

그래서 또 다른 변신이 필요했고, 그 결과 세 번째로 지금 우리가 마시는 음료 형태의 박카스가 선보이게 된다. 이때부터 음료를 의미하는 D를 붙여 '박카스디'가 되었다(2005년에 기존 1,000밀리그램이었던 타우린 함유량을 2,000밀리그램으로 올리는데, 이때부터 D는 'Drink'에서 'Double'을 의미한다). 박카스가 처음 출시된 지 2년 만인 1963년의 일이다. 그래서 동아제약은 1961년이 아닌, 1963년 8월 8일을 박카스 발매일로 공식 지정하고 있다.

박카스가 최초의 드링크제는 아니었다. 이미 시장에는 드링크제의 효시라 불리는 '동인구론산'을 비롯해 천도제약의 '단발구론산'

등 인기 주자들이 자리를 잡고 있었기에, 후발 주자인 박카스로서는 시장을 흔들 수 있는 새로운 무기가 필요했다. 그래서 마케팅과 유통 모두에서 새로운 도전을 했다.

우선 리뉴얼과 함께 신문, 잡지 등은 물론 라디오 광고와 TV 광고까지 집행하면서 대대적인 광고전을 펼친다. 토끼와 거북이를 출연시킨 애니메이션 광고부터 당시 큰 인기를 끌던 코미디언 김희갑, 유명 여배우 남미리 등을 내세운 TV 광고는 큰 호응을 얻었다. 오랫동안 많은 히트작을 내며 현재의 박카스를 만드는 데 일등공신이라고 할 수 있는 박카스 마케팅 캠페인 역사의 시작이기도 했다. 일반적으로 의사, 약사를 대상으로 하는 전문지 광고에서 벗어나 일반 소비자를 대상으로 직접 광고를 집행하는 것 자체가 파격적인 시도였다.

대규모 마케팅의 지원을 등에 입은 박카스의 질주는 폭발적이었다. 모든 것이 부족하고 힘겨웠던 1960년대, 우리 국민은 힘겹고 가난한 삶을 살고 있었다. 대접이나 사발에 술을 따라 벌컥벌컥 들이키는 음주 습관은 몸을 망가뜨리는 주범이기도 했다. 이런 시대 상황 속에서 사연 많고 고단한 샐러리맨들에게 음주 전후 간 건강을 속삭이는 박카스는 마치 술을 맘 놓고 마셔도 된다는 허락과도 같았을 터이니 어찌 인기가 없었을까.

유통분야에서도 역시 박카스만의 새로운 방식을 창조했다. 의약품은 일반적으로 도매상을 거쳐 소매약국으로 출시되고 있었다. 그러다 보니 당시 제약시장은 제조사보다 도매상에 의해 성과가 좌지우지될 정도로 그들의 영향력이 막강했다. 이런 상황에서 동아제약은 도매점을 벗어나 소매점과 직접 특약점 계약을 맺고 상품을 공급하는 방식을 도입함으로써 도매상의 입김을 줄이고 자체 유통망을 구축할 수 있었다. 약국으로서는 동아제약 전 제품을 구색을 갖춰 공급받을 수 있었고 회사는 안정적으로 거래처를 확보할 수 있었기에 서로에게 도움이 되는 전략이기도 했다. 이 직접 유통은 훗날 '박카스 루트세일'이라는 동아제약만의 독특한 유통방식의 기초가 되었으며, 지금도 박카스 루트카가 전국 2만 여개 약국에 직접 방문해 박카스를 공급하고 있다.

제품 자체의 개선과 다양한 크리에이티브를 장착한 대규모 마케팅 캠페인, 독특한 유통전략 등을 내세워 박카스는 출시 1년 만에 판매량 670만 병을 기록하며 드링크제 시장에서 단숨에 1위로 뛰어 올랐다. 박카스의 질주 덕에 동아제약은 1967년 제약업계 정상에 등극하게 되는데, 이때부터 2012년까지 무려 45년간 이 자리를 지킨다. 박카스로 얻게 된 수익을 다시 제품 연구개발에 투자하면서 분야별 1위 의약품을 다수 배출하는 선순환 효과의 시작이었다. 혈액순환제인 '써큐란', 구강청정제 '가그린', 염색약 '비겐크림톤', "감기 조심하세요"라는 하이톤의 여성 목소리로 기억되는 '판피린' 등이 우리가 잘 알고 있는 동아제약의 1위 브랜드들이다. 지금은 회사 분할과 경쟁 환경의 영향 등으로 1위 자리를 내줬지만, 여전히 동아제약이 우리나라 최대 제약업체로 인식되는 것은 오랫동안 차지한 1등의 역사를 우리가 기억하고 있기 때문이다.

광고 금지와 물 탄 박카스 소동

자금난에 시달리던 회사를 순식간에 제약업계 1위로 올려놓은 신화 같은 존재이지만 박카스의 60년 가까운 세월 속에는 다양한 난관과 뜻하지 않은 시련이 수도 없이 들어 있다.

앞서 보았듯이 박카스의 성공에는 광고 캠페인이 결정적 영향을 미쳤다. 하지만 이 경쟁력이 한순간에 사라지는 초유의 사건이 발생한다. 1976년, 정부가 자양강장 드링크제 광고를 금지한 것이다. 의약품의 오남용을 초래할 수 있다는 이유였는데 이미 1973년에 의약품 대중광고에서 광고음악을 사용하지 못하게 한 이후 두 번째 금지였던 셈이다.

이로 인해 박카스는 1993년 문민정부가 들어설 때까지 광고캠페인을 진행할 수가 없었다. 잘 나가던 브랜드에게는 큰 시련이었다. 당시 박카스 한 병은 100원이었는데, 연탄 석 장 정도에 맞먹는 돈이었다. 이에 아직도 추위와 굶주림에 시달리는 국민이 많은데 굳이 마셔도 그만, 안 마셔도 그만인 박카스를 이렇게 온 국민이 마시라고 광고를 할 필요가 있겠느냐는 고위층의 정서가 반영된 결과라는 '웃픈' 이야기도 전해진다. 박카스 입장에서는 좀 억울했을 일이다. 사실 박카스를 첫 출시할 당시 가격이 짜장면 한 그릇과 비슷한 40원이었는데, 1970년대 후반 짜장면 가격이 200원 가까이 올랐지만 박카스는 100원이었던 것을 감안하면 오히려 물가 안정에 기여한 공로상을 줘야 했을 텐데 말이다. 실제 60년이 흐른 지금도 여전히 박카스는 600원 정도이지만 짜장면 가격은 박카스를 한 박스를 사고도 남을 정도까지 오른 것을 감안한다면 더욱 그렇다.

1980년대 후반에는 사카린이 발암물질로 판명되면서 엉뚱하게 박카스가 후폭풍을 맞는 일이 발생한다. 당시 단맛을 내기 위해 사카린을 첨가했던 박카스는 재빠르게 과당으로 대체했지만 그 맛이 나지 않았다. 우리나라 사람들이 단맛에 굉장히 예민했던 모양이다. 맛이 변했다면서 '물 탄 박카스'란 빗발치는 항의에 직면해야 했다. TV 광고 금지에 이어 물 탄 박카스 논쟁까지 더해지면서 박카스는 최대 위기를 맞는다. 이후 스테비오사이드라는 천연감미료로 단맛을 대체하면서 '박카스에프'로 리뉴얼, 위기탈출을 시도하지만 한 번 벌어지기 시작한 균열은 웬만하면 멈추기 어려운 것이 현실이었다. 여전히 시장의 반응은 냉랭했다. 매스마케팅을 기본으로 대량생산, 대량판매를 주된 전략으로 삼던 박카스에게는 큰 위기일 수밖에 없었다.

1위의 부진은 경쟁자에게는 항상 기회가 된다. 오랜 경쟁자인 일양약품의 '원비디'와 '영비천'이 이 시기를 틈타 박카스에 거세게 도전하며 덩치를 키웠다. 원비디는 박카스보다 한 해 늦은 1962년 양한방 활성비타민제 '원비정'으로 출시되었는데, 박카스와 유사하게 1971년에 드링크제로 제형을 바꾸면서 인삼 원료를 주성분으로 한 인삼 드링크로서 포지셔닝하고 있었다. 여기에 영지버섯 성분을 첨가한 '영비천'까지 가세하면서 자양강장 음료 시장에서 박카스의 자리를 위협했는데, 1990년대 초반에 이들의 성장이 두드러졌다. 한때 두 제품의 매출이 박카스의 매출을 넘어설 정도였다.

하지만 1993년 김영삼 정부 출범과 함께 자양강장제 광고 규제가 풀렸고, 박카스는 새로운 광고 캠페인을 통해 다시 온 국민의 피로회복제로 날아오른다. 환경미화원·버스운전기사·직장인·경비 아저씨·철도보선원·스승과 제자 등 보통 사람의 일상을 담은 '새 한국인' 시리즈는 박카스 부활의 신호탄이었다.

늦은 시간 종점에 도착한 버스. 가족을 생각하며 오늘도 피곤한 하루를 마친 기사 아저씨는 박카스 한 병으로 피로를 달래려고 한다. 이때 아직도 뒷자리에서 졸고 있는 대학생. 기사 아저씨는 대학생에게 다가가 "젊은이, 힘들지?"라는 말과 함께 박카스 한 병을 건넨다. 그리고 이어지는 멘트.

"그 날의 피로는 그 날에 푼다 / 피로 회복엔 박카스에프."

이 외에도 모두가 퇴근해버린 늦은 밤 혼자 야근하는 직원에게 박카스를 건네는 경비원 아저씨, 새벽에 환경미화원 아버지를 도와주러 따라나선 대학생 이야기 등 약 5년 여간 지속된 이 캠페인은 한마디로 힘들고 지친 대한민국 국민을 향한 위로 메시지였다. "알아주는 사람이 없으면 어떤가? 나의 일에 최선을 다하면 그뿐, 소중한 땀의 현장엔 박카스"라며 자기 자리에서 묵묵히 책임을 다하는 보통 사람들의 소중함과 자부심을 일깨우며 박카스의 존재를 각인시킨 이 시리즈는 공익성 메시지를 상품 판매와 연계시킨 착한 광고의 효시로 지목되기도 한다.

한때 3억 병까지 추락했던 박카스 매출은 5억 병대로 뛰어올랐고, 광고 시작과 함께 1994년에는 1,000억 원대 매출을 달성한다. 박카스의 초기 시절인 1960~70년대에도 광고캠페인의 덕을 많이 보았지만 2차로 1990년대에 선보인 캠페인은 박카스를 확실한 대한민국 대표 브랜드에 올려놓는다. 실제로 동아제약은 2001년 발간한 《박카스 40년사》에서 "박카스의 성공에 결정적 영향을 미친 것은 광고"라며, "광고 없이는 박카스 신화는커녕 박카스라는 브랜드조차 생존하기 힘들었을 것이다"라고 평가하기도 했다.

젊은 브랜드 이미지 만들기로 잡은 기회

박카스를 말하면서 빼놓을 수 없는 캠페인이 '대학생 국토대장정' 프로그램이다. 1998년 처음 시작된 이 프로그램은 21일에 걸쳐 해남에서 임진각까지 약 550여 킬로미터를 걸어서 완주하는 이벤트였다. 첫 해부터 대학생들의 뜨거운 호응과 함께 사회적으로도 큰 관심을 받았고, 당시 언론사와 방송사는 참여자들이 걷는 모습을 생중계하는가 하면 나중에 그 과정을 다큐멘터리로 제작해 방송하기도 했다. '젊음과 도전'이라는 멋지고도 새로운 브랜드 이미지를 만들면서 동시에 사회적으로도 큰 울림을 주는, 두 마리 토끼를 모두 잡은 보기 드물게 성공한 캠페인이었다.

아저씨, 아줌마가 마시는 드링크제로 인식되면서 브랜드 노후화의 위기에 놓여 있던 박카스는 이 국토대장정 프로그램을 통해 오히려 젊은 층에게 가장 각광받는 브랜드로 다시 태어날 수 있었다. 젊은 고객의 지지를 얻기 위한 박카스의 노력은 당연히 TV 광고 캠페인으로도 이어진다. 브랜드 젊어지기 프로젝트 하에 론칭된 캠페인은 숱한 화제와 유명한 광고카피를 남겼고, 주진모·고수·한가

인·류승범 등 모델들을 스타의 반열에 올려놓으며 또 다른 마케팅 성공 신화를 써내려갔다.

자신의 일에 최선을 다하며 상식과 공정을 지키는 젊은이들의 모습을 담아낸 '젊음, 지킬 것은 지킨다' 시리즈는 당시 국민에게 큰 공감을 얻어내며 박카스를 일약 온 국민이 사랑하는 브랜드로 만들었다. 그중에서도 시력이 낮아 군 신체검사에서 불합격할 위기에 처한 청년이 시력점검표를 외워가면서 "꼭 가고 싶습니다"라고 외치는 신체검사 편은 당시 군복무를 기피하는 사회적 분위기를 꼬집으며 정직한 젊은이 편에 서서 이 시대의 보통 청년의 마음을 달래주었다. 이 광고로 2003년에는 광고대상을 받기도 한다.

소신과 의지를 가진 모범적인 젊은 세대의 모습을 그려낸 이 광고 시리즈는 젊은 층의 도전을 응원하는 브랜드 메시지를 담아내며 노후화 기미가 보이는 브랜드를 젊은 층의 브랜드로 180도 역전시키는 대단한 성과를 거뒀다. 차곡차곡 쌓여가는 실제 역사와는 반대로 이미지 측면에서는 노후화될 수 있는 브랜드의 위기신호를 사전에 파악하고 적절한 대응전략과 실행으로 오히려 위기를 기회로 역전시킨 훌륭한 사례로 다뤄진다.

새로운 경쟁자의 도전과 박카스의 수성

경쟁적 관점이 아닌, 브랜드 자체의 노후화라는 자기 문제를 잘 극복하고 장수 브랜드로 가는 터전을 닦은 박카스였지만 2000년대

들어 다시 거센 도전에 직면한다. 1980년대 박카스의 부진을 틈타 '운지천'으로 자양강장제 시장에 도전한 바 있던 광동제약이 '비타500'을 내놓으며 다시 한 번 시장에 뛰어든 것이다. 이번에는 피로회복제 박카스와의 정면승부를 피하는 대신 '비타민 음료'라는 새로운 시장 카테고리를 제시하며 우회진입하는 전략을 택했다. 이제까지는 과립이나 알약 형태로 섭취하던 비타민C를 드링크제로 만든 "마시는 비타민 음료"라는 신선함과 편리함에 카페인이 없다는 사실까지 강조되면서 젊은 층과 여성들을 중심으로 큰 인기를 끌기 시작했다.

사실 박카스는 엄연한 의약품이고, 비타500은 약품성분이 들어 있지 않은 일반 음료수이기 때문에 이 두 제품을 직접 비교하는 것이 적절하지는 않다. 하지만 이미 소비자에게 박카스 역시 의약품이라기보다는 피로회복을 위해 가볍게 마시는 음료수 정도로 인식되고 있었기에 둘 간의 경쟁은 불가피했다. 비타500 역시 부분적이지만 약국에서도 살 수 있었으니 소비자들에게는 선택의 폭이 넓어진 셈이기도 했다.

비타500은 약국 외에도 편의점이나 슈퍼마켓은 물론 사우나, 헬스클럽 등 건강음료가 소비될 법한 다양한 장소와 시점을 유효적절하게 공략하며 박카스를 위협했다. 광동제약으로서는 치열한 레드오션인 자양강장제 시장에서 빠져나와 새로운 비타민 드링크제 시장을 개척하며 선도하는 동시에 기존 자양강장제 시장의 대표인 박카스까지 공략하는 신의 한 수를 던진 셈이다.

실제 출시와 함께 비타500은 빠르게 치고 올라왔고, 독점적 시장 지위를 누리던 박카스는 뒷걸음치기 시작했다. 출시 4년 만인 2005년 4월에는 월 매출에서 박카스를 제치고 건강음료 1위에 오른다. 박카스의 굴욕이라는 말까지 나왔다. 이때부터 4~5년간 박카스도 정체기를 겪지만, 아쉽게도 비타500도 더 뛰어오르는 데는 실패했다. 비타민 음료 시장의 빠른 성장이 과열 경쟁을 부추기며 오히려 비타500에게는 독이 되었다. 여기에 비타민 1,000밀리그램을 함유한 제품이 나

비타500

비타500은 약국 외에도 편의점, 슈퍼마켓 등 건강 음료가 소비될 법한 장소와 시점을 공략하면서 박카스의 라이벌로 등장했다. (ⓒ광동제약)

오는 등 용량 경쟁이 생기면서 오히려 500이라는 브랜드 이름에 스스로 발목이 잡히는 부분도 있었다.

전열을 재정비한 박카스는 2005년을 기점으로 다시 비타500을 따돌리며 격차를 벌려가기 시작했다. 이때 박카스가 일반의약품에서 의약외품으로 제품분류가 바뀌게 되었는데, 이는 박카스에게는 새로운 가속엔진 하나가 더 생긴 셈이었다. 비타500처럼 약국 외에도 일반 소매 유통점에서도 판매할 수 있게 된 것이다. 비타500을 비롯해 여러 가지 경쟁 음료제품을 의식해서 "진짜 피로회복제는

약국에 있습니다'라고 말하던 박카스에게는 자기모순적 상황이긴 했지만 이 기회를 놓칠 수는 없었다.

동아제약은 일반유통과 약국유통에 따라 브랜드도 각각 달리하는 브랜드 이원화 전략을 펼친다. 기존 박카스디는 계속해서 약국 전용 브랜드로 유지하면서 예전에 있던 박카스에프를 일반유통용으로 부활시켜 편의점으로 출전시켰는데, 하나의 브랜드이면서 동시에 서브브랜드로 구분한 별도 브랜드 전략을 통해 각각의 시장을 효과적으로 공략했다. 이로 인해 전체 매출에서도 박카스는 비타500을 비롯한 유사 경쟁 제품을 멀찍이 따돌리며 피로회복제 시장을 다시 장악할 수 있었다.

물론 박카스의 최대 경쟁력 중 하나인 광고 캠페인도 여전히 큰 역할을 했다. "우리는 누군가의 박카스다", "풀려라 5천만! 풀려라 피로!" 등의 캠페인은 여전히 높은 호응을 얻었다. 제품 자체의 기능보다 소비자들의 감성에 호소하는 브랜딩을 통해 웬만한 경쟁자들이 범접하기 어려운 강력한 브랜드 파워로 성을 쌓은 박카스의 질주는 당분간 계속될 것으로 보인다.

우리나라 사람들만 피곤할 리는 없으니, 피로회복제 박카스는 해외 시장 공략에도 공을 들이고 있다. 1981년 아랍에미리트를 시작으로 30개국 가까이 수출하고 있는데, 특히 캄보디아에서 국민 브랜드 반열에 올라 있다. 에너지 드링크제에서 세계 1위인 '레드불'까지 물리치고 오른 자리여서 더욱 특별하다. 빠른 경제성장과 산업화 기운이 넘쳐나던 우리나라 1960~70년대와 비슷한 사회분위기여서 피로회복을 말하는 박카스의 메시지와 이미지가 잘 들어

맞았다고 한다.

　그런데 정말 자양강장제인 박카스를 마시면 피로가 풀릴까? 우리가 흔히 말하는 자양강장제는 양질의 영양을 뜻하는 '자양'과 장(심장, 간장, 비장, 폐, 신장 등)을 강하게 한다는 '강장'을 뜻한다. 그러니 우리가 기력 보충을 위해 먹는 삼계탕이나 각종 보양 음식들 역시 자양강장제라 하겠다. 이런 전통적 보양식이 음식을 통한 근본적 보양에 맞춰져 있다면 박카스를 비롯한 현대의 자양강장약품은 인삼, 벌꿀, 우황 등 몸에 좋은 한방성분을 기초로 하되 거의 공통적으로 카페인, 비타민 등 즉각적인 효과를 내주는 성분들을 함유하고 있는 것이 특징이다.

　박카스 역시 비타민B의 일종인 니코탄산아미드와 카페인 등을 함유하고 있다. 우리가 박카스를 포함한 피로회복제를 마시면 일시적으로 힘이 나는 듯하며 피로감이 사라지는 느낌이 있는데, 카페인이 주는 각성효과와 니코틴산아미드가 일시적으로 에너지를 생성해주기 때문이다. 하지만 지속 효과가 짧아서 그야말로 반짝 하고 느낄 뿐이다. 주성분인 타우린은 아미노산의 일종으로 간기능강화 외에도 심장기능강화 및 콜레스테롤과 중성지방 감소 등의 효과가 있다.

　원래 자양강장제의 뜻대로 하자면 우리 몸에 영양분을 공급해 신체 활력을 돕고 동시에 해로운 물질을 몸 밖으로 배출시켜 건강에 도움을 주는 약이라지만, 우리는 박카스 한 병을 마시면서 이런 복잡한 효능과 효과를 생각하진 않는다. 일시적이나마 피로감을 쫓아주고, 게다가 맛있는 것만으로도 충분하니까. 진짜 몸이 피곤하다면? 지속적으로 적당한 영양을 공급하고 적절한 휴식을 취하는 게 정답이 아닐까.

4부

뛰어난 기술력으로 대한민국을 대표하다
: 하이테크 브랜드

1
다시 시작되는 타이어 삼국지
한국, 금호, 넥센타이어

세계 최고의 타이어로 성장하는 타이어 산업

짧은 산업화 역사에도 이미 우리나라는 세계적인 자동차 강국의 반열에 올라 있다. 인구 5천만 명의 작은 나라지만 현대, 기아를 비롯해 삼성, 대우, 쌍용 등 굴지의 재벌 기업들이 모두 자동차 산업에 뛰어들어 경쟁을 벌였으니 그럴 만도 하다. 생산량으로 따져도 세계적 수준이고 내수도 만만치 않다. 2020년 6월 기준 우리나라에는 약 2,400만 대의 차량이 등록되어 있는데, 이는 인구 2.16명당 자동차 1대를 보유하고 있는 셈이다. 도심의 교통정체와 아파트의 주차난을 본다면 금방 이해가 되는 숫자이긴 하다.

 자동차 산업에 발맞춰 빠르게 성장한 또 다른 영역이 바로 타이어 산업이다. 자동차와 마찬가지로 미국, 독일, 프랑스 등 유럽과 일본의 글로벌 기업들이 주도하고 있는 영역이지만, 상대적으로 짧은 역사를 가진 우리나라 기업들이 이 틈바구니를 헤집고 들어가 경쟁하고 있다는 사실만으로도 대단한 성과라 할 수 있다.

타이어는 구한말 선교사들이 들여온 자전거와 함께 우리나라에 처음 들어왔다. 말랑말랑하면서도 단단한 것이 무거운 쇳덩이를 받치고 있으면서 말보다도 빨리 달리게 해주었으니 당시 조선인들에게 자전거는 물론 타이어 역시 여러모로 신기한 물건이었다. 1910~20년대 자전거와 함께 인력거도 늘어나면서 본격적으로 고무 타이어가 조선의 거리를 누비게 되었다. 조선 땅에서 직접 타이어를 생산하기 시작한 것은 1940년대 일인데, 미국 등 서구에서도 타이어 대량생산이 이뤄진 것은 1910년대 즈음이니, 어찌 보면 비교적 일찍 받아들인 서구 문물 중 하나라고도 하겠다.

타이어의 원형인 바퀴는 인간 문명 발전에 가장 큰 영향을 미친 발명품 중 하나로 꼽을 수 있다. 기원전 3500년경 메소포타미아 문명의 수메르 지역에서 기원한 것으로 알려져 있는데, 이에 비하면 19세기 중반에 초보적 형태로 처음 등장한 고무 타이어의 역사는 상대적으로 짧게 느껴진다. 하지만 고무로 타이어를 만들게 되면서 비로소 자동차나 심지어 비행기까지도 발전할 수 있었으니 타이어 역시 바퀴 못지않게 인류 역사에 지대한 공헌을 한 발명품이다. 이런 타이어의 역사를 따라가 보면 익숙한 이름들을 많이 발견하게 된다.

우선 미국의 찰스 굿이어Charles Goodyear는 1844년 처음으로 고무로 타이어를 만들 수 있는 기초기술을 개발해 특허를 냈다. 잘 알

최초의 자동차 타이어
미국의 찰스 굿이어는 1844년 처음으로 고무로 타이어를 만들 수 있는 기초기술을 개발해 특허를 냈다. (ⓒ 한국타이어 공식 블로그)

려진 타이어 브랜드 '굿이어'의 출발이다. 존 보이드 던롭John Boyd Dunlop은 지금처럼 공기를 불어넣은 타이어를 최초로 개발했다. 원래 수의사였던 그는 딱딱한 바퀴로 된 자전거를 타던 아들이 튕겨나가 다치게 되면서 부드러운 타이어를 만들기 위해 고무에 바람을 불어넣는 방법을 고안했다. 1888년 처음 등장한 이 자전거용 공기압 타이어가 전 세계적으로 크게 히트하면서 결국 타이어 브랜드 '던롭'으로 이어져 오늘에 이르고 있다. 이어서 '미쉐린'도 등장한다. 원래 던롭이 만든 타이어는 휠에 고무 타이어를 본드로 직접 부착하는 방식이어서 교체할 때마다 불편할 수밖에 없었다. 이를 프랑스의 앙드레 미슐랭Andre Michelin과 에두아르 미슐랭Edouard Michelin 형제가 손쉽게 탈부착이 가능한 방식으로 개선했는데,

1891년 자전거 타이어를 시작으로 1895년 자동차용 타이어 개발까지 성공했다. 이 타이어를 푸조 차량에 장착해 자동차 경주에도 참여하게 된다. 하지만 이때 경주 내내 타이어가 계속해서 펑크가 나는 수모를 겪기도 했는데, 이런 경험은 1934년 세계 최초로 런플랫 타이어를 발명하는 원동력이 된다.

1913년 포드의 컨베이어 벨트 조립 라인이 등장하면서 자동차 생산량이 폭증하게 되고 이에 따라 타이어 산업도 비약적으로 성장한다. 미국에서 최초로 자동차 타이어를 생산한 것으로 알려진 굿리치The BFGoodrich Company는 이보다 1년 앞선 1912년 기존 타이어의 내구성을 한층 강화한 카본블랙Carbon Black 타이어를 선보여 타이어 대중화를 함께 이끌었다. 타이어가 검은색 일색이 된 것은 이때부터였다고 한다. 그리고 1931년, 듀폰트Dupont 사에서 합성고무 양산에 성공하게 되고, 이때부터 타이어 산업 역시 합성고무 중심으로 재편되면서 기술적·양적으로 큰 발전을 이루게 된다.

과학기술을 바탕으로 해외에 진출하다

우리나라 타이어 산업은 1941년 일본의 타이어 회사 브릿지스톤이 영등포에 조선다이야공업주식회사를 세우면서 시작된다. 지금 한국타이어의 전신이다. 일제가 1930년대 후반부터 한반도를 자신들의 침략 전쟁을 위한 군수 병참 기지로 삼으면서 직접 타이어 공장도 세운 것인데, 초창기에는 자전거, 트럭 등의 타이어를 합쳐 하루

300개, 연간 11만여 개의 타이어를 생산했다고 한다.

해방 이후 미군이 들어오면서 연료공급이 원활해지고 운행 차량 대수가 크게 증가하면서 타이어 산업도 활기를 띨 수 있는 환경이 만들어졌지만, 그 기회를 살리기에는 원료 수급에 근본적인 문제가 있었다. 타이어 기본재료인 생고무를 구하는 것이 어려웠기 때문에 폐타이어에서 만든 재생고무를 사용해야 했는데, 이로 인해 품질이 떨어지는 것은 물론 생산량을 늘리는 것도 쉽지 않았다. 여기에 한국전쟁으로 인해 생산시설 대부분이 파괴되면서 복구하는 데 오랜 세월이 필요했다.

휴전과 함께 정부는 UN 등의 원조자금을 투입하면서 국내 타이어 산업 재건의 시동을 걸었고, 조선다이야 역시 1953년 '한국다이야주식회사'로 이름을 바꾸면서 재건의 의지를 다졌다. 하지만 산업 호황 속에서도 고질적인 원료 수급의 문제와 낮은 설비 등으로 경영상 어려움을 겪었던 한국다이야주식회사는 효성그룹의 창업자인 조홍제 회장이 인수하면서 본격적 성장의 길을 걷게 된다. 조홍제 회장은 일본 유학 후 1948년 이병철 회장과 삼성물산공사를 창업해 함께 운영하다가 1962년에 동업 관계를 청산하고 독립하며 효성물산을 창업했다. 삼성물산은 1958년에 한국타이어 지분을 49.5퍼센트 취득해 보유하고 있었는데, 이때 조홍제 회장이 이 지분을 물려받으면서 결과적으로 그가 한국타이어를 인수한 셈이 된 것이다.

그는 처음부터 해외 시장 개척에 주력했다. 아직 법정관리 상태인 회사였지만 1961년 파키스탄에 국내 타이어 브랜드로는 첫 해

외 수출을 시작했다. 해외 시장에서 경쟁하기 위해서도 품질개선
이 필요했고, 이를 통해 1965년에는 국내 최초로 KS마크를 획득한
다. 이런 노력에 힘입어 1960년대 중반에는 전체 타이어 수출 실적
의 60퍼센트 이상을 차지할 정도였다. 1976년에는 쿠웨이트에 첫
중동지사를 오픈하면서 아시아는 물론 중동지역으로까지 수출시
장을 확대했다. 한국타이어의 글로벌 경영은 계속되었고 1981년에
는 자동차의 본고장 미국에 현지법인을 설립하며 생산능력은 물론
매출 규모 부분에서도 세계적 규모로 성장하게 된다. 한국타이어의
매출은 1974년 이래 해외 매출이 국내 매출을 앞지른 상태다.

한국타이어는 1970년대 대한민국 산업의 고도성장기와 맞물려
본격 성장기를 걷게 된다. 특히 경인고속도로와 경부고속도로 개통
과 함께 육상 수송량이 늘어나기 시작했고, 더불어 국내 자동차 생
산이 증가하면서 한국타이어는 고속성장기를 맞이한다. 승용차용
타이어뿐 아니라 겨울용 타이어, 튜브리스 타이어를 국내 최초로
개발했으며, 1979년 대전에 래디얼 타이어 공장을 세우며 세계적
규모의 생산체제를 갖춘다.

단순해 보이지만 타이어 안에는 다양한 과학기술이 들어 있다.
고무만으로는 자동차의 무게를 견디지 못할 뿐 아니라 안정성, 소
음은 물론 고속주행을 감당할 수도 없다. 그래서 타이어 안에는 여
러 가지 보강재료와 첨단기술이 접목되었는데, 이러한 기술적 진
보를 통해 인류는 자동차는 물론 비행기를 넘어 우주까지도 바퀴를
달고 나갈 수 있었던 것이다.

한국타이어 역시 해외 시장 공략과 함께 미국·일본·중국·독일

등에 연구센터를 운영하면서 세계적 브랜드에 뒤쳐지지 않는 기술적 기반을 갖춰가기 시작했다. 이런 노력은 프리미엄 타이어 브랜드만의 시장이었던 신차타이어 시장 개척으로 이어졌다.

타이어 시장은 크게 신규 차량에 장착해서 나오는 신차타이어 OE(Original Equipment)와 차량 운행자가 교체하는 교체용타이어 RE(Replacement Equipment) 시장으로 구분한다. 타이어라는 것이 차량 성능에 중요한 영향을 미침과 동시에 브랜드 이미지, 기술력, 생산능력과 가격 등 다양한 부분이 맞아야 했기 때문에 OE시장 대부분은 앞선 글로벌 브랜드의 차지였다. 자동차 제조사 입장에서 리스크를 부담하며 오래된 파트너를 마다하고 신규 브랜드로 교체할 이유가 크지 않다는 것도 후발주자의 진입을 막는 요소였다. 하지만 이 시장은 타이어 브랜드라면 놓칠 수 없는 곳이다. 한국타이어는 1990년대 초반부터 OE시장을 공략하기 시작했다. 품질개선 외에도 해외 모터쇼, 자동차 경주 등에 참여하면서 단순 품질과 성능 중심을 벗어나 브랜드 이미지를 정립하고 글로벌 마케팅을 통해 차근차근 브랜드 파워를 축적해간다. 결과적으로 지금은 비엠더블유 BMW, 벤츠, 아우디 등 프리미엄 자동차에도 신차용 타이어를 공급하는 명실상부한 글로벌 브랜드가 되었다.

지금의 한국타이어는 전 세계 45개 완성차 브랜드 310여 개 차종에 OE를 공급하고 있을 뿐 아니라 180여 개국에 진출해 전체 매출의 80퍼센트 이상을 해외에서 만들어내고 있다. 최근에는 회사 이름을 '한국타이어앤테크놀로지'로 변경하면서 미래형 기술개발과 사업영역 확장을 통해 타이어에 머물지 않고 종합자동차부품회사로 성장하겠다는 의지를 드러냈다. 여기에는 최근 3~4년간 자동차 산업의 불황으로 기업 실적이 점차 나빠지고 있는 가운데 새로운 미래 성장동력을 마련해야 한다는 내부 위기의식도 함께 작용한 것으로 보인다.

라이벌이 된 한국타이어 VS 금호타이어

시장이 형성되면 항상 후발주자가 나타나고 이들 간의 경쟁을 통해 품질과 서비스가 개선되면서 새로운 고객이 유입되고 더 큰 시장으로 성장하는 선순환이 일어나게 마련이다. 한국타이어에게는 금호타이어라는 라이벌이 있었고, 이 둘은 오랜 기간 양강구도를 형성하며 우리나라 타이어 산업의 발전을 이끌었다.

금호타이어는 1960년 9월 설립된 '삼양타이어'가 모체인데, 금호고속과 함께 한때 국내 재계순위 7위까지 올랐던 금호아시아나그룹의 발판이 된 회사다. 그룹 창업주인 박인천이 해방 이듬해인 1946년 포드 자동차 두 대로 '광주택시'를 창업한 게 그 시작이었는데 2년 후인 1948년 광주여객자동차를 설립해 버스운송사업으로 확장했다. 삼양타이어를 설립하며 운수사업에 이어 타이어 제조업에도 직접 진출했는데, 처음에는 하루 20여 개 생산하는 데 불과한 초라한 시작이었지만 빠르게 성장했다. 설립한 지 4년만인 1965년부터는 국내 수요를 충당하면서 해외수출을 시작했고, 1970년대 호남고속도로가 건설되면서 고속버스 사업자로 선정된 광주고

속과 함께 비약적 성장을 거듭하며 금호아시아나그룹을 창립했다. 1975년에는 국내 최초로 항공기용 타이어를 개발했고, 1999년에는 한국타이어보다 앞서서 런플랫타이어 개발에 성공한다. 펑크가 나도 시속 80킬로미터로 계속 달릴 수 있는 타이어였다. 이는 세계에서도 네 번째 기록이다.

'금호'라는 이름을 사용하기 시작한 것은 1978년이었다. 1972년 금호실업을 설립하면서 처음으로 금호라는 이름이 그룹 차원에서 등장하는데, 웬일인지 1980년 다시 삼양타이어로 바꾸었다가 1984년 금호실업과 삼양타이어가 합병하면서 '주식회사금호'가 되었고, 타이어에도 금호타이어라는 브랜드를 다시 사용하기 시작했다. 하지만 지금의 금호타이어는 금호그룹과는 별개로 중국 국적의 기업이다.

금호그룹은 대한항공에 이은 제2민항사업자로 선정돼 아시아나항공을 설립하고 항공 사업까지 진출하는 등 승승장구했지만, 2006년 대우건설 인수를 계기로 그룹 전체가 휘청이게 된다. 무리한 자금지원으로 경영상의 어려움을 겪는 와중에 글로벌 금융위기가 겹쳐지면서 결국 금호타이어는 워크아웃 신청 후 채권단 관리를 거쳐 2018년에 중국의 '더블스타'로 주인이 바뀌었다.

더블스타에게 인수된 것이 금호타이어에게는 전화위복이었다. 저가형 제품 대신 프리미엄급 제품을 늘리면서 수익성을 높이고 경영관리 측면에서 내실을 다져갔다. 전통의 강자 한국타이어가 자금 횡령 등으로 대표이사가 구속되는 등 오너리스크에 시달리며 부진을 겪는 사이 금호타이어는 국내 교체용 타이어 시장 1위에 올라섰

다. 한때 넥센에 이어 3위까지 밀려났던 금호타이어로서는 재기의
발판을 마련한 셈이다. 채권단 관리 아래에서도 중국, 프랑스, 베
트남, 멕시코 등 해외판매법인을 잇달아 세우고 미국에 생산 공장
을 건설하는 등 해외 시장 공략도 꾸준히 준비해왔기에, 부당한 그
룹사 지원 압력이나 경영진 리스크가 사라진 지금이 오히려 글로벌
브랜드로 다시 뛰어오를 시기일 수도 있다. 지난 10여 년간의 위기
역시 내부적 요인이 아니라 그룹 지원을 위한 무리한 자금 동원이
원인이었으니, 금호타이어 입장에서 보면 참으로 아쉽고 아까운 10
년이다. 이 시간을 잘 보냈으면 지금의 한국타이어 못지않은 또 하
나의 글로벌 브랜드를 우리가 가질 수 있지 않았을까 하는 생각도
해본다.

넥센의 부상, 타이어 삼국지시대

1941년 '조선다이야'로 시작해 80여 년의 역사를 가진 우리나라 타
이어시장은 한국과 금호 외에도 넥센이 가세해 지금은 3강 구도를
형성하고 있다. '가세했다'는 표현이 적합하지 않을 수도 있는데,
그 첫 출발로 따지자면 넥센타이어의 근원은 1942년 6월 설립된
'흥아고무공업'으로 거슬러 올라가기 때문이다. 설립으로 보면 한
국타이어보다 1년 정도 뒤늦은 출발이었지만 조선다이야 역시 실
제 타이어 생산은 1942년부터였으니, 우리나라 타이어 산업의 역
사를 처음부터 함께한 숨은 주인공이라고 할 수도 있겠다. 실제로

한국전쟁 이후 1956년에 전후 최초로 우리 땅에서 다시 타이어를 생산하기 시작한 기록도 가지고 있다.

홍아에서 넥센으로 오기까지의 과정은 약간 복잡하다. 일본인에 의해 설립되었던 홍아고무공업은 해방 후 미군정청 관리를 거쳐 1960년대까지 부산과 경남을 기반으로 성장해갔다. 그러다가 1973년 원풍산업에 인수되는데, 이때 재생타이어 사업 부문을 떼어내서 강병중이 따로 인수해 1977년 '홍아타이어공업'을 세운다. 이 회사를 모태로 넥센타이어가 만들어진다. 당시 화물운수사업을 운영 중이던 강병중은 가장 큰 비중을 차지하던 소모품인 타이어에 관심을 갖고 있었기에 기회가 되자 직접 타이어 제조업에 뛰어든 것이다.

한편 홍아를 인수한 원풍산업은 지금 우리에겐 낯선 이름이지만 무역산업으로 시작해 제지, 기계공업, 곡물사업 등으로 사업을 확장하며 기업집단을 형성해가던 성장기 회사였다. 하지만 오래가지 못하고 1979년 국제그룹으로 인수되었다. 홍아타이어 입장에서 국제그룹은 원풍을 거쳐 세 번째 주인이었다. 원풍타이어를 새 식구로 삼은 국제그룹은 '왕자표 신발'의 국제고무공업사로 시작해 가파른 성장과 인수합병 등으로 부산을 대표하는 향토기업이자 1980년대 중반 국내 재계 순위 7위까지 오른 대표적 신흥 재벌기업이었다. 하지만 정치자금 조성 등 정권의 협조 요청에 소극적이었다는 이유로 1980년대 군부성권의 미움을 사는 바람에 순식간에 그룹이 해체되었던 비운의 재벌가이기도 하다. 갑작스러운 분해로 그룹에 속해 있던 많은 기업들이 여기저기 새로운 주인을 찾아 흩어졌고, 이때 원풍산업은 다시 우성그룹을 새 주인으로 맞는다.

　1986년 원풍산업을 인수한 우성그룹은 미쉐린과 합자하여 미쉐린코리아를 세웠고, 1994년에는 독자적으로 '우성타이어'를 출범시켰다. 우성까지 이어진 홍아타이어의 주인 잔혹사는 여기서 끝이 아니었다. 건설업으로 시작해 국내 건축 경기 호황과 함께 급성장하며 유통, 관광, 레저산업 등으로 확장해 가던 우성은 1990년대 초 시작된 주택경기 침체 등을 이겨내지 못해 결국 1996년 부도에 이어 그룹 전체가 해체된다. 이때 우성타이어를 다시 인수한 주인공이 앞서 홍아고무공업에서 재생타이어 사업 부문을 인수해 만들어진 홍아타이어공업이다. 30년 넘는 세월을 돌고 돌아 다시 한 가족으로 만난 셈이다. 홍아타이어의 복잡한 역사에는 해방 후 2000년대까지 다양한 업종과 기업이 얽히고설키며 흥망성쇠를 거듭한 대한민국 경제발전사의 모습이 압축되어 있는 듯하다.

　우성타이어를 인수한 홍아타이어는 2000년에 '넥센타이어'로 이름을 바꾸고 본격적으로 국내외 타이어 시장 공략에 나선다. 최소한 앞으로의 100년은 책임지는 기업이 되겠다는 뜻에서 '넥스트 센추리Next Century'의 앞 자를 따서 만든 이름이다. 우성타이어 시절까지도 한국타이어와 금호타이어에 밀려 다소 품질이 떨어지는 중저가형 상품 이미지를 갖고 있었지만 넥센으로 간판을 바꾸고 지속적 투자와 연구개발, 영업망 확충 등으로 국내 시장을 3파전 양상으로 몰고 갔다. 1999년에는 타이어뱅크와 연계하면서 전국적 판매망을 갖추게 되며 본격적 경쟁 라운드를 시작했다. 그러면서 2010년 프로야구단 '서울히어로즈'와 네이밍 스폰서 계약을 맺고

'넥센히어로즈'를 출범시키면서 전국적으로 브랜드 인지도를 확대했다. 때마침 2010년대 중반부터 위기를 겪어온 금호타이어의 부진과 합쳐 넥센은 국내 타이어시장에서 확고한 3강 체계를 구축하게 되었다.

살펴본 바와 같이 80여 년의 역사를 가진 우리나라 타이어 산업은 혼돈의 한국타이어와 다시 일어서고 있는 금호타이어, 급부상한 넥센타이어 등이 삼분하고 있다. 넥센의 기세가 무섭기는 하지만 금호타이어는 내실을 다지며 국내 시장은 물론 해외시장에서도 경쟁력을 회복하고 있으며, 한국타이어 역시 경영권 승계 분쟁 등 혼란을 겪고는 있지만 맏형답게 부진을 씻으면서 다시 강자로서의 모습을 추스리는 모습이다. 해외 시장에서 큰 성과를 내고 있는 한국타이어가 여전히 나머지 두 개사 매출을 합친 것보다도 큰 실적을 내며 앞서가고는 있지만, 최근 10여 년간 벌어졌던 급격한 시장 변화를 감안한다면 지금의 구도가 앞으로의 10년 안에 어떻게 바뀔지 모를 일이다.

2
아직도 이뤄지지 않은 통일의 염원
삼천리자전거

엄복동과 자전거 경주

주말이면 강변을 따라 형형색색의 자전거가 무리지어 달리는 모습은 이제 우리에게 익숙한 풍경이다. 한강을 비롯해 수도권은 물론, 강변과 시내를 끼고 있는 주요 도시에는 어김없이 자전거 도로가 만들어지고 있다. 북유럽국가들처럼 자전거로 출퇴근까지 자유롭진 않더라도 우리나라는 자전거 도로 인프라가 비교적 잘 갖춰진 나라에 속한다.

과거에 자전거는 이동과 운반수단이었지만 경제발전과 함께 건강과 환경에 대한 관심을 등에 업고 점점 더 많은 도시인들에게 친환경 교통 수단이자 레저와 취미 수단으로 사랑받고 있다. 2020년 전 세계를 강타한 코로나19로 인해 실내운동을 기피하게 되면서 자전거의 인기는 국내뿐 아니라 전 세계적으로 더욱 폭발하고 있기도 하다.

우리나라에 자전거가 처음 전해진 것은 구한말 개화기 시절인데, 이와 관련해서 여러 가지 기록들이 저마다 당시 상황을 전하고 있다. 아무래도 외국인이 먼저 탔을 것으로 추측할 수 있는데, 1884~1905년에 조선에서 선교사로 활동했던 호러스 알렌Horace Allen(안연安連)이 펴낸 《조선견문기》(1908)에서는 "자전거를 타고 지나가자 처음 보는 신기한 물건에 조선 사람들이 구경하러 모여들었고, 구경꾼들의 요청에 못 이겨 길을 여러 번 오고 가고 해야 했다"고 기록되어 있다.

한국인으로는 독립협회 설립을 주도한 개화파 윤치호가 최초로 자전거를 탔다는 기록은 찾아볼 수 있다. 한국기독교청년회YMCA의 산증인이라 할 전택부가 발간한 《윤치호의 생애와 사상》(1998)이라는 책에서 일화를 소개하고 있는데, 그는 최남선의 말을 빌어 "윤치호가 한국에서 자전거를 제일 먼저 수입하여 타고 다닌 사람이오"라며 "나는 어릴 때 그가 종로 네거리를 자전거 타고 씽씽 달리는 것을 보고 나도 언제 윤치호처럼 되나 하며 얼마나 부러워했는지 모른다"라고 그의 말을 전하고 있다.

이 외에도 일제 강점기에 출판된 월간잡지 《별건곤》 제12호 (1928년 12월 1일 발행)에 〈각계 각면 제일 먼저 한 사람〉이라는 글에서 "1885년 미국에서 돌아온 서재필 씨가 다른 사람들보다 먼저 자전차를 타고 다녔는데 차력車力으로 남대문을 훌훌 뛰어넘어 다녔으며 자전차 종이 한 번 울리면 대포 소리로 여겨 모두 겁을 내고

도망쳤다'라는 대목도 있다. 이처럼 여러 가지 기록에 의해서도 개화기 시절 서양 선교사, 군인 혹은 개화파 인사들에 의해 자전거가 들어온 것만은 분명해보인다. 이후 1890년대 후반에는 한성에 자전거 가게가 들어서는 등 차츰 일반인에게도 익숙한 교통 수단으로 자리 잡기 시작했다. 1903년에는 정부에서 업무용으로 자전거 100대를 구입해 요즘 말로 치자면 관용차로 쓰기 시작했고, 이어서 경찰과 군대에서도 자전거를 사용하면서 자전거 대중화에 불을 지폈다. 자전거가 늘어남에 따라 1905년에는 밤에 등불이 없이 자전거를 타면 안 된다는 법률이 생길 정도였고, 1906년에는 자전거세를 만들어 세금을 매기기도 했다.

자전거 경주대회가 전국적으로 인기를 끌었던 것도 자전거 대중화에 큰 역할을 했다. 경주대회는 자전거 판매상들이 홍보 목적으로 시작했던 것인데, 점차 확대되어 서울과 용산, 평양 등에서는 전국 규모의 경주대회가 열리기 시작했다. 그중에서도 1913년 4월 경성일보사와 매일신보사가 공동주최한 '전조선자전차경기대회'가 열린 용산운동장에는 10만 명의 관중이 몰렸을 정도였다.

일제 강점기 시절 자전거 이야기를 하자면 엄복동 선수를 빼놓을 수 없다. 그는 자전거 판매상에서 점원으로 일하면서 자전거 대회에 출전했는데, 이 용산대회에서 우승하면서 전국에 그 명성을 떨치기 시작했다. 그는 각종 대회에서 일본인을 물리치고 우승하며 당시 일제 치하에 억눌린 조선 민중의 나라 잃은 설움을 달래주며 자전거 영웅으로 통했다. 사람들은 조선인 최초의 비행사 안창남과 함께 "하늘엔 안창남, 땅에는 엄복동"이라 칭송하며 "떴나 보아라

안창남 비행기, 내려다 보아라 엄복동 자전거"라는 노래로 그들의 활약상을 전했다.

　그의 위상이 얼마나 대단했는지를 보여주는 일화는 많다. 그중에서도 1920년에 일제가 조선인의 기를 꺾고 자신들의 우월성을 과시하고자 본국에서 자전거 고수를 초빙해 대회를 열었는데, 엄복동이 이 일본 선수를 멀찌감치 제쳐버리는 바람에 난처해진 일제 운영위가 경기를 중단시켜버리는 사건이 벌어졌다. 실제 이 날의 모습을 보도한《동아일보》기사를 보면, 갑작스러운 경기 중단에 화가 난 엄복동이 우승기를 부러뜨리며 분개했고, 일본인들이 그를 제지하면서 폭행하자 군중이 엄복동을 보호하기 위해 운동장 안으로 물같이 달려드는 바람에 경관이 출동해서 간신히 정돈하고 경기는 중단되었다고 전하고 있다. 자전거 경주의 인기도 높았고, 뛰어난 실력으로 조선인의 자긍심을 높여주었던 엄복동의 인기도 하늘을 찌르던 시절이었다.

　이처럼 자전거는 스포츠로서의 인기와 함께 실생활에서의 실용성도 뛰어났기 때문에 1930년대를 지나며 일반 서민층에도 폭넓게 퍼져갔다. 개인의 편리한 교통수단을 넘어 상업활동에서도 소화물 운송 수단으로 자리 잡으며 1970년대까지는 우리나라 산업 발전에 조용하지만 큰 공헌을 한 장본인이기도 하다. 해방 이전까지 우리나라 자전거들은 대부분 일본이나 미국 등 해외에서 들여온 제품들이었다. 실제 우리나라에서 직접 자전거 부품을 생산해 완제품으로 생산하게 된 것은 비교적 늦은 1952년의 일인데, 지금도 우리나라 자전거를 대표하는 '삼천리자전거'가 그 주인공이다.

통일에 대한 염원에서 출발한 삼천리자전거

지금은 '레스포' 혹은 '아팔란치아' 등의 이름이 더 잘 알려져 있지만 그 기원이 된 삼천리자전거는 1980~90년대에 학창 시절을 보낸 중장년층에게는 어린 시절 세발자전거부터 중고등학교 등하교 길을 함께했던 추억의 이름이자 그 자체만으로 우리나라 자전거 역사라 할 수 있다.

삼천리자전거의 주인공인 김철호 회장은 자전거뿐 아니라 우리나라 자동차 역사에서도 중요한 자리를 차지하는 인물이다. 그래서 그와 삼천리 자전거의 역사를 되짚어 올라가면 우리나라 자동차 역사도 덤으로 알 수 있게 된다. 17살의 어린 나이에 일자리를 찾아 일본으로 건너간 김철호는 삼화제작소라는 기계부품 제조회사에 들어갔는데, 여기서 그는 4년 만에 지배인 자리에 오르는 탁월한 능력을 보인다. 더욱 놀랍게도 경제대공황으로 회사가 문을 닫을 위기에 처하자 이번에는 아예 생산설비를 인수해서 '삼화정공'을 설립해 직접 사업을 운영하기 시작했다. 일본 현지에서 조선인의 신분으로 직원에서 관리자를 거쳐 사장의 자리에 오른 것이나, 스스로 창업을 거쳐 10여 년 넘게 회사를 운영했다는 것 자체가 그의 성실함이나 기술력, 사업수완을 말해주는 단면이다.

해방을 앞둔 1944년 그는 일본 사업을 정리하고 한국으로 돌아와 서울 영등포에 '경성정공'을 설립해 자전거 차체를 비롯해 림, 브레이크 등 주요 부품을 생산하기 시작했다. 사업이 자리를 잡는가 했지만 한국전쟁이 발발, 이를 피해 부산으로 사업을 옮겨야 했

3000로고와 하운드 라인이 들어간 삼천리자전거

우리나라 자전거 역사를 만든 삼천리자전거는 일본 현지에서 조선인의 신분으로 사장이 된 김철호 회장의 기술력과 집념을 엿볼 수 있는 브랜드다. (국립민속박물관 소장)

다. 전쟁도 그의 집념을 이길 수는 없었는지, 주요 생산도구를 들고 떠나온 피난지에서 국산 자전거를 최초로 출시하게 된다. 남과 북이 둘로 갈라져 전쟁을 하고 있던 시절인지라 그는 통일에 대한 염원을 담아 '한반도 삼천리를 가로질러 달리겠다'는 뜻으로 '삼천리호자전거'로 이름을 붙였다.

본격적으로 자전거를 생산하기 시작하면서 회사 이름을 '기아산업'으로 바꾸었다. 1950~60년대 자동차 산업이 미비했던 상황에서 자전거는 개인의 교통 수단뿐 아니라 소화물 운반 수단으로서 가볍고 빠른 짐수레 역할을 톡톡히 해냄으로써, 다양한 상업활동 발전에 큰 역할을 했다. 삼천리자전거는 1965년 자전거를 해외에 수출까지 하는 등 계속해서 국내외로 시장을 확장해가며 1990년대까지는 큰 걱정 없는 호황을 누렸다.

한편 기아산업은 자전거에 만족하지 않고 삼륜차를 거쳐 자동차 산업까지 진출하는데, 이렇게 기아자동차가 시작되었다. 우선 삼천리자전거를 선보인 지 10년만인 1962년에 일본 도요타공업(현 마쓰다자동차)과 기술제휴를 통해 삼륜차를 개발한다. 처음에는 도요타의 K-360을 그대로 들여왔지만, 계속해서 발전시켜 T-600에서 T-2000시리즈까지 '기아마스타'라는 이름으로 생산했다. 이 차는 자영업자와 소상공인에게 기름을 적게 먹으면서도 운송능력이 뛰어난 경제적인 차량으로 큰 환영을 받았다. 또한 국내 자동차 산업의 기술사적 측면에서 가치를 높이 평가받고 있으며, 2008년 문화재청에 의해 등록문화재 제400호로 지정되기도 했다.

이후 1970년에는 '복서'와 '타이탄'을 출시하며 사륜 화물트럭까지 확대하는가 하면 1973년에 경기도 시흥시 소하리에 최신식 종합 자동차 공장을 세우며 승용차 산업에 더욱 박차를 가한다. 1974년에 출시되어 국내 승용차 시장 1위를 차지하는 등 큰 인기를 끌었던 국산자동차 '브리사'가 바로 이 공장에서 만들어진 첫 승용차다. 김철호 회장은 브리사의 영광을 보진 못한 채 1973년 눈을 감았다.

하지만 기아산업(1990년에 기아자동차로 이름을 바꾼다)의 자동차 사업은 1981년 군부정권의 자동차공업 합리화 조치라는 폭압적 정책에 의해 승용차 생산이 금지되면서 반쪽짜리로 전락하고 만다. 최고의 인기를 누리던 브리사를 단종시키며 승용차 시장에서 철수해야 했던 기아에게는 큰 위기였지만, 이때 '봉고'가 등장해 기아를 구한다. '봉고신화'로 일컬어질 정도로 큰 인기를 끌면서 '승합차=봉고'라는 등식이 만들어졌으니, 이후 웬만한 경쟁 승합차가 나와도 모두 봉고차로 불리는 굴욕을 감내했어야 했다.

1987년 위 자동차공업 통합조치가 해제된다. 승합차와 버스로 1980년대를 버틴 기아산업은 기다렸다는 듯이 혁신적 디자인의 '프라이드'를 내면서 전국민 마이카 시대를 열어갔다. 이후 현대, 대우와 경쟁하면서 승용차 3강 구도를 형성했지만 아쉽게도 우리나라를 덮친 IMF를 넘기지 못하고 부도처리되어, 1998년 현대차에 인수된 후 오늘에 이르고 있다.

다시 삼천리자전거로 돌아가보자. 앞서 살펴본 대로 1962년 삼륜차 개발 이후 지속적으로 자동차시장을 확장하던 기아산업은 자전거 사업의 안정적 확대 성장을 위해 1979년 자전거사업부를 '삼천리자공(주)'로 분리한다. 이렇게 해서 형제기업인 기아산업과 삼천리자전거가 각각 다른 길을 걷기 시작하게 된다. 기아산업이 1980년대 정부 정책으로 위기를 겪고 1990년대 결국 위기를 극복하지 못하고 무너졌지만, 삼천리자전거는 이 분리로 인해 1990년대까지는 특별한 어려움 없이 착실하게 성장할 수 있었다.

코로나19로 되살아나는 자전거 산업

1952년 선보인 삼천리호 자전거는 40년만인 1991년 '레스포'라는 새로운 브랜드에 자리를 넘겨준다. '레저Leisure'와 '스포츠Sports'를 결합해 만든 레스포라는 이름의 등장은 오래된 구식 브랜드를 글로벌 흐름과 젊은 세대의 감각에 맞춘 영어 이름으로 바꾼 것 외에도 자전거가 더 이상 기능적 운송 수단이 아니라 스포츠와 레저 등 취미 영역으로 들어왔음을 보여주는 상징적 사건이기도 하다.

하지만 이런 시대적 변화가 삼천리에겐 오히려 위기로 작용했다. 일반 생활용 자전거 외에 프리미엄급으로 분류되는 레저용 자전거 시장이 형성되었지만 자전거 마니아층은 해외 고급 브랜드를 선호하는 성향이 강하다. 삼천리는 중저가 이미지를 이겨내기 힘들어보였고, '첼로' 등을 출시하며 프리미엄 제품군을 보강했지만 결과적으로 프리미엄 시장에서는 대접을 받지 못하고 있다. 여기에 중국, 동남아에서 들어오는 저렴한 제품들도 삼천리를 곤혹스럽게 한다. 게다가 자전거 시장의 성장성 자체도 불투명하다. 자전거 수요층인 학생 인구는 줄고 있고, 레저용으로 즐기기에 좋은 봄철은 시시때때로 몰려오는 황사와 미세먼지가 오히려 외출을 꺼리게 만들어 자전거 구매에도 악영향을 미친다. 대표적 친환경 레저수단인 자전거가 오히려 환경문제로 어려움을 겪는 아이러니한 상황이다.

그러나 2020년부터 상황이 달라지자 실내 스포츠 대신 야외 레저를 즐기려는 인구가 늘면서 삼천리는 다시 주목받고 있다. 우리나라뿐 아니라 전 세계적으로 자전거 매출이 늘고 있어서, 여기에 IT 기술과 접목된 전기자전거나 퍼스널모빌리티 시장의 성장은 아직 초기단계이지만 삼천리에게 새로운 기회가 될 수도 있을 것이다.

모든 것이 불분명한 시대이지만 기본을 다지고 잘 준비하고 있는 자에게 다시 기회가 주어지기 마련이다. 기업사로 따지자면 80년에 가까운, 삼천리호라는 브랜드로 따져보아도 70년 역사를 지닌 브랜드 삼천리가 시대의 흐름을 읽으며 경쟁력을 되찾아가기를 바란다.

3
새롭게 출발한 우리나라 첫 자동차
시발

국산 자동차 브랜드 시대를 열다

요사히 자동차 '드라이브'가 대유행이다. 탕남탕녀가 발광하다 못해 남
산으로 룡산으로 달리는 자동차 안에서 '러브씬–'을 연출하는 것은 제
딴에는 흥겨웁겟지만 자동차 운전수의 '핸들' 쥔 손이 엇지하야 부르
떨리는 것을 아럿는지….

1933년 10월 9일자 《조선일보》에 실린 기사 한 대목이다. 이때
당시 이미 남산에 드라이브족이 성행할 정도였다고 하니, 우리나라
에 처음 자동차가 들어온 것이 1900년대 초였던 것을 감안한다면
일제 강점기를 거치며 30년간 자동차가 꽤 빠르게 보급되었음을
짐작할 수 있다. 당시 남산으로 드라이브를 하며 자유연애를 즐겼

을 그들의 모습이 어떨까 자못 궁금해진다. '탕남탕녀'가 '발광하다 못해' '러브씬을 연출'한다고는 하지만, 직접 운전하는 것도 아니고 운전수가 따로 있었으니 서로 꽤 민망했을 텐데 말이다.

우리나라에 처음 자동차가 들어온 것은 1903년으로 알려져 있다. 고종황제 즉위 40년 기념식에 황제에게 선물된 미국산 포드 자동차였다. 하지만 1901년에 버튼 홈즈Burton Holmes라는 미국인 교수이자 여행가가 조선에 방문해 자동차를 타고 다니다가 소달구지와 충돌 사고를 냈다는 기록이 발견된 것으로 보아 그 이전에 이미 자동차가 조선 땅을 밟았음을 유추할 수 있다. 고종황제가 탔다는 차량은 1904년 러일전쟁 당시 사라졌기 때문에 더 정확한 사실을 확인하기 어려운데, 공식적 기록과 함께 그 원형이 보존된 최초의 차량은 1911년 조선총독부가 다시 고종황제를 위해 수입한 다임러의 '로열다임러리무진'이다. 고종이 어차로 타다가 순종과 순정왕후가 타는 왕실 차량으로 사용되었는데, 지금은 복원되어 국립고궁박물관에 소장되어 있다. 목재로 만들어진 차체에 옻나무 껍질 추출액으로 외관을 도장했고, 조선왕실을 상징하는 오얏꽃이 곳곳에 새겨져 있어 그 모습이 꽤 기품 있다.

고종황제의 어차 이후로 왕실과 고관대작 등이 자동차를 타기 시작했고, 1920~30년대를 거치며 그 수가 크게 늘었다. 위 기사의 사례처럼 당시 세도가나 부유층 자제들이 요정에서 흥청망청 술을 마신 후 기생들과 함께 택시를 대절해 드라이브를 즐기는 못된 망국의 풍습이 생겨난 것도 이때였다.

자동차가 늘어나면서 자연스럽게 관련 기술 분야도 발전한다.

다임러의 '로열다임러리무진(복원품)'

1911년 조선총독부가 수입한 이 차는 고종황제의 어차로 사용되다가 이후 순종과 순정왕후
가 타는 왕실 차량이 되었다. (국립고궁박물관 소장)

당시만 해도 첨단 기술 분야였으니 일제는 자동차 관련 기술 영역
에서 조선인을 배제하며 기술 전수를 막고자 했다. 하지만 자동차
판매점이 수리와 정비를 겸하던 상황이었기에 판매점에서 일하며
자동차 관련 기술을 익히는 조선인이 하나둘씩 나타났고, 그중에
정무묵이 일본에 건너가 신기술을 배우고 돌아와 1922년 처음으로
'경성서비스'를 설립한다. 이후 '중앙모터스, 대동모터스' 등 정비
공장들이 생겨나면서 자동차 산업의 기술력을 쌓아가기 시작했고,
점차 차체 작업과 단순한 부품 정도는 직접 제작하는 공장까지 확
대되면서 여러 다양한 분야로 확산되었다. 이렇게 축적된 기술기반
을 바탕으로, 1955년 전쟁으로 폐허가 된 땅에서 망가지고 부서진
자동차들을 재료로 만든 첫 국산 자동차가 태어난다. 1950년대라

면 당장 먹고 살기도 힘들었던 시절인데, 이미 그때 우리 힘으로 자동차를 만들었다는 사실이 놀랍다.

최초의 국산 자동차는 '시발始發'이라는 이름의 지프차였다. 서구에서 들어온 제품에 비록 한자말이긴 하지만 한글로 이름을 붙인 것이 신기하고 반갑다. 하지만 입 밖에 낼 때 조심스러운 건 어쩔 수 없다. 실제로 1950년대 후반, 당시 한국 최초의 민간 TV방송인 대한방송에서는 "시발 시발 우리의 시발 / 시발 시발 우리의 시발…"로 시작되는 광고음악과 함께 광고를 내보냈는데, 당시 방송국 건물 옥외 스피커로 들리는 이 노래를 아이들이 따라부르는 것을 듣고 부모들이 질색하고 말리는 일도 벌어졌다고 한다.

이 난처한 이름의 최초 국산 자동차를 만든 주인공은 서울 을지로에서 자동차 정비업을 하던 최무성·최혜성·최순성 등 삼형제다. 이들은 '국제공업사'라는 자동차 정비회사를 차려 재생차를 만드는 사업을 하고 있었다. 폐차된 미국 지프에서 쓸 만한 부품을 찾아 고치고 조립해 내부를 만들고, 망치로 두드려 편 철판으로 차 덮개를 만드는 식이었다. 이 사업으로 어느 정도 자리를 잡은 이들 형제는 재생차에서 멈출 것이 아니라 아예 우리 차를 만들어보자는 데 의기투합해 1953년부터 자체 자동차를 만들기 시작했다.

그들은 원래 하던 것처럼 버려진 차에서 부품을 구해 고치고, 드럼통을 두드려 가면서 몸통을 만들었다. 실린더 헤드 등 주요 엔진 부품은 직접 깎아가면서 만들었기에 완제품을 생산하기까지 4개월 정도 소요됐다. 시작한 지 2년여 후인 1955년 9월, 그렇게 첫 국산차가 만들어졌다. 그야말로 천막에서 망치로 두들겨 자동차를 만들어낸 것이다. 흙으로 만든 틀에 쇳물을 부어 주물을 제작한 후, 손으로 일일이 구멍을 뚫고 깎아내는 광경을 지켜본 미군 관계자들은 그 신기한 손기술에 감탄을 금치 못했다 한다.

주요 부품을 미군 차량에서 가져온 것이 사실이지만, 직접 우리 손으로 만든 국산 엔진을 달았기에 국산차의 원조로 봐야 한다는 것이 최무성의 주장이었다. 국산화율 50퍼센트를 넘었다는 설명을 굳이 따질 필요 없이, 당시 척박한 환경에서 자본이나 축적된 기술 경험 없이 완성차를 만들어냈다는 것만으로도 충분히 우리나라 자동차 공업의 시점으로 볼 수 있겠다.

첫 국산차라는 타이틀은 좋았지만 반대로 그렇기 때문에 품질이나 성능을 믿기 어려웠을 것이다. 그래서 실적은 부진할 수밖에 없었는데 때마침 그해 10월에 시작된 산업박람회를 통해 시발의 운명은 180도 바뀌게 된다. 광복 10주년을 기념해 열린 이 박람회에는 4만 개가 넘는 제품들이 출품되었는데 그중에 시발이 대통령상을 수상했다. 당시 이승만 대통령은 상공부 장관에게 매주 제조, 판매 상황을 보고하도록 지시할 정도로 이 최초의 국산차에 대해 큰 관심을 보였다. 이후 시발은 그야말로 날개를 단다. 구매희망자가 줄을 섰고, 이들이 지급한 계약금으로 주물공장을 인수하고 제조설비를 확충하면서 그럴듯한 자동차 공장을 만들고 양산체제에 들어갈 수 있었다.

박람회는 '시발'이라는 브랜드가 붙여진 계기이기도 했다. 출품을 위해서 이름을 붙여야 했기에 당시 멤버들이 머리를 맞대고 만든 이름이라 한다. 처음 시작한다는 뜻이기도 했지만 최초의 국산

서울 시내를 달리는 시발택시(엽서)

1950년대 산업박람회를 통해 브랜드를 붙인 후 날개 단 듯 팔린 시발은 상류층의 개인 소유 외에도 특히 택시로 많이 이용되었다. (국립민속박물관 소장)

차라는 자부심을 가지고 한글로 표기했다고 전해진다. 차체에 새겨진 로고 'ㅅㅣ-ㅂㅏㄹ'은 주시경 선생이 주장했던 대로 한글을 풀어 쓴 것이 특징이었다.

이후 시발은 높은 인기 덕에 항상 생산이 수요를 따라가지 못했고, 속된 말로 '빽'을 써야만 살 수 있을 정도였다. 일부 상류층 사이에는 '시발계'가 만들어지기도 했는데, 먼저 당첨된 사람이 요즘으로 치자면 아파트 분양권처럼 웃돈을 얹어 되파는 사태까지 벌어졌다고 한다. 상류층의 개인 소유 외에도 특히 택시로 많이 사용되었기 때문에 혹시나 이 이름을 기억하는 분들은 '시발택시'로 알고 있거나 들어보았을 가능성이 높다.

하지만 안타깝게도 시발의 성공은 그리 오래가지 못했다. 정부의 자동차 산업 부흥 정책이 거꾸로 우리나라 최초의 자동차를 몰락하게 만드는 결정적 역할을 하게 된다. 5·16쿠테타로 정권을 잡은 군사정부는 국가재건 방안의 하나로 '자동차동업 보호육성법'을 만들었다. 외국 자동차와 부품 수입을 금지해 국내 자동차 산업을 일으키려는 취지의 법안이었는데, 실상은 어이없게도 당시 일본 '닛산자동차'를 반제품으로 수입해 국내에서 조립, 생산하는 '새나라자동차'의 설립을 허가하는 방향으로 전개되었다. 해외 자본 유치 명목이었다. 조립생산이라는 조건이었지만, 사실은 닛산 '블루버드'를 들여와 이름만 '새나라'로 바꿔서 판매하는 것이나 마찬가지였다.

안타깝지만 당시 '시발'은 일본 자동차의 성능에는 한참 못 미치는 수준이었다. 자동차 주요 고객이었던 택시회사들은 재빠르게 새나라를 도입했고, 시발은 큰 타격을 입을 수밖에 없었다. 판매량이 급격히 줄면서 생존을 위해 정부에 요청한 외자유치 건마저도 반려되면서 결국 국산 자동차 브랜드로서 시발의 도전은 1963년 5월에 멈춰야 했다. 애초 법 제정 취지와 반대로 진행된 새나라 자동차 건은 당시 군사정권이 정치자금 조달을 목적으로 특혜를 제공했다는 의혹을 받으며 3공화국의 4대 의혹사건 중 하나로 사회문제가 되었다.

1962년부터 수입 판매했던 새나라자동차는 우리나라 외환보유고가 부족해지면서 1963년에 수입이 중단됐다. 1년 남짓되는 기간, 3천 대 정도의 판매고였지만 이 새나라자동차는 어렵사리 싹트던 국내 자동차 공업 기반을 붕괴시키는 악영향을 가져온다. 시발

제작사인 국제공업사 공장장이자, 박정희 대통령 시절 경제수석을 역임한 오원철은 "자동차 공업도 수공업적으로나마 버스나 시발차가 국산화되어 사용되고 있었으니, 이것을 기초로 해서 서서히 발전시켜 나가야 했을 것이다. 그러나 일본차를 완제품으로 들여왔으니 국내에는 일감이 없어져 버렸다. 이 일로 우리나라 자동차 시장은 완전히 일본에 내줘야 했고 우리나라는 상당 기간 자동차 산업의 불모지가 되어버렸다"라고 당시를 회고한다. 부패한 정치와 잘못된 정책으로 인해 안타깝지만 자동차는 물론 우리나라 전체 산업사에 큰 상징성을 가진 브랜드는 그렇게 사라졌다.

드럼통으로 버스를 만든 하동환

최무성이 천막에서 미군 차량에서 뜯어낸 부품과 양철판으로 짚차를 만들고 있을 때, 또 다른 곳에서 드럼통으로 버스를 만들던 사람이 있었다. '드럼통 버스왕'이라 불리웠던 하동환이다. 10대 때부터 자동차 정비공장 기술자로 일했던 그는 24세에 '하동환자동차제작소'를 설립해 1955년에 최초의 국산 버스를 제작한다. 시발과 마찬가지로 미군 트럭에서 떼어낸 엔진과 변속기에 드럼통을 망치로 두드려 만든 차체로 제작되었다.

1950년대에 버스는 거의 유일한 대중교통수단으로 늘 공급이 부족했던 터라 빠르게 성장할 수 있었다. 집 앞마당에 차렸던 천막공장은 어느덧 2천 평의 최신설비를 갖춘 국내 최초 버스 전문 공장으로 발전했고, 1960년대로 접어들면서 당시 서울 시내버스의 70퍼센트가 '하동환버스'라고 할 정도로 국내 버스 시장을 장악했다.

1962년에는 '하동환자동차공업주식회사'로 사명을 바꾸고, 1967년에는 국내 자동차 업계 최초로 해외수출을 이뤄낸다. 동남아시아 석유 부국인 브루나이에 자체 제작한 버스를 수출한 것인데, 우리나라 최초의 자동차 수출로 알려진 현대자동차 '포니'보다 10년이나 앞선 기록이다. 하지만 포니가 독자 모델의 국산차량이었다면, 이때 수출된 하동환버스는 일본에서 들여온 엔진과 구동장치를 바탕으로 차체와 내장품 등을 조립해 만든 것이기 때문에 그 의미가 좀 다를 수는 있다.

1967년에는 우리나라가 참전 중이었던 베트남으로 20여 대를 수출했다. 당시는 수출에 거는 기대가 무척 클 때라 수출을 위한 차량들이 제작되는 동안 박정희 대통령을 비롯하여 정부의 고위인사들이 공장을 방문했을 뿐 아니라 이 버스가 베트남에 도착했을 때에는 당시 응우옌 카오 키Nguyen Cao Ky 베트남 수상이 직접 환영식장에 나와 축하해주었다고 한다.

이어 1970년대 들어 특장차의 수요가 늘자 소방차 등 각종 특장차를 생산하기 시작했고, 1977년에는 동아자동차로 이름을 바꿨다. 드럼통과 망치로 우리나라 최초의 버스를 만들었던 하동환이라는 브랜드는 이렇게 사라지게 되었다. 만약에 '하동환'이라는 사명을 그대로 유지했더라면, 우리나라에서도 포드나 벤츠처럼 창업자의 이름을 딴 자동차 브랜드가 지금도 거리를 누비고 있지 않았을까 하는 생각도 해본다.

1984년에는 '코란도'로 유명한 '거화자동차'를 인수했으나 이로 인한 자금압박이 심해지면서 1986년 쌍용그룹에 매각해 주인이 바뀌었다. 1988년 3월에 '쌍용자동차공업'으로 사명을 변경하면서 '쌍용'도 자동차 산업의 브랜드로 이름을 올리게 된다. 결국 쌍용자동차의 모태가 하동환자동차인 셈이다.

부산에서 먼저 출발한 신진자동차

1955년은 우리나라 자동차 산업과 브랜드사에서 꽤 의미 있는 해이다. 앞서 살펴본 시발과 하동환버스로 국산 자동차 브랜드 시대가 열렸을 뿐 아니라, 훗날 '대우자동차'의 뿌리가 된 '신진자동차공업'도 같은 해 부산에서 첫발을 떼었다. 여러 가지 측면에서 대한민국 자동차 산업의 첫걸음마가 시작된 한 해라고 할 수 있다.

부산에서 자동차 부품생산을 하던 김창원 회장이 창업한 신진자동차는 최무성, 하동환과 마찬가지로 미군 차량을 개조해서 재판매하는 방식으로 자동차 사업을 시작했다. 그 역시 자체 차량을 만들고자 했고, 1963년 일본 닛산의 블루버드를 본따 '신성호'라는 첫 자사 브랜드를 출시했다. 하지만, 앞서 시발의 몰락을 가져온 새나라자동차의 위세에 밀려 큰 인기를 끌진 못했는데, 거꾸로 새나라가 특혜시비로 문을 닫으면서 그 공장을 인수해 본격적인 자동차 제조기업으로 성장하게 된다.

이후 일본 도요타와 제휴해서 '코로나(1966)'•, '크라운(1967)',

'퍼블리카(1967)' 등의 모델로 큰 인기를 끌었는데, 이에 힘입어 1960~70년대 종합 자동차 그룹으로 재계 2~3위를 다투는 등 그 위세가 대단했다. 하지만 중국이 1970년 저우언라이 4원칙을 발표하며 한국 및 대만과 거래 혹은 투자관계에 있는 기업과는 거래하지 않겠다고 하면서 도요타가 한국에서 철수하는 일이 벌어진다. 도요타로서는 한국보다는 중국 시장이 훨씬 크고 중요했기 때문이다. 어쩔 수 없이 미국 GM과 새로 파트너십을 맺고 '시보레 1700', '카미나', '레코드' 등을 생산했지만 예전 차량에 비해 큰 인기를 끌진 못했다. 결국 경영악화로 이어졌고, 1976년 산업은행 관리 아래 '새한자동차'로 이름이 바뀐다. 그 이후 1978년 대우그룹으로 인수되었고, 1983년 그룹의 이름을 써서 '대우자동차'로 바뀌었다.

대우자동차는 1980~90년대를 거치면서 현대자동차와 함께 우리나라 자동차 산업의 성장기를 이끌었다. 새한자동차 시절의 '레코드로얄'을 개량한 '로얄XQ'는 고급차 시장에서 큰 인기를 끌었는데, '로얄프린스(1983)·로얄살롱슈퍼(1986)' 등의 파생 모델로 발전하며 1980년대 '부의 상징'으로 자리 잡았다.

1986년에 태어난 '르망'은 대우차가 현대차와 함께 우리나라 자동차 산업의 양강구도를 만드는 데 결정적인 역할을 했다. 당시 국

● 특히 코로나는 나오자마자 폭발적인 인기를 끌었다. 한 대에 83만 7,000원으로 당시 대통령 월급이 7만 8,000원, 쇠고기 한 근 200원, 택시 기본요금 60원, 다방커피 40원이던 것과 비교하면 얼마나 비쌌는지 알 수 있다. 그럼에도 디자인이 예쁘고 한국의 도로 사정에 잘 맞는 자동차로 부각되면서 국내 승용차 시장을 싹쓸이했다. 1966년 5월부터 1972년 11월까지 총 44,248대가 생산되었다.

내 자동차 시장에서 보기 힘든 날렵한 유선형의 디자인으로 젊은 운전자들 사이에서 큰 인기를 끌었다. 프랑스 르망이라는 작은 도시에서는 매년 '르망 24시간 레이스'라는 세계 최대의 자동차 경주가 벌어지는데, 르망이라는 이름만으로도 자동차 좀 안다는 사람들에게는 마치 세계 수준의 성능과 품질을 보유한 차량으로 보였을지도 모른다.

1991년 '국민차'라는 타이틀을 얻은 우리나라 최초의 경차 '티코'가 출시된다. 300만 원대의 저렴한 가격에 우수한 연비가 장점이었지만 의심스러운 안전성 때문에 초기 반응은 미지근했다. 하지만 1990년대 중반부터 본격화된 '세컨드카second car' 바람과 IMF 금융위기에 따른 실속 소비 패턴의 증가로 서서히 인기가 높아졌다. 티코로 시작된 경차 계보는 1998년에 출시된 '마티즈'로 정점을 찍는다. 1997년에 시작된 외환위기로 그룹 전체가 해체되며 대우자동차 역시 어려움을 겪었는데, 당시 마티즈는 마지막까지 대우자동차를 지탱하는 버팀목이 되어준 효자상품이었다.

이 외에도 1990년에 나온 대우자동차 최초의 자체 모델인 '에스페로'는 이탈리아 디자인 스튜디오의 도움을 받은 멋진 외관으로 준중형차 시장에서 큰 인기몰이를 했고, 1997년에 만든 '레간자' 등과 함께 대우자동차 전성기를 이끌었다. 이들의 활약으로 1998년에는 현대차를 누르고 국내 자동차 시장 1위를 기록했는데, 신진자동차 출범 43년, 대우자동차 출범 15년 만에 거둔 쾌거였다.

하지만 잠깐의 영광을 뒤로 하고 몰락은 급격하게 찾아왔다. IMF 금융위기로 인해 그룹이 경영위기를 맞게 되고, 대우자동차 역시 추락의 소용돌이에 휘말렸다. 마티즈에 이어 '매그너스(1999)·레조(2000)' 등 고유 모델을 출시하며 마지막까지 사력을 다했지만 이미 소비자는 불안한 회사의 자동차 구입을 꺼렸고, 기아차에 이어 3위로 내려앉은 것도 잠시, 끝내 2000년 11월에 최종 부도처리된다.

우여곡절 끝에 2011년 GM이 인수해 '한국GM'으로 사명이 바뀌면서 자동차 브랜드사에서 '대우'는 모습을 감추게 된다. 신진자동차부터 시작해 다양한 부침을 겪으며 대한민국 자동차 산업의 한 축을 담당했을 뿐 아니라 수많은 고유 브랜드를 만들어냈던 토종기업이 사라지게 되었고, 자동차 브랜드 자체도 미국 GM의 '쉐보레'를 사용하고 있다.

글로벌 기업으로 성장한 현대의 기원

지금 우리나라를 대표하는 자동차 메이커는 의심의 여지 없이 현대자동차다. 1998년 기아자동차를 인수해 현대기아자동차그룹으로 통합되면서 국내에서는 더 이상 경쟁자가 없을 뿐더러 전 세계 완성차 시장에서도 5위권을 지키는 글로벌 파워브랜드로 자리매김하고 있다.

정주영 회장으로부터 시작된 '현대'의 역사는 우리나라 근대산업의 역사이기도 하다. "실패는 있어도 시련은 없다"던 성공한 기업가 정주영은 '경일상회'라는 쌀가게부터 시작했다. 자신이 점원으로 일하던 가게를 인수한 것인데, 얼마 지나지 않아 일제가 쌀 배급

제를 시작하면서 장사를 중단했다. 이때 모은 자금으로 '아도서비스Art Service'라는 자동차 수리공장을 인수하면서 자동차 산업과 인연을 맺게 된다. 이어서 1946년에 처음으로 '현대'라는 브랜드를 붙인 '현대자동차공업사'를 세웠다. 하지만 1947년에 '현대토건'으로 건설산업에 진출하면서 자동차 산업과는 잠시 멀어지게 된다.

건설업으로 크게 성장하면서도 자동차 산업에 대한 꿈을 접지 못했던 그는 때마침 한국시장에 들어오려던 포드와의 제휴를 통해 현대자동차를 세우고 '코티나'를 생산하면서 결국 다시 자동차 산업에 진출할 수 있었다. 포드의 한국 시장 검토 소식을 들은 그는 출장 나온 담당자를 만나 직접 운전까지 하면서 제휴를 성사시키는 열정과 의지를 보여주었다고 한다.

이때는 신진자동차의 '코로나'가 큰 인기를 끌고 있을 때였는데, 1969년 12월 정부는 자동차 국산화율을 3년 내 100퍼센트까지 올리겠다는 '자동차 국산화 3개년 계획'을 발표한다. 신진자동차는 물론 아세아자동차, 현대자동차 간 사활을 건 국산차 개발 경쟁이 벌어지게 된 것이다. 정부의 국산화 목표치를 충족시킨 첫 차는 1974년 10월에 선보인 기아산업의 '브리사'였다. 앞서 삼천리자전거로 시작한 그 기아산업이다.

'산들바람'이라는 뜻을 가진 브리사는 비록 외국 모델을 들여온 것이지만 국산화율을 90퍼센트 가까이 끌어올리면서 국내 자동차 산업의 기술적 시대교체를 이끌었다. 그 이전까지가 해외 기술을 습득하는 시기였다면, 브리사 이후로 국내 자동차공업은 자체기술 개발과 개량의 시대로 진입했다. 소비자들에게도 인기가 높아 출시 이듬해인 1975년에 1만 대 이상 판매되며 승용차 시장의 50퍼센트 이상을 차지할 정도였다. 택시로도 인기가 높아 국민택시로 불렸는데, 1980년 광주민중항쟁을 소재로 한 영화 〈택시운전사〉에서 주인공 송강호가 몰던 택시가 바로 이 브리사였다. 하지만 삼천리자전거 편에서 살펴본 바대로 1981년 군사 정부의 2·8조치로 기아자동차는 승용차 생산을 할 수 없게 되면서 억지로 생산을 중단해야 했다.

조랑말 신화, '포니'가 만든 자동차 왕국

외국 모델을 차용한 브리사가 반쪽짜리 국산차였다면, 포니는 자체적으로 개발한 고유모델을 바탕으로 국내에서 생산한 온전한 첫 국산승용차였다. 1976년 포니가 등장하면서 현대차는 브리사의 돌풍에 맞서며 본격 성장궤도에 돌입한다.

포니가 첫선을 보인 곳은 1974년 10월 이탈리아의 '제55회 토리노 국제자동차박람회'였다. 현대차는 물론 대한민국의 자동차 산업이 세계시장에 데뷔하는 순간이었다. 포니에 대한 현지 반응은 뜨거웠다. 전쟁으로 온 국토가 폐허가 된 가난한 나라에서 자체적으로 고유모델 자동차를 제작해 출품했다는 사실은 관계자들의 주목을 받기에 충분했다.

이탈리아에서 막 떠오르던 젊은 디자이너 조르제토 주지아로 Giorgetto Giugiaro가 맡은 디자인도 큰 역할을 했다. 독자 모델 자동차를 위해서는 고유 디자인을 갖춰야 했기에 당시 포니의 디자인은 가장 중요한 과제였다. 주지아로는 젊은 나이였지만 이미 폭스바겐의 '골프' 등 자동차 디자인업계에서는 큰 명성을 떨치며 떠오르고 있던 디자이너였고, 현대는 120만 불이라는 당시로서는 엄청난 비용을 지급하며 그에게 디자인을 의뢰했다. 금액적 부담이 컸지만, 결과적으로 회사의 큰 미래를 결정짓는 과감한 투자였다.

당시 토리노 박람회에 출품된 컨셉트카 '포니쿠페'의 모습을 보면 지금 세상에 내놓아도 전혀 손색이 없을 만큼 세련되고 멋진 모습을 가지고 있다. 여담이지만, 1985년 나온 영화 〈백 투 더 퓨처〉에서 타임머신으로 등장하는 차량과 많이 닮았는데 이 차량의 원형인 '드로리언Delorean' 역시 주지아로가 디자인한 것으로 알려져 있다. 현대자동차는 2021년 첫 독자 전기차 모델 '아이오닉5'를 발표하면서 포니의 디자인 컨셉을 계승했다고 밝히기도 했는데, 이 차역시 혁신적 디자인으로 출시와 동시에 돌풍을 일으키고 있다.

박람회에서의 성공적으로 데뷔한 후 자신감을 얻은 현대는 1975년 12월 생산설비를 완공하고 포니 양산에 돌입했다. 자체 모델과 함께 85퍼센트에 달하는 국산화율을 가진 최초의 국산 승용차 포니가 대중에게 선보이는 순간이었다. 이로써 대한민국은 세계에서 16번째, 아시아에서는 일본에 이어 두 번째로 독자 모델 자동차 생산국으로 이름을 올린다. 1955년, 미군이 버리고 간 차에서 부품을 뜯어내고 드럼통을 망치로 두드리면서 승용차와 버스를 만들었던 나라가 그로부터 20년 만에 독자적인 모델의 자동차를 생산하게 된 나라가 된 것이다.

포니는 1976년 2월 시장에 나오자마자 '마이카 시대'라는 신조어를 만들며 큰 인기를 끌었다. 첫 해에만 1만 726대, 둘째 해에는 2만 4천여 대가 팔렸다. 포니보다 앞서 브리사가 국내 승용차 시장의 절반 이상을 차지하며 인기몰이를 하고 있었지만, 혁신적 디자인의 국내 첫 고유 모델을 내세운 포니의 돌풍을 막기에는 역부족이었다.

포니는 국내 시장에만 머물지 않았다. 국산 승용차 첫 수출이라는 이정표를 세우며 우리 자동차 산업의 모든 해외 진출 기록을 앞장서서 써나갔다. 남미 에콰도르를 시작으로 출시 첫 해인 1976년에 1,029대를 해외 시장에 내다 팔았는데, 이어 1977년 4,523대, 1978년 1만 2,195대 등으로 급신장한다. 1982년에는 30만 대를 돌파했고, 이어서 1986년에는 '포니엑셀'로 자동차의 본고장 미국 시장에 진출했는데 첫 해부터 큰 인기를 얻어 《포춘Fortune》이 선정한 미국 10대 상품으로 선정될 정도였다.

포니라는 이름은 국민공모로 결정됐다. '고유모델 1호'로만 불리던 신차의 이름을 공모하는 이벤트에는 한 달 동안 6만 통이 넘는 엄청난 양의 엽서가 도착했다. 가장 많은 응모작은 '아리랑'이었는데, "십 리도 못 가서 발병나면 누가 우리 차를 타느냐"라는 당시 임원진의 반대로 탈락했다고 한다. 도라지, 무궁화 등도 많았지만 최종 당선작은 우리가 아는 것처럼 '포니'였다. 뒤꽁무니가 짧은 해치백 스타일의 디자인이 조랑말의 엉덩이와 잘 어울렸기 때문이라고 하는데, 포니 1호차를 받은 주인공이 우연찮게도 '현대양복점' 사장님이었다는 일화도 전해진다.

'마이카 시대'를 만든 포니

국민공모로 결정된 포니는 뒤꽁무니가 짧은 해치백 스타일의 디자인 덕분에 조랑말의 엉덩이와 어울린다 하여 붙여진 이름이다. (국립민속박물관 소장)

이후 현대자동차의 질주는 계속된다. 1982년 '포니2'에 이어, 1985년에 출시된 '쏘나타'는 어느새 현대자동차의 최장수 브랜드가 되었다. 1983년부터 생산된 '스텔라'의 고급 버전으로 출시되었다가 인기를 끌자 아예 독립 브랜드로 승격되어 오늘에 이르고 있다. 원래는 '소나타'였는데, '소가 타는 차'라는 악의적 별명 때문에 중간에 '쏘나타'로 이름을 바꾸는 웃지 못할 사연도 있다.

현대차의 1980년대를 쏘나타와 그랜저가 이끌었다면, 1990년대는 '아반떼'가 새로 출격한다. 1990년 1세대 준중형 모델인 '엘란트라'로 선보였다가 1995년부터 '아반떼'라는 브랜드로 변경했다. 국산화율이 99.88퍼센트에 이르는 현대차 최고의 역작으로 꼽히는데, 국산 승용차로는 최초로 글로벌 1,000만 대 판매 기록을 세운다.

'포니' 신화를 만들며 대한민국 자동차 산업을 한 단계 업그레이드시켰던 현대자동차는 이제는 전 세계 각지에서 현대차의 고유 브랜드를 직접 자동차를 생산하고 판매하며 글로벌 최고 브랜드로서의 위상을 강화해가고 있다. 한국뿐 아니라 미국을 포함해 전 세계 8개국에 걸쳐 13개의 생산 공장을 갖추고 연간 900만 대 이상을 생산하며, 해외 매출이 74퍼센트 이상을 차지하는 글로벌 기업이다. 이제는 브랜드 이미지 측면에서도 유럽과 미국 자동차 브랜드에 크게 뒤지지 않는다. 수소전기차를 비롯해 친환경자동차, 자율주행차 등 미래 자동차 산업을 개척하는 데도 앞장서 있다.

 버려진 차에서 부품을 뜯어내고 망치로 두드려 편 드럼통으로 자동차를 만들던 이야기는 호랑이 담배 피우던 시절의 이야기처럼 아련할 뿐이다. 하지만 시발·하동환버스·신성호·브리사·포니 등 어려운 시절을 이겨내며 한 걸음씩 앞으로 나아갔던 브랜드들이 있었기에 자동차 강국으로서의 오늘이 만들어질 수 있었다. 우리나라 모든 산업 영역에서 앞으로도 계속해서 새로운 '시발'과 '포니 신화'가 태어나길 바란다.

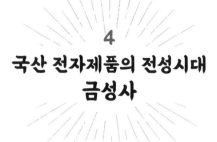

4
국산 전자제품의 전성시대
금성사

"순간의 선택이 10년을 좌우합니다"

마치 인생의 격언과도 같은 이 멋진 카피를 기억한다면? 1980년대 국내 가전업계 치열한 마케팅 경쟁을 TV와 신문으로 보면서 성장한 40대 이상이거나, 몇 해 전 방영했던 드라마 〈응답하라 1988〉의 열혈 애청자일 것이다.

〈응답하라 1988〉의 주인공 가족이 세를 들어 사는 집의 주인아저씨는 이 카피의 주인공 '금성사'의 대리점 사장님이다. 그 덕에 드라마에는 금성사 로고와 제품이 심심치 않게 등장했고, 회사는 때를 놓치지 않고 이때 사용하던 카피를 활용한 복고풍의 광고를 특별 제작해 드라마 중간에 집행하기도 했다. "기술의 상징"과 함께 금성사를 기억하게 하는 대표적인 문구다.

금성사는 앞서 보았던 럭키치약으로 성공을 일군 구인회 회장이 락희화학에 이어 설립한 우리나라 첫 번째 전자회사다. 금성라디오를 시작으로 수많은 '최초' 제품을 선보이면서 우리나라 전자산업을 이끌었을 뿐 아니라 삼성전자와 함께 대한민국을 대표하는 세계적 전자기업인 LG전자는 이렇게 시작되었다.

금성사의 성장에 힘입어 LG그룹은 화학과 전자산업을 아우르는 그룹사로 발전할 수 있게 된다. 락희화학이 중심이었던 LG그룹은 1970년대까지 '럭키그룹'을 공식 명칭으로 사용했지만 금성사가 계속 덩치를 키워가면서 1983년 '럭키금성그룹'으로 공식 명칭을 교체한다. 이후 1995년 세계화 흐름 속에서 그룹 명칭을 LG로 바꾸면서 전 계열사 CI(Corporate Identity)를 통합해 금성사 역시 오늘의 LG전자로 바뀌게 되었다. 짐작하겠지만 LG는 '럭키Lucky'의 L과 '금성사Goldstar'의 G를 각각 딴 이름으로, 럭키와 금성은 이제 이니셜로나마 그 흔적을 남기고 있을 뿐이다.

금성사의 출발은 우연한 계기에서 시작되었다. 어느 날 사무실에 들어선 구인회 회장은 작은 기계에서 흘러나오는 은은한 음악에 매료된다. 물어보니 요즘 한창 유행하는 하이파이 전축이라는 물건이란다. 설명을 듣고 있던 그가 던진 말은 "그거 우리가 한번 만들어보면 안 되는 거요?"였다.

하이파이 전축은 고사하고 음향기기의 기초가 되는 라디오조차도 국내 기술로 만들지 못하던 시절이었다. 당연하지만 전자산업에 진출하겠다는 그의 결심에 회사 임원들은 하나같이 반대했다고 한다. 그도 그럴 것이 한국전쟁이 끝난 지 얼마되지 않은 시점에, 제대로 갖추어진 산업환경 하나 없는 당시 상황을 보자면 전자제품 제조는 무모한 도전이었다. 화학사업에서 큰 수익을 올리고는 있었지만 기술집약적 전자산업을 위해서는 지속적이고 큰 투자가 필요했기에 더욱 신중해야 했다. 게다가 당시 생활수준을 감안한다면 큰 성공은커녕 당장의 시장성도 담보하기 어려워보였다.

당시 우리나라 기술 수준이 낮아 아직 전자제품 도전은 무리라는 반대에 직면한 그는 "그렇다면 문제없군. 기술이 없으면 외국 가서 배워오고, 그래도 안 되면 외국 기술자 초빙하면 될 거 아니오. 우리가 한번 해봅시다. 아무도 전자공업에 손댄 사람이 없다면 우리가 개척자가 되는 것이오"라는 말로 의지를 다졌다.

그렇게 1958년 10월, 우리나라 최초의 전자공업회사가 출범하게 된다. '아직 아무도 가지 않은 길을 새롭게 내딛는다'는 뜻을 담아 샛별을 의미하는 금성이라는 이름을 붙였다. 최대 라이벌인 삼성전자가 11년 뒤인 1969년에나 태어났으니, 나이로만 따지자면 LG전자가 열 살도 더 많은 큰형인 셈이다.

'골드스타' 금성라디오의 탄생

금성사 설립의 배경이나 다름없던 라디오가 회사 설립 후 1년여 만인 1959년 11월 출시된다. 모델명은 'A-501'였다. 5개의 진공관과 5인치 스피커, 다이얼 조절방식으로 주파수를 선택하는 방식이었으며 지역방송은 물론 해외방송 청취도 가능했다. 당시로는 꽤 세

런된 디자인으로 제품 하단에는 금성을 의미하는 영어 'Gold Star'
가 적혀 있다. 골드스타 브랜드의 역사가 시작되는 순간이기도 했
다. 최초 제품은 현재 대한민국역사박물관과 LG에 각각 한 점씩
보관되어 있는데, 2013년 8월에 등록문화재로 등재되었다.

진공관이나 스피커 등 일부 핵심 부품은 해외에서 들여왔지만
트랜스·스크류·너트·플레이트·소켓 등 전체 부품의 60퍼센트 이
상을 자체 개발해 국산화한 제품이었다. 관련 생산기술 기반이 전
혀 없던 당시로서는 기적과도 같은 일이었는데, 회사 설립과 함께
공장시설을 만들고 첫 제품까지 만드는 모든 일들을 겨우 1년 정도
에 모두 해냈다는 것 또한 놀라운 일이었다.

부품 국산화는 국가 발전에 이바지하겠다는 기업가적 사명감도
있었지만, 현실적으로 해외 부품은 워낙에 비싼 데다가 외화를 구
하는 것도 어려웠기 때문에 어쩔 수 없이 선택한 길이기도 했다. 그
런데 이렇게 첫 제품을 개발하면서부터 국산 부품을 함께 만든 덕
에 이후 금성사는 빠르게 여러 가지 후속 전자제품을 생산할 수 있
는 기술적 기반을 갖추게 된다.

하지만 기술사적 의미와는 반대로 판매 실적은 처참했다. 여전
히 국산 제품에 대한 불신도 한몫했지만 자체 제작한 부품의 성능
역시 아직은 해외 제품을 따라가지는 못했던 것이다. 실제로 초기
제품은 접촉상태가 나빠 소리가 끊기는 현상도 자주 발생했다고 한
다. 게다가 당시 열악한 전력 사정은 안정적인 전압을 유지하기 힘
들었고, 방송국 사정 역시 서울 외곽으로 조금만 나가도 전파 수신
이 어려운 실정이었으니, 라디오에 대한 수요가 크게 일지 않는 것

금성라디오 A-501

1959년 출시된 이 라디오는 당시 꽤 세련된 디자인으로 만들어졌고, 일부 핵심 부품은 해외에서 들여왔으나 전체 부품의 60퍼센트 이상을 자체 개발한 국산품이었다. (국립민속박물관 소장)

은 어찌 보면 당연한 일이었다.

여전히 비싼 가격도 큰 장벽이었다. 첫 제품의 가격은 2만 환. 당시 수입 라디오 대비 3분의 2 정도 되는 저렴한 가격이었지만 이때 금성사 대졸 직원의 월급이 6천 환 정도였다고 하니, 아무리 가격을 낮췄다 해도 석 달치 월급을 꼬박 모아도 들여놓기 어려운 고가품이었다. 여러 가지 이유로 판매는 저조했고 첫해 생산은 87대에 그쳤다. 이는 전자산업 진출을 반대하는 내부 우려가 옳았음을 증명이라도 하는 듯했다. 출시 후 사업 부진과 적자가 겹치면서 사업을 접어야 하는 것 아니냐는 말까지 나오던 시기, 경제발전을 최우선 목표로 삼았던 군사정권과의 이해관계가 맞아떨어지면서 급성장하는 계기를 맞이한다.

첫 번째로는 1961년 박정희 당시 국가재건회의 의장이 부산시 연지동 금성사 공장을 방문한 사건이다. 사전 예고 없이 이뤄진 방문이라고 하는데, 방문 현장에서 "국내 전자산업의 활성화를 위해서는 밀수품과 미국면세품 유통을 막아야 한다"는 건의가 있었고, 바로 '밀수품 근절에 관한 포고령'이 발표된다. 이로 인해 금성라디오는 반사이익을 누릴 수 있었다.

두 번째로는 금성라디오를 살리게 된 '농어촌 라디오 보내기 운동'이 실시되면서다. 이는 정부 시책을 효과적으로 국민에게 알릴 방법을 고민하던 당시 공보부장관과 구인회 회장이 이야기를 나누다가, 방송을 적극적으로 활용하기로 뜻을 모으고 금성라디오 5천 대를 기증하면서 시작되었다. 당시 90만 대의 라디오가 보급되어 있었지만 대부분 도시에 집중되어 있었고, 농어촌 시골마을의 3분의 1은 한 대의 라디오도 없던 실정이었다. 1962년 7월 14일 시작된 이 캠페인으로 금성사는 획기적인 성장의 계기를 맞이했고, 첫해 87개에 불과했던 라디오 생산량은 운동 시작 1년 만에 13만 여 대로 급증했다. 밀수품 단속과 농어촌 라디오 보급운동으로 금성사 라디오는 불티나게 팔리기 시작했고, 1962년 말에는 직원수 1천 명의 큰 회사로 성장하게 되었다.

금성라디오가 당시 사회에 미친 영향은 대단했다. 시인 김수영은 아내가 금성라디오를 사오자 이를 시로 읊기도 했다. 특정 브랜드가 시인의 작품에 등장할 정도였으니, 당시 사회적 인기와 위상이 대단했음을 짐작할 수 있다.

金星라디오

(중략)

金星라디오 A 504를 맑게 개인 가을날

일수로 사들여온 것처럼

五백원인가를 깎아서 일수로 사들여온 것처럼

그만큼 손쉽게

내 몸과 내 노래는 타락했다

헌 기계는 가게로 가게에 있던 기계는

옆에 새로 난 쌀가게로 타락해가고

어제는 카시미롱이 들은 새 이불이

어젯밤에는 새 책이

오늘 오후에는 새 라디오가 승격해 들어왔다

아내는 이런 어려운 일을 어렵지 않게 해치운다

결단은 이제 여자의 것이다

나를 죽이는 여자의 유희다

아이 놈은 라디오를 보더니

왜 새 수련장은 안 사왔느냐고 대들지만

(이하 생략)

1959년에 출시한 A-501 이후 금성사는 계속해서 1960년에는 트랜지스터 방식의 라디오 TP-601, 1970년대에는 카세트 녹음기인 'RE-501'을 출시했고, 이어서 라디오와 카세트, TV를 결합한 '라테카'와 1975년 하이파이 시스템 오디오(GCD-500)까지 선보이며 오디오 분야 제품군을 확대해갔다.

숨가쁘게 내놓은 국내 '최초' 시리즈

라디오 성공과 함께 자신감을 얻은 금성사는 이후 연구개발시설을 보강하며 수많은 전자제품의 국산화를 통해 우리나라 국민의 생활 모습을 하나둘씩 바꿔간다. 라디오에 이어 바로 이듬해인 1960년 3월에는 선풍기D-301을, 다시 1년 후인 1961년 7월에는 자동전화기 '금성1호'를 개발했다. 모두 최초로 국산 타이틀을 가진 제품들이다. 하지만 여기까지는 몸 풀기에 지나지 않았다. 이후 1960년대 중반부터 냉장고·전기밥솥·TV·에어컨·세탁기 등 집 안에 놓이는 거의 모든 전자제품의 국산화를 이뤄냈다.

이 중에서도 냉장고·TV·세탁기 등 3대 주요 가전제품은 삼성전자, 대우전자(대한전선을 대우그룹이 인수했다) 등이 치열한 삼파전을 벌이면서 결과적으로 우리나라 제품의 경쟁력 강화는 물론, 삼성과 LG를 글로벌 가전산업의 양대 산맥으로 키워내는 밑거름이 된 첫 시작은 모두 금성사였다.

우선 1965년 '눈표냉장고(GR-120)'의 출시로 국산 냉장고 시대가 시작된다. 금성라디오가 우리나라에 전자제품을 통해 소리를

'듣는 시대'를 만들었다면, 눈표냉장고는 우리나라 주부들에게 음식물을 신선하게 '보관하는 시대'를 열어주었다. 지금과는 달리 냉장실과 냉동실이 일체형으로 구성되어 있어 문이 하나였고, 어른 가슴 높이 정도의 작은 크기에 용량은 120리터에 불과했다(요즘 웬만한 양문형 냉장고는 800리터가 넘는다). 내부에는 선반과 얼음그릇, 야채그릇 등이 있었는데, 맥주병 바구니가 들어 있는 것이 이색적이었다.

1960년대는 말할 것도 없고 1980년대 일반 가정으로 대중화되기 이전까지 냉장고는 한마디로 '부의 상징'이었다. 대부분의 가정에서는 얼음을 채운 스티로폼 아이스박스나, 두레박줄에 매달아 우물에 담가두는 식으로 음식을 보관하고 있었다. 다양한 음식 보관 요령이 신문의 생활정보란을 채우고 있을 때였다. 게다가 전기를 자유롭게 이용할 수 있는 집도 많지 않았던 시절이니, 일반 가정에서 큰 맘 먹고 냉장고를 구입해도 맘껏 켤 수도 없던 시절이었다. 냉장고를 산 집은 이웃집에 얼음을 돌렸다 하니, 냉장고를 산다는 것이 새 집으로 이사 후 동네 이웃들에게 떡을 돌리던 수준의 큰 이벤트였던 셈이다.

금성사는 일반 가정으로 냉장고 보급을 확대하기 위해 다양한 광고를 집행하며 시선을 끌었는데, "하루 298원으로 살 수 있는 최신 금성 전기냉장고"처럼 가격에 대한 심리적 부담을 덜기 위해 애를 많이 썼던 것으로 보인다. 이 외에도 "어머니날에 나는 카네이숀, 아빠는 금성전기냉장고"라며 가정주부에게 줄 수 있는 남편의 최고 선물임을 이야기하거나, "67년의 마지막 보너스로 금성전기

냉장고를 장만할 생각은 없습니까?"라면서 연말 보너스 시즌을 겨냥하기도 했다.

이와 함께 재미있는 것이 월부판매 방식의 확산이다. 이는 냉장고 외에도 1960년대 후반 TV·선풍기·세탁기 등 고가의 가전제품이 등장하면서 일시불로 구매하기에는 버거웠던 서민 가정을 공략하기 위해 나타난 새로운 판매 방식이었다. 제조사가 직접 할부 판매를 진행하는 것은 물론, 대형 백화점에서도 할부 판매를 적극 활용하면서 가전제품 대중화에 많은 영향을 미쳤다. 일부 신문에서 "월부가 주는 혜택보다도 월부로 인하여 생계에 영향을 주고 나아가서는 가계에 파탄을 끌어넣을 가능성"(《매일경제》, 1969년 7월 2일자)을 걱정하기도 할 정도였으니 신용카드가 없던 시절, 일반 가정이 고가의 가전제품 등을 구입하는 방식으로 꽤 널리 퍼져 있었음을 알 수 있는 장면이다.

새로운 제품이 저변을 넓히는 데 가장 큰 역할을 하는 것은 어찌 보면 활발한 경쟁이다. 냉장고를 포함한 가전산업 역시 1960년대 후반부터 대한전선, 삼성전자 등이 뛰어들면서 본격적 경쟁 체제에 돌입한다. 특히 1970년대 후반부터 벌어진 금성사와 삼성전자의 자존심을 건 대결 덕에 1965년에는 채 1퍼센트도 되지 않던 냉장고 보급률이 20여 년이 지난 1986년에는 95퍼센트까지 오르면서 전 국민의 가정에 냉장고가 필수품으로 자리 잡게 되었다.

냉장고 판매가 늘어나면서 어린 아이들이 냉장고 안에 갇혀서 숨지는 사고가 벌어지기도 했다. 장난으로 냉장고 안에 들어간 아이들이 내외부의 압력차로 밀폐된 냉장고 문을 열지 못해 질식사한 것인데, 식당이나 정육점용 대형냉장고는 물론 크기가 커지면서 가정용 냉장고에서도 이런 사고가 잦았다. 1970년대에 이어 1980년대까지도 사고가 이어졌는데 이 때문에 아예 냉장고를 아무나 열수 없게 자물쇠를 달아달라는 요청도 있었다고 한다. 그나마 이런 유의 사고가 없어진 것은 다행이다.

원래 냉동실이 위에 있었지만 주부들의 사용 패턴을 추적해 냉동실과 냉장실의 위치를 뒤바꾼 제품이 나오기도 했고, 필요에 따라 냉동실 일부를 냉장실로 바꿔 쓸 수 있는 차별적 기능의 제품들이 나오기도 했다. 지금 보자면 냉동실이 하단에 있는 것이 일반적인데 웬일인지 이때 '투 도어2 door' 시절에는 냉동실을 하단에 배치한 제품이 대세로 이어지지는 못했다.

지금 말한 냉동실이 아래로 가는 변화는 양문형 냉장고가 등장하면서 보편화된다. 1990년대 후반 들어 대형마트의 등장으로 쇼핑방식이 바뀌고 냉동식품이 늘어나면서 대형 냉장고를 찾는 수요가 증가했다. 이에 삼성이 '지펠'을 출시하며 대형 양문형 냉장고 시장을 본격 공략하기 시작한다. 1990년대 후반에는 기업브랜드보다 상품의 개별브랜드를 훨씬 중시하는 마케팅 경향이 유행했는데, 이때부터 가전제품 영역에서도 각 카테고리를 대표하는 독자 브랜드가 많이 만들어진 시기이기도 하다.

LG전자(이때에는 이미 금성사에서 LG전자로 변신한 이후다)는 1998년 '디오스'를 출시하며 대응했는데, 사실 양문형 냉장고 역시 훨씬 이전인 1976년에 이미 금성사가 먼저 출시한 바 있다. 하지만 이때에는 일반형 냉장고 시장경쟁이 한창이었던 터라 그다지 큰 주목을 끌진 못했다. 금성사의 많은 제품이 그랬지만, 시대를 앞서가며 시장을 창출하는 일이 쉽지만은 않다는 것을 잘 보여준다.

김치냉장고 역시 금성사가 최초 기록을 가지고 있다. 김치냉장고의 대표주자인 위니아의 '딤채'가 첫 주자로 알려져 있지만, 사실은 이미 10여 년 전인 1984년에 금성사에서 먼저 출시했다. "기술 금성이 주부님께 드리는 또 하나의 만족, 국내 최초의 금성 김치냉장고"라고 역시 최초를 내세우며 시장에 진출했지만, 아직 김치를 김장독에 보관하는 인식과 행동양식을 바꾸지는 못했다. 1993년에도 다시 시장을 두드렸지만 큰 성공을 거두진 못했는데, 2년 뒤인 1995년 강남 주부들을 먼저 공략했던 딤채가 크게 성공하면서 김치냉장고 역시 이제는 웬만한 가정의 필수품으로 자리 잡고 있다.

금성과 삼성의 '스타워즈Star Wars'

금성사의 최초 시리즈는 계속되었다. 냉장고에 이어 1966년 8월에는 국내 최초로 흑백TV를 출시한다. 사실 라디오에 이어 바로 다음에 예상되는 제품이 TV였지만, 라디오가 나온 후 7년이 흐른 뒤에야 세상에 나올 수 있었다. 당시 군사정부가 나라의 경제사정을 고려해 TV 생산과 이를 위한 해외 자본 도입 허가를 미루었기 때문이다. 하지만 KBS, TBC 등 방송국이 개국하면서 텔레비전 허가를 미룰 수는 없었고, 결과적으로 정부의 승인이 나자마자 미리 준비하고 있던 금성사는 바로 8개월 만에 첫 국산 흑백 텔레비전을 출시할 수 있었다.

금성사의 첫 TV 모델명은 'VD-191'로, 시판 당시 가격은 6만 8천 원이었다. 웬만한 직장인의 1년치 연봉에 맞먹는 수준이었다. 그런데 가격이 큰 저항선이 되었던 라디오나 냉장고와는 달리 TV는 정반대였다. 오랜 기간 정부정책으로 억눌렸던 수요가 폭발했던 것인지 사려는 사람들이 너무 많아 KBS홀에서 공개추첨까지 했을 정도였다. 첫 해 1만 500대 생산을 시작으로 1969년에는 7만 3천 대까지 크게 증가하며 라디오를 대체하는 새로운 가전제품으로 부상했다.

TV의 생산과 함께 가전산업에서의 경쟁도 본격화한다. 1967년에 대한전선이 전자산업에 진출해 이듬해부터 냉장고, 라디오, 흑백TV 등을 생산하기 시작한 것이다. 그리고 1969년에는 드디어 삼성전자가 등장한다. 삼성은 전자산업 진출을 추진하며 일본 산요사와 합작투자 계약을 통해 인가신청을 냈으나 금성사를 비롯한 당시 전자업체들은 지나친 경쟁이 우려된다며 이를 결사적으로 반대했다. 삼성이 일본기업과 손잡고 한국시장을 일본기업에 넘기려 한다는 주장까지 나오는 가운데 삼성은 "생산제품의 90퍼센트 이상을 수출하겠다"는 조건을 내걸면서 겨우 정부로부터 승인을 얻을 수 있었다.

어렵사리 진출한 전자산업이었지만 10년이 넘는 격차를 따라잡는 것은 쉬운 일이 아니었다. 매번 금성사에 밀리는 것을 보다 못한 이 회장은 "왜 이리 당하기만 하나"라며 푸념하기도 했다. 그렇지만 오랜 노력은 배신하지 않는 모양이다. 계속해서 밀리면서도 포기하지 않았던 삼성전자는 결국 1975년 8월 '이코노Econo TV'를 내며 한 방에 전세를 역전시킨다. 당시 TV는 스위치를 켜고 20초 정도 예열을 해야 화면이 나왔는데, 이 시간을 5초로 줄인 것이다. 그로 인해 큰 인기를 얻으며 출시 이듬해에는 500퍼센트라는 경이적인 성장세를 기록한다. 이처럼 삼성의 등판을 계기로 금성사의 독무대였던 우리나라 가전산업은 본격 경쟁기에 돌입하며 새로운 도약기를 맞이한다.

흑백TV 다음은 당연히 컬러TV의 시대다. 그런데 최초 컬러TV의 주인공은 금성사도 삼성도 아닌 '아남전자'였다. 국산 TV가 선보인 지 약 8년 만인 1974년 3월, 일본 마쓰시타전기와 합작해 만든 'CT-201'인데 금성이나 삼성보다도 3년이나 앞선 것이었다. 컬러TV 분야에서는 금성은 삼성에 이어 세 번째 주자가 되었다. 삼성이 컬러TV에서만큼은 뒤지지 않겠다는 결연한 의지를 보이며 금성보다 5개월여 앞선 1977년 4월, 14인치 컬러TV를 먼저 양산하기 시작한 것이다.

삼성이 금성보다 빠르긴 했지만, 금성 입장에서는 굳이 서두르지 않았던 측면도 있다. 이때 박정희 정권은 "컬러TV는 아직 시기가 아니야. 사람들이 사치에만 신경 쓰게 되고 흑백TV도 없는 농민, 서민들은 위화감을 느끼지 않겠나?"며, 과소비와 계층 간 위화감 조장 등을 이유로 컬러 방송에 부정적이었다. 아직 컬러 방송 자체가 허용되지 않았기에 이미 흑백TV에서 우위를 점하고 있던 금성으로서는 굳이 컬러TV를 서두를 이유가 없었던 것이다. 흑백TV조차 갖기 어려운 시절에 컬러TV를 살 만한 가정이 얼마나 되었겠

금성사의 컬러TV 카달로그

쿠테타로 정권을 장악한 신군부가 컬러 방송을 허용하면서 1980년대부터 컬러TV의 시대가 열린다. 금성사와 삼성전자는 서로 앞다투어 TV뿐 아니라 다양한 전자산업 전반으로 경쟁을 확대해 제품 개발에 열을 올렸다. (국립민속박물관 소장)

는가. 게다가 TV에 고객을 빼앗길 것을 두려워한 신문도 컬러 방송에 반대하고 있었다.

하지만 기술과 문명의 발전을 언제까지 인위적으로 막을 수만은 없다. 쿠테타로 정권을 장악한 신군부가 컬러 방송을 허용하면서 컬러TV의 시대가 시작된다. 새롭게 컬러TV 시장에서 맞붙은 삼성과 금성은 엄청난 광고 전쟁을 벌였는데, 너무 과열된 나머지 이를 좀 자제하자고 상공부장관이 만든 자리에서 두 회사 사장이 멱살을 잡고 육탄전 일보직전까지 갔을 정도로 분위기가 험악했다고 한다.

두 회사는 이름에 별star이 들어 있다. 이 둘의 경쟁은 그야말로 '별들의 전쟁'이었다. 냉장고·세탁기·TV에서 시작한 전쟁은 LCD·PDP·휴대폰·디지털TV 등 전자산업 전반으로 확장되었으며, 국내뿐 아니라 전 세계를 무대로 벌어지고 있다. 두 회사 모두 세계 1, 2위를 다투고 있는 상품들을 많이 만들어냈기 때문이다. 1970년대 후반부터 벌어진 삼성과 금성사, 그리고 대우전자까지 합세한 가전 분야 경쟁을 통해 전자산업은 우리나라 기간산업의 자리를 굳혀간다. 주력 품목이 TV와 가전제품에서 반도체, 휴대폰, LCD 패널 등으로 확대된 것이 2000년 이후 국내 전자산업의 특징이다.

에어컨과 세탁기로 세계 시장을 장악하다

금성사는 TV에 이어 1968년 3월에 에어컨 '금성GA-111'을 출시했다. 다른 가정용 가전제품 대비 생각보다 이른 시점인데, 정부 차원에서 수입 대체와 외화 절약 계획에 따라 개발된 것이 특징이다. 당시 미국 GE가 판매한 수입 에어컨 가격이 23만 원(현재 가치로 따지면 약 650만 원 정도로 환산할 수 있다) 1969년 입주한 최초 시범아파트 '금화아파트'의 분양가가 30~40만 원이었던 것을 보면, 에어컨 가격이 아파트 가격이랑 비교될 정도로 고가였다. 금성사의 최초 에어컨은 17만 5천 원이었지만, 이 역시 가정에서는 엄두를 내기 힘들었다. 게다가 당시 언론보도에 따르면 에어컨을 사용하려면 별도 전력장치를 설치해야 했다고 한다. 여러 가지 이유로 인해 에어컨은 일반 가정보다는 호텔이나 백화점 등에 주로 설치되었다.

2012년에는 초창기 생산된 금성에어컨이 생산 공장이었던 창원으로 돌아와 화제가 되기도 했다. 한 고객이 1970년대 후반에 구매했던 에어컨을 기증한 것인데, 이는 1977년 생산된 GA-120모델로

35년이 지났음에도 일부 녹슨 것 외에는 냉방력 등 제품의 성능은 여전히 정상이었다고 한다.

이 기증자의 이야기를 들어보면 "20년 전 서울 방배동에서 경기도 안양으로 이사할 때 에어컨도 이전 설치했는데 당시에도 15년이나 된 에어컨이어서인지 금성사 연구소 직원 한 명이 직접 찾아와 '혹시 사용을 안 하시게 될 때 연락주시면 수거해가겠다'며 명함을 건넨 것이 생각나 LG에 연락한 것"이라고 한다. 이렇게 오랫동안 사용할 수 있도록 튼튼하게 만든 기업도 훌륭하지만, 자사 상품의 흔적을 찾아 연락을 요청한 연구소 직원의 열정도 대단하다. 당시 소비자 가격이 26만 9,980원이었다고 하는데, 1970년대 후반 대기업 사원 월급이 10만 원 정도였던 것을 감안하면 실제로 꽤 비싼 제품이었다.

LG전자는 1994년 세계에서 가장 조용한 에어컨인 '카오스'를 개발하는 등 계속해서 기술발전과 신제품 출시를 이어갔고, 2000년에는 '휘센'이라는 에어컨 종합 브랜드를 론칭해 전 세계 시장을 점령하고 있다. 휘센은 '휘몰아치는 센바람'이라는 우리말에서 따온 말이다.

에어컨에 이어 다음 해인 1969년 5월에는 세탁기(WP-181)를 선보였다. 깨끗한 빨래를 연상시키는 흰백색의 '백조'라는 이름을 달고 나온 이 제품은 세탁통과 탈수통이 분리되어 있는 2조식 세탁기로, 지금 웬만한 세탁기의 10분의 1도 안 되는 1.8킬로그램의 용량을 갖추고 있었다. 하지만 세탁기 역시 좀 이른 감이 있었는지, 시장 안착이 쉽지 않았다. 빨랫비누를 앞뒤로 묻혀가며 손으로 벅벅 비비고 방망이로 두드려서 때를 빼는 손빨래에 익숙했던 것도 있지만, 사회 전반적으로 '세탁기는 사치품'이라는 사회적 인식을 넘기가 어려웠다. "빨래는 시간의 낭비입니다"라며 주부들 편을 들어 광고했지만 역부족이었다. 또한 금성답지 못하게 부품의 국산화율이 5퍼센트에 불과한 것은 좀 아쉬운 부분이었다. 그렇지만 이 제품은 최초의 국내 생산 제품으로 인정받으며 2013년 8월 국가등록문화재 582호로 등재되어 그 역사적 가치를 증명했다.

삼성전자가 세탁기를 생산한 것은 그로부터 6년이 지난 1974년이다. 의외로 이미 이때 빨래가 다 됐다고 벨소리로 알려주는 알람 기능도 일찌감치 개발되었다. 이전의 세탁기는 1차 세탁이 끝나면 세탁기가 멈춰섰고, 다시 헹굼 버튼을 눌러야 했다. 세탁 버튼을 누른 후 잊어버리기 일쑤였을 테니, 헹궈지지 않은 빨래가 그대로 방치되어 옷감이 상하는 일이 빈번했을 터였다. 사소하지만 성가신 불편함을 해결하고자 알람기능을 설치했는데, 1974년 'WP-2305'라는 모델부터 적용되었다. 1978년에는 세탁과 헹굼이 자동으로 진행되는 2조식 자동세탁기가 나와 이 불편함은 다시 개선이 되긴 했다.

1996년에 나온 '통돌이세탁기'는 LG 세탁기의 기술력이 한 단계 성장하는 계기였다. 기존의 세탁봉 대신 거꾸로 빨래통이 도는 방식이었는데, 서로 반대 방향으로 도는 빨래판과 빨래통이 물살을 만들면서 세탁력이 강화된 제품이었다. 통돌이세탁기 개발 과정에서 내부적으로 쌓인 기술적 경쟁력을 통해 LG전자는 세탁기 부문에서 전 세계 최고 수준의 기업들과 대등한 지위에 서게 된다. 그 이후부터는 오히려 LG전자가 세계 시장을 선도했다.

2000년대에는 드럼세탁기 시대가 도래하며 세탁기 용량 경쟁이 치열했는데, 2005년 LG는 당시로는 세계 최대 용량인 15킬로그램짜리 드럼세탁기를 출시했다. 국내 최초를 넘어 이젠 세계 최초 타이틀을 갖기 시작한 것이다. 이후 2015년에는 드럼세탁기와 통돌이세탁기를 결합한 트윈세탁기를 내놓으면서 이제까지 없었던 새로운 제품으로 다시 한 번 세계를 놀라게 한다.

지금도 LG는 미국 시장에서 세계 최대의 가전업체인 월풀을 제치고 프리미엄 세탁기 시장에서 1위를 다투고 있다. 물론 LG와 1위 자리를 놓고 싸우고 있는 가장 큰 경쟁자는 우리에게는 '또 하나의 가족'인 삼성전자다.

반도체와 스마트폰 개발로 만든 역전극

삼성전자는 금성사보다 10년 가까이 뒤늦게 출발했기에 꽤 오랫동안 2위 자리에 만족해야 했다. 하지만 지속적인 투자와 기술개발은 물론 창업주 사이의 자존심 경쟁까지 더해지면서 1970년대부터 신제품 개발 경쟁에 이어 1980~90년대는 치열한 마케팅 경쟁으로 소비자를 즐겁게 했다.

금성사의 최초 대열에 삼성전자가 손을 놓고 있었던 것은 당연히 아니다. 흑백TV는 금성사에 밀렸지만 컬러TV는 앞서고자 했던 삼성은 아남에 최초 타이틀을 내주긴 했지만 금성사보다는 빨랐다.

그리고 이를 바탕으로 1980년대 우리나라에 '비디오 테이프' 문화를 만들었던 VCR을 국내 최초로 개발한다. 삼성표 국내 최초가 드디어 선보이기 시작한 것이다.

VCR 개발을 위해 삼성은 일본기업과 제휴를 추진했지만 당시 일본은 "VCR기술만큼은 절대 다른 나라에 전수하지 않는다"며 거절했다. 어쩔 수 없이 독자개발 노선을 선택한 삼성 연구팀은 일본 제품을 일일이 분해해보면서 원리와 기술을 익히고 실패를 거듭한 끝에 드디어 1989년 5월에 '삼성SV-7700S'를 출시할 수 있었다. 이는 일본과 독일(당시 서독), 네덜란드에 이어 세계에서 네 번째 독자 개발이었다.

'주방의 혁명'이라고 하는 전자레인지 역시 한국에서는 삼성전자가 처음으로 만들었다. 1970년대 중반 미국과 일본에서 전자레인지가 선풍적인 인기를 끌자 삼성은 일본 파나소닉 제품을 모델로 삼아 연구개발에 착수, 2년여만인 1978년 11월에 국산 전자레인지 시대를 열었다.

가전 영역에서의 선전이 이어졌지만 삼성이 금성의 그늘을 벗어나 오늘날 세계 최고의 전자기업으로 올라설 수 있던 것은, 1980년대, 당시로는 무모해보이던 반도체 진출이라는 승부수가 제대로 성공했기 때문이다. 반도체 시장 진출 이후 휴대폰과 스마트폰 시대가 열리면서 삼성전자는 반도체 등 부품에서부터 가전영역은 물론 컴퓨터, 스마트폰을 아우르는 명실상부 글로벌 최고 전자기업으로 부상할 수 있었다.

지금은 애플과 함께 전 세계 스마트폰 시장을 좌우하고 있는 삼성이지만 첫 스마트폰 시장 진출은 초라했다. 한국에서 휴대폰 서비스가 시작된 것은 1988년이다. 이 해에 열린 올림픽을 계기로 삼성전자는 'SH-100'이라는 독자 모델을 개발하며 휴대폰 시장에 진출했다. 이때만 해도 모토로라, 노키아 등 글로벌 경쟁업체들의 벽은 한없이 높게 느껴질 때였다. 하지만 후발주자로 출발해 금성을 따라잡았듯이 휴대폰 시장에서도 삼성의 저력은 빛났다.

1996년, 우리나라가 CDMA 첫 상용서비스를 시작하면서 세계 최초로 디지털 휴대폰을 선보이게 된다. 1997년 후반에 우리나라에 PCS 시대가 시작되면서 "한국 지형에 강하다"를 무기로 '애니콜'을 등장시켜 국내 시장을 장악하고 있던 모토로라를 물리치며 새로운 브랜드 신화를 만들어냈다. 이때 LG전자도 가세했는데 "빌딩이 많은 도시 지형에 유리하다"며 시원하게 터지는 '화통'이라는 제품을 선보이기도 했다. 의미 전달에 중점을 두었다 하더라도 시대감각에 뒤쳐지는 브랜드였다. 이어서 "걸면 걸린다"는 '걸리버'를 내는 등, 이때부터 이미 LG전자의 휴대폰 사업부의 미래는 밝지 않았던 듯하다. 삼성은 스마트폰 시대가 도래하면서 애니콜에서 '갤럭시'로 브랜드를 갈아타며 애플과 함께 스마트폰 시장을 양분하고 있다. 최근 LG가 스마트폰 사업을 철수하면서 앞으로 애플과 삼성은 당분간 세계 모바일 디바이스 시장을 두고 협력과 경쟁 관계를 지속할 것으로 보인다.

스마트폰에서 체면을 구기긴 했지만 LG전자는 여전히 삼성전자와 함께 가전산업 분야에서 국내는 물론 글로벌 시장에서 맞붙고 있다. 전쟁으로 폐허가 된 땅에서 먹을 것도 제대로 없던 시절 라디오를 만들겠다며 호기롭게 시작한 작은 회사가 이제는 전 세계 시장을 무대로 최고의 성과를 내며 달려가고 있다. 또 다른 한 회사는 뒤늦은 출발이었지만 전자산업의 발전가능성을 믿고 무모함에 가까운 결단과 도전을 통해 글로벌 최고의 전자기업으로 자리 잡았다. 미국과 일본의 하청 조립공장에 지나지 않았던 과거를 생각하면 상상조차 하기 어려운 오늘이다.

좁은 시장에서 치열하게 경쟁하고 성장하면서 누구도 넘보지 못하는 역량을 차곡차곡 쌓아온 것이 밑바탕이 되었기 때문에 가능했던 일이다. 앞으로도 계속해서 두 회사가 건전한 경쟁의 맞수로 남아 우리나라를 넘어 전 세계 전자산업의 혁신을 이끌어주길 바란다.

5
세계를 놀라게 한 금속 기술
도루코

남자들의 유혈 사태를 해결해준 안전면도기

성인 남성이라면 누구나 피하기 어려운 아침 의식이 있으니, 밤새 자라난 수염을 정리하는 면도다. 그리 어려운 일도 아니지만 꽤 성가시거니와 방심하면 코밑이나 턱 주변에 핏자국을 낼 지도 모르는지라 조심조심 치러야 하는 매일의 과업이기도 하다. 그나마 전기면도기를 사용하면 시간이나 위험을 어느 정도 줄일 수 있지만, 말끔한 면도를 원하는 많은 남성들이 아직도 아침 세수와 함께 비누거품이나 면도크림을 사용하는 습식면도 방식을 선호한다.

하지만 100년 전만 해도 지금의 위험이나 성가심과는 비교조차 안 될 정도로 면도는 불안하고 아슬아슬한 작업이었다. 요즘으로 치자면 과일 깎는 칼 정도 되는 크기의 일자형 외날 칼날을 가지고 스스로 자기 턱과 목 주변의 수염을 깎아내는 것은 쉽지 않은 일이었다. 힘 조절이 서툴거나 조금만 방향이 엇나가도 바로 피가 주르륵 흘러내리는 끔찍한 광경이 벌어진다. 그래서 영화에도 나오지만 면도는 이발소 같은 곳에 가서 전문가에게 맡기는 고난도 작업이었다.

이런 '목숨을 건 위험'한 면도로부터 전 세계 남성을 구원해준 것은 19세기 후반 독일 출신의 캄페Kampfe 형제가 만들어 낸 세계 최초의 안전면도기였다. 칼날에 수직으로 손잡이를 달아 손잡이와 칼날이 90도로 연결된 지금과 같은 방식의 면도기가 처음으로 나온 것이다. 지금 보면 그다지 안전하다고 할 수 없으나 당시로서는 안전성이 훨씬 높아진 그야말로 혁신적인 발명이었다.

캄페 형제의 안전면도기 이후 20여 년간 수많은 사람들에 의해 제품개량 및 기술발전이 이뤄지는데, 그 중에 1901년 킹 질레트 King C. Gillette가 지금의 모양과 비슷한 양날면도기를 출시하면서 본격적으로 대중화의 길을 걷게 된다. 그는 처음으로 양쪽에 날이 있는 양날형 면도칼을 채택하고, 여기에 칼날을 교체해서 쓸 수 있게 함으로써 편의성을 크게 높였다. 이 제품이 크게 인기를 끌자 동시에 그는 과감한 연구 개발 투자와 공격적인 마케팅을 통해 시장을 주도하면서 오늘날까지 전 세계 면도기 시장의 부동의 1위 브랜드 자리를 지키고 있다.

질레트가 면도기를 대표하는 브랜드라지만, 우리나라에는 오래 전부터 도루코가 있었다. 전 세계 면도기 시장은 대체적으로 질레트와 쉬크가 압도적 점유율을 보이며 나란히 1, 2위를 차지하는 비슷한 형태이지만 우리나라에서만큼은 도루코가 쉬크를 제치고 2위를 지키고 있다. 더군다나 국내 시장에 만족하지 않고 중동을 포함해 전 세계를 활동 무대로 늘려가고 있는 몇 안 되는 글로벌 브랜드이기도 하다.

지퍼에서 시작된 '도루코'의 탄생

도루코의 첫 시작은 면도기가 아니었다. 도루코 설립자인 탁시근 회장이 1955년 설립한 '동양경금속'은 처음에는 지퍼를 생산하는 회사였다. 사업이 크게 흥해 직원 수가 1천여 명에 이르는 등 전쟁 직후에 설립된 기업 중에는 손에 꼽을 정도였다고 한다. 그러다가 1958년 '대한도물'이라는 회사를 인수하는데, 이 회사가 미군부대에서 수집한 폐면도날로 문구용 칼을 만들고 있었기 때문에 자연스럽게 칼 제조업까지 분야를 확장하게 된 것이다. 초기에는 문구용 칼을 생산했는데, 이후로 면도용, 가정용 등 각종 칼 생산으로 분야가 넓어지면서 회사 이름도 1960년에 '한일공업'으로 바꾸었다.

한일공업으로 이름을 바꾼 뒤 1961년부터 독일로부터 제조시설을 들여와 안전면도기를 제조하기 시작했는데, 1964년부터는 이 면도기에 '도루코DORCO'라는 브랜드를 도입했다. 어감 때문에 일본기업이 아니냐는 의혹을 받기도 했는데 DONGYANG의 'DO'와 Razor(면도기)의 'R', Company(회사)의 'CO'를 조합한 영어 브랜드다. 도루코는 탁시근 회장이 직접 만든 이름이라 하는데, 브랜드가 유명해지면서 1990년부터는 한일공업사 대신 회사 이름을 도루코로 바꿔서 쓰고 있다.

1960~70년대 도루코는 주요 일간지 돌출 광고의 단골손님이었다. 이 작은 조각광고는 면도기, 지퍼 등 비교적 단조로운 제품들을 가진 도루코에게는 적은 예산으로도 꾸준히 이름과 제품을 알릴 수 있는 좋은 도구였다. 1960년대 중반까지는 면도기 중심이었지만 1970년대에는 펜촉까지도 소개하는 것을 보면 면도기 외에도 펜촉 등 작은 금속을 정밀하게 다루는 영역으로 계속해서 다양하게 도전했음을 알 수 있다. 3~4일에 한 번씩 주요 일간지 기사 면에 돌출형으로 집행하는 식인데, 기사를 읽다가 자연스럽게 이 광고를 접하게 될 것이기 때문에 브랜드 인지에는 큰 도움이 되었을 것으로 보인다.

우연이었지만 지퍼에서 칼로 확장한 것은 도루코 입장에서는 그야말로 신의 한 수였다. 1970년대 일본의 세계적 지퍼 브랜드인 YKK가 한국에 직접 진출하면서 그때까지 한국에서 지퍼를 생산하던 600여 개 업체들이 한순간에 몰락하는 일이 벌어졌다. 이때 도루코 역시 지퍼 사업에만 매달려 있었다면 다른 지퍼 제조사들과 비슷한 운명에 처했을지도 모른다. 이를 계기로 동양경금속은 자의 반 타의 반 지퍼 사업을 접고 면도기를 포함한 칼 사업에 집중하게 된다.

도루코 면도기는 1980년대 후반까지는 국내 시장을 거의 독점에 가까운 상태로 지배했다. 국내에서도 딱히 경쟁사가 없었고, 해외 브랜드들은 거의 수입 금지 상태나 다름없었다. 면도기가 수입 금지 품목은 아니었지만, 특별관세대상으로 높은 세금 덕에 사실상

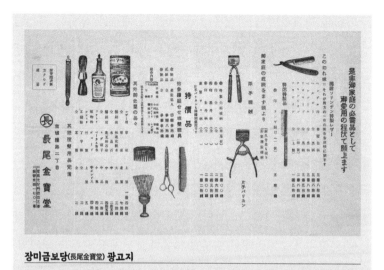

장미금보당(長尾金寶堂) 광고지

종로에 있던 이발용품 가게에서 만든 광고지로, 당시 사용하던 가정용 면도기와 이발기, 기타 이발용품 등이 가격과 함께 그려져 있다. (국립민속박물관 소장)

정상적 수입판매는 불가능한 상태였기 때문이다. 하지만 관세장벽의 보호만으로 어떤 한 제품이 오랫동안 사랑을 받으면서 살아남는 것은 불가능한 일이다. 도루코는 질레트나 쉬크Schick의 기술개발과 제품개선 흐름에 맞춰 국내에서도 품질 좋은 면도기를 제공하기 위해 노력했다. 지금은 쉬크와 한 식구가 된 '윌킨슨 소드Wilkinson Sword'라는 회사에서 1965년 스테인레스 재질의 면도날을 출시해서 큰 변혁을 가져오자 도루코 역시 1968년 국내 시장에 스테인레스 재질의 면도날을 출시한 것이나, 1970년대 질레트가 최초로 지금의 면도기와 유사한 플라스틱에 면도날을 2중으로 끼워 넣은 2중날 카트리지형 면도기를 세상에 내놓자, 도루코 역시 1981년에 국내에 2중날의 카트리지형 면도기를 출시하는 식이다.

군대에 납품하면서 사세를 키운 것도 질레트와 유사한 특징이다. 질레트 역시 제1차 세계대전 군납을 통해 본격적 글로벌 브랜드로 성장할 수 있었는데, 도루코 역시 군납품에 많은 공을 들인다. 군납 제품에 대한 품질을 항상 신경 쓸 뿐 아니라, 크리스마스 행사로 면도기 용품으로 구성된 선물꾸러미를 들고 군부대를 깜짝 방문하는 이벤트를 열기도 한다. 이 외에도 군대 내 동아리 활동이나 국방매거진과 함께 휴가 지원 프로젝트를 여는 등 군심軍心 잡기에 총력을 기울이고 있다. 젊은 남성들이 군에서 사용한 경험을 바탕으로 사회에서도 계속해서 도루코 사용자로 남게끔 하는 전략인데, 실제로 20대의 도루코 사용률이 30대보다 높게 나타나고 있다.

하지만 여전히 한국에서도 질레트의 점유율은 압도적이다. 우리나라 성인남성 20~40대를 대상으로 조사한 가장 최근의 조사를 보면 도루코(29.8퍼센트)와 쉬크(20.0퍼센트)를 합쳐도 질레트(74.7퍼센트)에 미치지 못하는 상황이다.

기술개발로 위기를 극복하다

호랑이 없는 산골에서 대장 노릇하던 여우 처지였던 도루코는 시장 개방과 함께 시작된 덩치 큰 글로벌 브랜드의 공세에 휘청거릴 수밖에 없었다. 1980년대 수입자유화 정책에 따라 질레트와 쉬크가 국내에 진출했는데 이들의 고급 2중날 카트리지 면도기는 품질과 디자인 등 모든 면에서 차원이 달랐다. 소비자들은 그 고급스러움에 이끌려 몇 배나 더 비싼 가격이었음에도 질레트와 쉬크 앞에서 지갑을 열었다. 그동안 마땅한 경쟁자 없이 글로벌 기업의 기술을 뒤따라가며 국내 시장을 지배하던 도루코에게 이들은 벅찬 상대였다. 품질평가자료를 내세우며 제품력에서 뒤지지 않는다고도 해보고, "허영심마저 깨끗하게 깎아준다"며 국산브랜드라는 것을 무기로 국민감정에 호소하기도 했지만 모든 것이 역부족이었다.

1차 시장개방에 이어 1990년 질레트가 독자 규격의 면도기를 출시한 것이 도루코에게는 더 큰 치명타였다. 시장 개방 초기 2중날 시절만 해도 면도기에 탈부착하는 면도날 카트리지 규격이 표준화되어 있었다. 이런 이유로 질레트, 쉬크 면도기를 사용하면서 면도날 카트리지는 상대적으로 저렴한 도루코를 사용하는 사람들도 꽤 많았는데, 질레트 센서가 표준 규격이 아닌 자사 독자 규격을 사용하면서 이 수요조차 완전히 막혀버린 것이다. 시장개방에 이어 면도날 호환까지 어렵게 되면서 도루코 면도기 사업의 매출은 80퍼센트나 감소하는 등 최악의 위기를 맞았다. 도루코는 면도기 시장에서 경쟁력을 상실한 채 주방용 식칼, 문구용 칼이나 숙박업소·목욕탕 등에서 판매되는 일회용 면도기로 가까스로 버텨내는 상황이 되었다.

1990년대 후반, 허덕이는 도루코와는 관계없이 세계 면도기 시장은 새로운 경쟁국면으로 진입한다. 더 깨끗하고 안전한 면도를 추구하며 카트리지 내에 들어가는 면도날 수를 늘려가는 기술 경쟁이 시작된 것이다. 1998년 질레트가 '마하3'로 3중날 시대를 연 것이 최초였는데, 이후 2003년에는 쉬크가 4중날 '쿼트로'를, 2006년에는 질레트가 5중날 '퓨전' 시리즈를 출시하며 카트리지 내 면도날의 개수가 점점 늘어가고 있었다.

면도날은 단순해보이지만 첨단기술을 요구하는 분야다. 핵심 부속인 면도날 제조를 위해서는 우선 스테인리스 강을 0.075밀리미터의 박편으로 가공할 수 있어야 한다. 이것을 다시 100만분의 1밀리미터 두께로 균일하게 갈아내 칼날을 형성하는 연마기술도 필요하다. 칼날의 마모와 부식을 방지하고 피부 트러블을 최소화하기 위해 특수금속과 수지를 입히는 초박막 코팅기술도 갖춰야 한다. 질레트, 쉬크 등 글로벌 브랜드들이 면도기에 고가를 유지하는 명분 역시 이런 최첨단 기술의 연구개발과 품질유지에 그만큼 많은 투자가 필요하다는 이유이기도 하다.

더 이상 뒤쳐질 수는 없다는 위기감에 내몰린 도루코는 1997년 자체 기술연구소를 설립하고 기술경쟁력 강화에 나섰다. 나름 오랜 역사를 통해 면도날 분야에서의 경쟁력은 자신 있었다. 하지만 뒤쫓아가는 것만으로는 세계적 브랜드와의 경쟁에서는 한계가 있었기에 아예 한 발 앞선 제품을 목표로 총력을 기울였다. "질레트와 P&G는 막강한 유통망과 혁신적인 마케팅 기법으로 무장한 경영학의 모범생이다. 현존하는 면도기 기술의 한계를 뛰어넘어야만 승산이 있었다"는 당시 전성수 대표의 말은 도루코의 절박함을 잘 표현하고 있다.

그 결과 2007년 도루코는 질레트보다도 날이 하나 더 많은 6중날 카트리지를 개발하며 세계를 놀라게 했다. 면도날이 들어 있는 카트리지에서 칼날이 들어가는 부분은 1센티미터도 되지 않는 좁은 공간이다. 이곳에 여러 개의 칼날을 삽입하는 것은 결코 쉬운 일이 아니다. 당시로는 5중날이 한계로 받아들여지고 있었는데 도루코는 독자기술을 통해 이 한계를 극복했다. 카트리지 내에 면도날을 집어넣기 위해 이제까지는 두 개의 면도날을 이어 붙여서 집어넣었는데, 도루코는 면도날을 구부리는 '절곡날 굽힘'이라는 원천 기술을 개발하여 적용한 것이다. 용접해서 붙이는 방식보다 훨씬 작은 공간을 차지할 뿐 아니라 생산원가도 절감할 수 있었다.

6중날과 함께 세계시장의 주목을 받기 시작한 도루코는 여기서 그치지 않고 다중날 기술에서는 세계 최고임을 증명이라도 하듯 2017년에는 7중날의 '페이스 7'을 선보인다. 다중날 경쟁에서 앞서 간 기술력을 보인 페이스 시리즈 덕분에 도루코는 한국 시장에서 점유율 2위를 회복하며 존재감을 되찾을 수 있었다. 1987년 시장 개방과 함께 밀어닥친 질레트, 쉬크에 속절없이 시장을 내주고 숙박업소에서나 볼 수 있는 싸구려 브랜드로 추락한 지 30여 년만의 부활이었다.

글로벌 브랜드를 향한 새로운 도전

페이스 시리즈는 세계 시장으로 진출하는 도루코의 발걸음을 더욱 가볍게 해주었다. 1976년 처음 해외수출을 시작한 도루코는 매년 해외 매출 비중을 늘려오고 있었다. 이미 해외 130여 개국에 수출되면서 해외 매출이 도루코 전체 매출액의 70퍼센트 이상을 차지할 정도다. 하지만 저렴한 가격 대비 괜찮은 성능의 가성비를 내세울 수 있는 아시아, 남미, 아프리카 등지가 주요한 수출시장이었고, 미국과 유럽 등 선진국 시장에는 OEM이나 PB상품 형태로 진출하는 것이 대부분이었다. 이런 한계를 극복하게 해준 것이 페이스 시리즈였다. 질레트와 쉬크도 해내지 못한 기술 덕에 새로운 프리미엄급 브랜드로 주목받게 되면서 선진국 시장으로도 수출량을 늘릴 수 있었다.

특히 2010년대 이후 미국 시장에서 좋은 성과를 보이고 있는데, 여기에는 재미있는 배경이 있다. 2011년에 면도날 배달 서비스 스타트업인 'DSC(Dollar Shave Club)'가 등장했다. 이 회사는 120년 가까운 역사를 가진 질레트가 고수했던 전통적인 고급, 고가 전략을 바꾸게 만든 장본인이다. 비즈니스 모델은 심플한데, 어차피 정기적으로 교체해줘야 하는 면도날 카트리지를 정기적으로 집으로 직접 배송해주는 서비스다. 매번 매장을 찾지 않아도 되는 편리함에 더해 온라인 유통을 무기로 면도기 가격을 획기적으로 낮췄다. 면도기가 이렇게 비쌀 이유가 없다는 것이었는데, 이 발상이 미국 면도기 시장을 뒤흔들었다. 온라인 시장에서 질레트를 압도하는 것은 물론, 전체 시장에서도 철옹성 같았던 질레트의 점유율을 하락세로 꺾어버리는 괴력을 발휘했다. 소비자의 반응이 뜨거운 것을 본 질레트는 어쩔 수 없이 처음으로 가격을 20퍼센트까지 내리는 충격적인 결정을 해야 했다.

DSC의 성공에는 '정기 배송'이라는 사업모델도 중요했지만, 기본적으로 저렴한 가격에 상대적으로 만족스러운 면도기 품질이 큰 역할을 했다. 아무리 싸고 편리해도 본질적인 경쟁력이 갖춰지지 않으면 그 사업은 성공할 수 없다. 도루코는 DSC에 면도기를 공급하는 주인공이 바로 도루코였다. DSC를 시작으로 후발주자인 세이브폽, 렛츠세이브 등에도 면도기와 면도날을 공급하고 있었는데, 이 사실이 알려지면서 미국 소비자들이 도루코라는 브랜드를 다시 보기 시작했고, 이를 계기로 인지도와 시장점유율을 함께 높여가고 있는 중이다. 여기에 추가로 유니레버가 DSC를 인수할 때 보유 중이던 DSC 지분을 매각해 589억 원의 투자 수익을 얻었는데 이는 그 해 도루코의 영업이익 472억 원을 훨씬 웃도는 큰 금액이다. 이래저래 DSC는 도루코에게 엄청난 인연이자 은인인 셈이다.

하지만 거꾸로 국내 시장에서는 질레트가 겪었던 도전을 받고 있다. 와이즐리 등 한국의 DSC라 할 만한 스타트업들이 미국과 마찬가지로 저렴한 가격과 편리함, 우수한 품질 등을 내세우며 등장했다. 이들은 온라인 서비스에 친숙하며 가성비를 따지는 젊은이들을 대상으로 빠르게 시장을 넓혀가고 있는 중이다. 도루코가 미국 시장 파트너였던 DSC를 통해 얻었던 교훈과 이익을 바탕으로 국내 시장에서도 좀더 기민하게 대응했으면 또 어땠을까 하는 아쉬움이 있다.

도루코는 초창기 지퍼 생산으로 시작했지만, 1961년 면도날을 생산하기 시작한 이후 70년 가까이 한 우물을 파며 '날' 제조 전문 기업으로서의 한 길을 걷고 있다. 일본색이 강한 발음 때문에 일본 기업으로 의심을 받기도 했지만 전쟁 전후 척박한 산업 토양에서 순수 한국 기업으로 시작해 오늘에 이르고 있는 한국의 토종 브랜드다. 어려운 시기도 있었지만 다시 기본으로 돌아가 연구개발을 통해 세계 수준의 역량을 확보하고, 두 배 가까이 되는 역사를 지닌 글로벌 기업들과 경쟁하고 있으니 그것만으로도 평가받을 자격이 있다. 도루코는 2019년에 새롭게 CI를 교체하고, 국내 시장은 물론 세계 시장에서도 인정받는 세계 3대 면도기 브랜드로 입지를 강화하겠다는 의지를 보이고 있다. 세계 시장에서 백년 기업을 향한 항해가 순항하기를 바란다.

6
영원한 나의 문구 친구
모나미

한국인이라면 무조건 한 번 이상은 써본 볼펜

전 국민이 최소한 한 번쯤은 손에 쥐어봤을 법한, 내 돈 주고 직접 산 기억은 별로 없지만 누구나 필통에 한 자루 정도는 들어 있고, 차라리 잃어버리기는 쉬워도 끝까지 쓰기는 더 어려웠다는, 관공서에 가서 뭔가 문서를 작성할 일이 생기면 반드시 만나게 되는 펜. 너무나 일상적이어서 그 존재감을 느끼지 못할 정도가 되어버린, 모나미 153볼펜이다. 흰색과 검은색의 단조로운 조합에 심플한 육각형 모양의 몸통을 태어났을 때부터 지금까지 60년 가까이 계속 유지하고 있다.

볼펜은 1945년 해방과 함께 들어온 미군에 의해 처음 우리나라에 들어오기 시작했는데, 한국전쟁 당시 종군기자들이 많이 사용했다고 한다. 그 이후 우리나라에서도 주로 기자들이 많이 사용하면서 '기자펜'이라고도 불렸다. 세계적으로 볼펜은 남미의 아르헨티나에서 처음 개발된 것으로 알려져 있다. 우리가 접하는 신문물의 대부분이 유럽이나 미국 중심이었던 상황에서 좀 생소하긴 한데, 여기에는 사연이 있다.

볼펜을 처음 발명한 라디슬라스 비로Ladislas Biro, 게오르그Georg 형제는 헝가리 태생이다. 화가이자 언론인이기도 했던 형 비로는 매일 많은 양의 글을 써야 했는데, 그에게는 만년필이 고마운 존재이자 동시에 애물단지였다. 취재 도중에 잉크가 말라서 자주 보충해야 했고, 펜을 써본 사람이라면 다 알겠지만 손에 잉크가 묻어나와 얼룩지는 일도 다반사였다. 날카로운 펜촉은 급하게 휘갈겨 쓰는 힘을 이기지 못하고 종이가 찢어지는 일도 잦았다.

그는 화학자인 동생에게 "잉크를 보충하지 않아도 되고, 종이도 찢어지지 않는" 필기구를 만들어보자고 제안했고, 이들은 1938년 펜 끝에 볼베어링을 통해 잉크가 새어나오도록 하는 현재 볼펜의 원형 제품을 고안해냈다. 하지만 바로 대량생산까지는 가지 못했는데, 그러던 중 유태인이었던 이들 형제는 제2차 세계대전을 피해 남미 아르헨티나로 이주해 연구를 계속하게 된다. 결국 1943년 아르헨티나에서 다시 특허를 획득하고 '비롬Birom'이라는 브랜드로 볼펜을 생산하기 시작했다. 이런 탓에 아르헨티나는 볼펜의 종주국이 되었고, 비로의 생일인 9월 29일을 발명의 날로 지정하여 그 업적을 기념하고 있다. 이렇게 만들어진 볼펜은 영국과 미국 등지에서 큰 인기를 끌었는데, 특히 미국에서는 밀턴 레이놀즈라는 사업가가 미국에서 크게 히트를 시키면서 본격적으로 대중화의 길을 걷기 시작했다.

우리나라 볼펜의 역사를 만든 모나미153은 1963년 5월 1일에 태어났다. 국내 최초의 볼펜으로 알려져 있지만 사실은 그보다 앞서 1958년 부산에서 김찬귀라는 사람이 왕자화학공업사를 설립하고 볼펜을 국산화한 기록이 있다. 하지만 시장화에는 실패하면서, 뒤에 나온 모나미가 우리나라 볼펜 역사의 주인공 자리를 차지하게 된다.

원래 미술용품 생산업을 하던 모나미 송삼석 회장은 1962년 '5·16 기념 국제산업박람회'에 방문했다가 일본 업체 직원이 사용하는 볼펜을 처음 보고 볼펜을 직접 개발하기로 마음먹었다. 볼펜이 크기는 작지만 나름 그 안에는 꽤 까다로운 기술력이 요구되는 제품이었다. 굳지 않는 유성잉크가 필수적이었으며, 부드럽게 구르면서 잉크가 균일하게 흘러나올 수 있게 해주는 쇠구슬이 들어가는 펜촉은 당시 우리 기술로는 쉽지 않았다. 게다가 그 잉크를 좁은 플라스틱 관 안으로 주입하는 것 역시 말 그대로 난관이었다. 송 회장은 일본으로 건너가 당시 일본 볼펜 시장의 90퍼센트 이상을 점유하고 있던 '오포볼펜'에서 유성잉크 제조기술을 도입하고 추가 연구개발을 거쳐 개발에 성공할 수 있었다. 박람회가 4월부터 6월까지 진행되었으니, 대략 1년 정도의 개발 기간을 가졌던 것으로 보인다. 당시 상황을 감안하자면 이런 작은 필기구 하나에 1년이라는 개발기간을 투여한 것은 대단한 투자와 의지라고 볼 수 있지 않을까 싶다.

153의 다양한 의미와 모나미의 성장

153이라는 숫자에는 다양한 일화가 전해진다. "1, 3, 5가 한국인이 좋아하는 숫자인 9를 만드는 숫자조합"이라는 의미에서부터 "모나미 볼펜이 15원이었고 모나미에서 만든 세 번째 제품이었기 때문에 3을 덧붙여 153을 만들었다"는 이야기, 더 깊이 들어가면 "베드로가 하느님이 지시한 곳에서 153마리의 고기를 잡았다"는《성경》의 한 대목이 배경이 되었다는 이야기까지 전해진다. 그런데 사실위 세 가지 배경은 모두 하나로 연결된다.

송삼석 회장은 1960년부터 광신화학공업을 세워 일본에서 문구류를 수입 판매하는 일을 했는데, 회사가 자리를 잡으면서 직접 관련 제품을 생산하기 시작했다. 그 첫 번째 제품이 모나미물감이었고, 두 번째 제품이 왕자파스였다. 볼펜을 생산하게 되면서 직원들과 함께 이름을 정하고자 했는데, 당시 모나미물감이 인기가 좋으니 그대로 쓰자는 의견이 우세했다. 하지만 송 회장은 모나미 뒤에무언가 덧붙이고 싶은 마음에 직원들과 함께 계속 이야기를 했는데, 이때 한 직원이 153으로 하자는 의견을 냈다. 그 의미를 물으니 "화투에서 갑오(9)가 최고인데 이 9를 만드는 숫자 중에 1, 3, 5가 있고, 135는 발음이 어려우니 153으로 하자"는 것이었다. 모든 직원들이 웃음을 터뜨리며 눈총을 주었지만 기독교 신자였던 송 회장은 그 숫자가 너무 낯익어 성경을 찾아보니,《요한복음》21장에 시몬베드로가 예수의 말을 들어 물고기를 153마리를 잡았다는 이야기를 발견했다. 예수의 말씀을 따르면 큰 성과를 낼 수 있다는 153의 상징적 의미를 확인한 송 회장은 바로 모나미153으로 이름을 정하게 되었다고 한다.

이렇게 153으로 정해진 다음에 15원, 3번째 등의 의미는 더해진 것으로 볼 수 있을 듯하다. 실제로 송삼석 회장은 훗날 자서전에서 "하나님은 내게 153이라는 숫자를 통해 기업인이 일생을 통해 반드시 지켜야 할 상도商道를 일깨워 주었다"고 하면서 153이라는 숫자를 각별하게 생각해왔음을 드러내기도 했다.

153이라는 숫자도 재미있었지만 모나미라는 이름 역시 브랜드 성공에 나름 큰 역할을 했다고 볼 수 있다. 프랑스어로 '내 친구'를 뜻하는 '모나미Mon ami'는 발음이 편안한 동시에 재미있고 친숙한 느낌을 준다. 적당한 가격에 좋은 성능과 기능을 가진, 친구처럼 항상 곁에 두고 써야 하는 필수품으로서의 볼펜에 과하지도 부담스럽지도 않은 마치 맞춤옷과도 같은 이름이다. 소비자들 역시 무의식 중에 친구를 들이듯 필통에 하나씩 넣지 않았을까.

하지만 모나미 볼펜이 나오자마자 바로 인기 상품 반열에 오른 것은 아니었다. 미군과 함께 볼펜이 국내에 소개되기는 했지만 아직까지 잉크를 찍어 쓰는 펜이나 만년필이 대부분이었다. 아직은 낯선 제품인 볼펜이 대중적으로 보급되기에는 시간이 필요했다. 게다가 초기 제품은 플라스틱 관 밖으로 잉크가 새어나오는 등의 불량도 잦았기 때문에 옷에 잉크가 묻는 사고도 자주 벌어졌다. 잉크가 새서 옷을 버렸다는 항의를 들을 때마다 변상하면서 소비자에게는 신뢰를 쌓고 계속해서 품질개선을 위해 노력했다. 또한 관공서를 돌며 무료로 볼펜을 보급하기도 했다.

그렇지만 잉크병을 함께 가지고 다니지 않아도 되고, 휴대하기에도 편하면서 엄지손가락으로 누르기만 해도 펜촉이 나와 바로 필기를 할 수 있었기에 써본 사람들은 이 편리함에 익숙해져 갔다. 결과적으로 1970년대 중후반, 잉크병은 거의 자취를 감추게 되었고, 볼펜이 가장 보편적인 필기구 자리를 차지하게 된다.

볼펜이 인기를 끌면서 경쟁업체들도 나타났다. 그런데 제대로 된 경쟁이라기보다는 '몬나니Monnani · 모라니Morani · 몬마이Monmai' 등 모나미의 브랜드 인지도에 기대 그 이름과 모양을 베끼는 수준이었다. 짝퉁 제품들이 대개 그렇듯이 조악한 품질로 소비자들이 피해를 보게 되면서 모나미에게도 불똥이 튀었다. 이에 모나미는 부러뜨린 볼펜사진과 함께 "화가 나서 밟아 버렸죠"라는 도발적 광고카피를 덧붙인 광고를 내세워 불량품 추방운동을 벌이는 동시에 아예 직접 단속반까지 조직해 운영했다. 이런 강력한 대응에 불량 모조품은 자취를 감추게 되고, 품질 면에서도 모나미가 으뜸이라는 인식이 만들어지면서 오히려 성장에 날개를 달 수 있었다. 전화위복이었다. 이후 모나미 볼펜의 승승장구에 힘입어 1967년에 회사 이름을 모나미화학공업으로 변경했고, 이어 1974년에는 아예 주식회사 모나미로 교체하고 기업 공개까지 한다. 볼펜 한 자루가 만든 성공 신화였다.

모나미153은 물자가 부족하던 시절 근검절약의 상징이기도 하다. 단돈 100원짜리 볼펜 한 자루면 무려 1킬로미터의 선을 그릴 수 있을 정도로 오래 쓸 수 있었음에도 볼펜심을 따로 구매해서 갈아 끼워 썼고, 1980년대 중반까지는 볼펜심에 몽당연필을 끼워 쓰는 식으로 재활용도 빈번했다. 볼펜과 연필의 각별한 인연의 시작이었다. 물자절약을 위해 학교에서는 이를 장려하기도 했다. 하지만 혹시라도 시험 삼아 연필을 끼워서 사용해보려는 분이 있다면, 지금은 불가능하다. 연필심이 들어가는 흰 케이스의 구조가 바뀌었기 때문이다. 모나미 볼펜의 펜촉 부분을 한 번 분리해보면 그 이유를 확인할 수 있다.

'사인펜'과 '매직'도 모나미의 또 다른 대표작이다. 두 제품 모두 153볼펜과 같은 해인 1963년에 나왔다. 사인하는 데 편리하다는 뜻의 사인펜, 신기하게 어떤 표면이라도 쓸 수 있다고 해서 매직펜으로 이름을 붙인 것이 이제는 보통명사로 굳어져서 국어사전에까지 올라가 있다. 매직펜은 다양한 재질에 표시를 할 수 있는 '마카'로 발전하며 인기를 끌고 있는데, 키친마카, 타일틈새마카 등 생활마카나 패브릭마카, 세라믹마카 등 적용할 수 있는 재질과 사용처를 계속해서 확대해가고 있다.

마카 개발과 관련해 모나미의 2대 경영인인 송하경 대표가 전하는 개발 스토리가 흥미롭다.

"새벽 수산시장에 가보면 물기 묻은 스티로폼에 뜨거운 불로 녹인 크레파스로 글자를 씁디다. 현장에서 아이디어를 얻어 물기 있는 표면에 매끄럽게 써지는 마카를 개발했지요. 보톡스 같은 수술을 할 때 얼굴 표면에 라인을 잡지요? 그래서 무독성 스킨 마카를 개발했는데, 우리 입장에서는 혁신적인 의료 기술인 셈이지요. 자동차 제조 라인의 최종 단계는 검수입니다. 제품의 표면이나 조립 단차의 불량을 표시하기 위한 마카가 필요한 거지요. 우리 제품은

모나미 볼펜 광고가 삽입된 포토카드

전 국민의 필기구 사용에 혁명을 가져온 모나미153 볼펜을 개발한 모나미는 마카, 사인펜, 매직 등 다양한 종류의 필기구를 개발했다. 최근 새로운 디자인 패키지로 모나미153에 대한 인식을 바꾸고 젊은 층의 호응도 얻고 있다. (국립민속박물관 소장)

수용성이라 물로 깔끔하게 지워집니다. 그 외에 신발 가죽에 표시하는 마카도 개발했지요. 현장에 답이 있습니다."

소비자들의 욕구를 현장에서 포착하고 연구개발을 통해 해결책을 상품으로 만들어내는 모나미의 자세와 능력이 숱한 위기를 극복하며 오늘날까지 장수하는 브랜드로 자리 잡고 있는 원동력임을 알 수 있는 대목이다.

샤프펜슬과 연필깎이의 인기몰이

1974년은 모나미에게 새로운 경쟁이 시작되는 시점이기도 하다. 역사로 따지자면 훨씬 더 오래된 필기구 회사인 동아연필과 문화연필이 볼펜을 만들기 시작한 것이다. 동아연필은 우리나라 최장수 필기구 제조기업으로, 일제 강점기 시절 미쓰비시가 대전에 세웠던 연필공장이 해방 이후 1946년 민간으로 넘어가 재출발했다. 이후 반세기 넘도록 필기구라는 한 우물을 파며 최장수 필기 전문 기업으로서 역사를 이어가고 있다.

모나미 볼펜과 비슷하게, 육각형 모양의 동아연필은 대한민국에서 학창시절을 보냈던 사람이라면 누구나 한 번씩은 손에 잡아봤음직한 대표 상품이다. 1963년부터 일찌감치 연필을 수출했고 1970년대에는 국내 연필 시장의 70퍼센트 이상을 차지하면서 일제를 밀어내고 연필시장을 국산화한 일등공신이다. 연필에 이어 'XQ세라믹샤프심' 시리즈는 잘 부러지지 않고 진하게 써지는 것으로 샤프펜슬을 쓰는 중고등학생들에게는 필수품이 되기도 했다.

문화연필 역시 동아연필만큼이나 오래된 필기구 전문 기업이다. 동아연필보다는 늦은 1949년에 낙타표 문화연필로 출발하여 더존 연필과 색연필 시리즈 등 미술 분야에 특화된 상품을 많이 보유하고 있다. 문화연필 역시 1974년부터 볼펜 생산설비를 갖추고 모나미와의 경쟁에 나선다. 문화에서 생산하는 '캠퍼스101'은 디자인이나 네이밍 패턴 등 모든 면에서 모나미153의 철저한 카피제품이지만, 지금은 그것 자체가 그다지 중요한 이슈는 아닌 듯하다.

1990년대 중반부터 중성펜 등 새로운 필기구가 계속 개발되면서 볼펜 제품들도 손의 피로감을 줄이고 필기감을 높이기 위해 개선해 왔다. 하지만 이 과정 속에서도 모나미153과 함께 캠퍼스101 역시 육각형 흰색 몸통을 여전히 유지하고 있다. 브랜드를 유심히 살펴지 않는 소비자라면 모나미153을 쓰고 있다고 착각할 수도 있다.

볼펜, 연필과 같은 필기구 이야기를 하다 보면 샤프펜슬 이야기를 빼놓기 어렵다. 샤프펜슬은 깎아써야 하는 연필의 불편함을 해소해주는 혁신상품이었다. 1913년 미국의 키란Keeran(비로에게 특허권을 사들여 볼펜을 생산한 장본인이기도 하다)이 만든 '에버샤프'라는 제품이 현대식 샤프펜슬의 기원이라 할 수 있는데, 비슷한 시기인 1915년 일본에서도 샤프전자 창업자인 하야카와 도쿠지早川德次가 0.5밀리미터 자동연필을 만들고 '에버레디Ever-Ready 샤프펜슬'이라는 이름을 붙인다. 이 펜이 인기를 끌면서 하야카와전기공업은 회사 이름을 우리가 알고 있는 전자회사인 '샤프'로 바꾼다.

국내에서는 1972년 모나미가 처음 생산했는데, 당시 샤프심은 일본에서 수입했다. 초창기 경쟁자로는 한국빠이롯트(1975), 오로라(1977) 등이 있었다. 우리에게 기억에 많이 남는 샤프펜슬은 1983년 출시된 '신흥정밀'의 '마이크로MICRO'제품이다. 당시 샤프펜슬을 쓰던 학생들에게는 일본 펜텔사의 제도샤프가 일종의 로망이었는데, 마이크로 샤프펜슬은 펜텔사 제품과 똑같은 디자인에 저렴한 가격을 책정해 인기를 끌었다. 지금까지도 이 디자인으로 여러 회사에서 생산하고 있다. 샤프펜슬은 1980년대 중흥기를 맞이하며 학생들 필통에서 연필을 밀어내고 1등 필기구 자리에 오른다.

샤프펜슬이 연필 깎기의 불편함을 해소해주었지만 연필을 아예 안 쓸 수는 없었다. 칼로 연필을 예쁘게 깎는 것은 쉬운 일이 아니다. 손이 야무지지 못한 초등학생에게는 특히나 어려운 일이었는데, 샤프펜슬이 '깎지 않아도 되는 연필'로 이 괴로움을 해소해줬다면, 연필깎이는 '예쁘고 편리하게 깎아주는' 측면에서의 또 다른 혁신상품이었다.

연필깎이를 기억하는 분이라면 은색 기차모양을 한 '하이샤파' 연필깎이를 모를 수 없다. 이 연필깎이는 1980년대 초반에 방영된 만화 〈은하철도999〉와 함께 엄청난 인기를 끌었다. 워낙에 튼튼하고 성능이 좋아, '고장 안 나는 연필깎이'로 유명하다. 티티경인은 1972년에 경인상사로 시작했는데, 1979년에 처음으로 연필깎이를 생산한 후 1980년 크레파스와 그림물감 등으로 품목을 확대했다. 지금도 미국을 비롯한 전 세계 40개국으로 수출하면서 연필깎이와 크레파스 분야에서는 세계적 품질을 자랑하고 있다.

1970년대가 경쟁자들의 시장 참여가 있었다면, 1980년대와 1990년대는 디자인 문구 시장이 폭발적으로 성장하는 시기였다. 1981년 첫 시작을 알린 모닝글로리는 기능적 측면만 추구했던 기존 제품들과 달리 예쁘고 귀여운 디자인에 아이디어를 더한 제품들을 내놓으면서 비로소 문구류 시장도 다양한 소비자 취향을 반영하며 세분화되기 시작했다. '팬시문구'라는 새로운 용어가 생겨났고, 당시 청소년 사이에서는 선물용으로도 큰 인기를 얻었다. 모닝글로리에 이어 바른손팬시 역시 1985년 캐릭터를 소재로 한 문구제품들을 생산해 학생들의 가방 내 점유율을 높여가기 시작했다. 하지만 이 호황이 오래가진 못했다.

생존을 위한 새로운 브랜드 전략

제품의 다양화와 함께 시장이 성장하고 있었지만 1980년대 후반 단행된 필기문구류 수입자유화는 국내 시장의 급격한 위축을 가져온다. 필기감이나 디자인, 품질 등 모든 면에서 한참 앞서 있던 일본 브랜드가 소개되면서 기존 한국 제품들은 큰 타격을 입었다. 여기에 1990년대 초 대만과 중국산 볼펜까지 수입되면서 다른 산업과 마찬가지로 품질이나 인지도 측면에서는 유럽 및 일본산에 밀리고, 가격경쟁력 측면에서는 중국이나 동남아 상품에 밀리는 이중고를 치러야 했다.

이런 어려움 속에 닥친 1997년 IMF는 더 큰 태풍이었다. 모나미와 함께 3대 필기구로 자리 잡던 모닝글로리와 마이크로가 부도를 맞는 등 업계 전체가 어려운 시절을 보내야 했다. 모나미는 새롭게 해외시장을 개척하면서 그 위기를 넘을 수 있었지만 마이크로는 이때를 넘기지 못하고 끝내 역사 속으로 사라졌다. 모닝글로리는 부도를 이겨내고 문구 사업에서 실적을 개선하고 있지만 문구류 외에도 양말, 우산 등 생활용품 등으로 생산품목을 다양화하는가 하면 최근에는 화장품 사업에도 진출하면서 새로운 생존의 활로를 찾기 위해 분투 중이다. 한때 팬시문구류를 주름잡던 바른손은 이제는 문구업체가 아니라 영화와 게임 사업으로 더 유명하다(영화 〈기생충〉에 투자한 것은 널리 알려진 사실이다).

1980년대 후반 해외 브랜드의 진격, 1990년대 후반 IMF를 지나면서 혹독한 시련을 겪었던 문구업계의 위기는 아직도 현재진행 중이다. 디지털 세상이 만든 또 다른 위기가 찾아온 것이다. 사람들은 이제 '글쓰기'보다는 '타이핑'에 더 익숙하다. 손글씨는 필기를 위해서가 아니라 다이어리 등 무언가를 '꾸미기' 위해서 사용하는 경우가 더 많아지고 있다.

계속되는 위기 극복을 위해 모나미가 선택한 길은 회사의 주력상품인 모나미153의 본질로 돌아감과 동시에 필기구 애호가들의 심리를 자극하는 고급화 전략이었다. 만년필이나 연필을 수집하는 이른바 '필덕'들의 관심 대상이 볼펜까지 확장된 것인데, 2014년 모나미153의 출시 50주년을 기념해 선보인 '모나미153리미티드1.0블랙'이 첫 신호탄이었다. 저렴한 가격에 좋은 품질, 실용성이라는 이미지를 쌓아온 모나미였기에 프리미엄 제품 전략은 내부에서도 우려와 반발이 많았지만 결과적으로 큰 성공을 거둔다. 한정판의 효과도 있었겠지만 필기구 애호가들의 큰 관심을 받으며 발매와 동시에 접속자 폭주로 쇼핑몰이 마비될 정도로 화제를 불러일으키며 몇 시간 만에 완판되는 놀라운 기록을 세운 것이다. 심지어 중고거래 사이트에서 몇 배 높은 가격으로 거래될 만큼 인기를 끌었다.

이후 용기를 얻은 모나미는 '153아이디·153리스펙트·153네오·153블랙앤화이트·153골드·153블라썸·153네이처' 등 기존 제품의 본모습을 유지하면서도 다양한 컬러와 젊은 감각의 디자인을 보강한 제품들을 잇달아 출시하면서 프리미엄 제품라인을 보강하고 있다. 프리미엄 전략은 볼펜에 이어 플러스펜까지 이어져 최근에는 창립 60주년을 기념해 20만 원 상당의 '플러스펜3000데스크펜'을 선보이기도 했다.

물론 모든 제품을 고급화하는 것은 아니며, 어디까지나 마케팅의 일환이다. 하지만 여든 살이나 먹은 할아버지 브랜드가 계속해서 젊은 층의 취향을 찾고 새로운 실험을 통해 생존을 모색하며, 잊히지 않는 브랜드가 되는 길을 찾아낸 것은 너무나도 반가운 일이다. 오랜 기간 '국민 볼펜'으로 사랑받으며 우리나라 볼펜과 필기구 역사를 쓰고 시장을 지켜온 모나미. 앞으로도 빠르게 변하는 세상 속에서 변하지 않는 손글씨의 아날로그 감성을 담아내는 친구 같은 브랜드로 영원히 남기를 바란다.

누구나 이름을 가지고 있다. 사람은 물론, 곁에 두고 관심과 애정을 쏟는 대상에게는 동식물과 물체, 장소를 막론하고 이름을 붙여줌으로써 뭔가 특별한 의미와 가치를 더하곤 한다. 매일 차를 타고 다니는 사람들은 자신의 자동차에 이름을 붙이기도 하고, 책을 좋아하는 사람들은 자신의 서재에 조용히 이름을 붙여 가슴속에 넣어두기도 한다. 누군가에게 사랑받는 대상은 자연스럽게 애정이 담긴 이름을 붙이기 마련이다.

브랜드는 상품에 붙여진 이름을 뜻하는 단순한 용어에서 출발했지만, 상품이 지닌 실질적인 차별점이나 경쟁력, 혹은 그것들을 만들어내는 마케팅 활동 과정에서 쌓이는 인식과 이미지, 기억 등 모든 경험이 브랜딩이라는 단어 안에 용광로처럼 섞여 들어가 있다. 그래서 브랜드와 브랜딩은 확실히 다른 차원이다. 브랜드는 이름과 상표, 여러 가지 디자인을 입혀 만드는 것이지만 브랜딩은 모든 접점에서의 경험이 모여 쌓여가는 과정이라고 할 수 있다.

가끔은 브랜딩되지 못한 '브랜드를 브랜드로 불러야 할까' 하는 개인적 의문이 생기기도 한다. 또는 훌륭한 브랜딩 과정을 거쳐 잘 구축된 브랜드와 이제 갓 태어나 예쁜 이름과 얼굴은 가지고 있지만 마땅한 경험을 쌓지 못한 브랜드를 구분해서 부를 방법은 없는지 고민하는 게 개인적인 관심사다.

마케팅과 브랜드, 브랜딩은 학술적으로는 모두 미국을 중심으로 한 서양에서 확립된 학문이다. 자본주의 시스템이 먼저 만들어졌기 때문에 상품을 더 많이 오래 잘 팔기 위한 기술이라는 관점에서 학문 외에도 실용과목으로도 먼저 정리되고 체계화된 것도 맞다. 그래서 브랜드, 마케팅하면 자연스럽게 외국의 것들을 먼저 떠올릴 수밖에 없다.

전통적으로 상업이 천시된 동양에서 상업을 잘 하기 위한 마케팅과 브랜딩이 먼저 확립되기에는 어려움이 있었을 것이다. 하지만 정리되고 연구되지 않았을 뿐, 기가 막힌 프레젠테이션으로 큰 금액을 투자 받아 자본력과 함께 수요를 예측하고 과감한 결단을 통한 매점매석으로 유명한 《허생전》이나 너무나 시대를 앞서간 생수 사업가로서 대동강 물을 팔아먹은 '봉이 김선달' 등 우리나라에도 마케팅 개념과 뛰어난 마케터들은 이미 존재했다.

우리나라에는 어떤 브랜드들이 있었는지 궁금했다. 그리고 그들이 어떻게 우리 생활과 사회를 담고 투영하고 있는지 하나씩 알아 갈 때마다 흥미롭고 신기했다. 2020년대를 살고 있는 우리 역시 셀 수 없이 많은 상품과 브랜드에 둘러싸여 있다. 지금 세상에 물리적인 국경이나 고향을 따지는 것이 무의미할지 모르지만, 뿌리와 근원을 되짚어가는 과정은 재미있다. '아, 이런 상품이 이런 배경에서 태어나 이런 과정을 거쳤구나. 고생했네' 하면서, 어려운 시절을 지내

오며 결국 이겨내고 아직도 소비자들의 사랑을 받고 있는 브랜드로 살아 있음을 알게 되면 왠지 그 브랜드에 대한 애정이 더 강해진다.

어떤 분야는 글로벌 브랜드가 이미 우리 시장을 장악하고 있기도 하고, 어떤 분야는 아직도 치열하게 경쟁하고 있다. 한국 시장이 세계 시장 속에 고립된 시장이 아니기 때문에 우리나라에서 선전한다는 것은 세계 시장에서도 글로벌 브랜드와 어깨를 나란히 하고 있음을 의미하기도 한다. 외국 브랜드의 공세 속에 우리나라 시장을 지켜내서 여전히 국내 최고 위치를 지키는 브랜드도 꽤 있다. 우리나라 시장에 안주하지 않고 세계로 뻗어나가 이제는 글로벌 브랜드 반열에 오른 주자들도 있다.

최근에 급성장하고 있는 중국 시장을 필두로 한류 소비가 거센 동남아도 우리 브랜드의 큰 시장이다. 우리에게는 미지의 땅으로 알려진 중동에서 선전하고 있는 브랜드들도 있다. 아쉽지만 더 성장하지 못하고 생명을 다한 브랜드도 있다.

브랜드는 여전히 살아 있지만, 그 브랜드의 주인은 수차례 바뀌는 경우도 꽤 많았다. 기업과 달리 브랜드의 영속성을 알려주는 현상이기도 하고, 브랜딩에 성공한 브랜드의 가치를 알려주는 증거이기도 하다. 기업은 영속하기 위해 사업종목을 바꾸기도 하고 다양한 산업에 진출과 빠짐을 반복하면서 생존과 성장을 위해 투쟁한다. 브랜드는 조금 다르다. 기업과 달리 원래의 종목을 바꾸는 것은 쉽지 않다. 다른 종목이라면 다른 브랜드를 붙이는 것이 더 쉽다. 관련 없는 영역으로 확장하다 보면 원래의 브랜드가 상처받을 위험도 있다. 그래서 브랜드는 원래 영역에서 계속해서 더 좋은 품질과 차별점을 제공하고 좋은 이미지를 쌓아가며 변화하는 소비자 감성과 사회 트렌드에 맞게 바뀌어야 한다. 바뀌어야 하지만 바뀌지 않아야 하는 모순적 상황에 처한 것이 브랜드의 현실이기도 하다(익숙하면서 새로운 브랜드가 제일 좋은 브랜딩이라고 생각한다. 그래서 브랜딩은 익숙한 것을 낯설게 하고, 낯선 것을 익숙하게 만드는 작업이다).

기업을 일으켜 10년 넘는 사업을 하는 것이 쉽지 않은 현실이다. 하지만 100년 기업이 많아지고 있고, 우리나라에서도 장수 브랜드가 점점 더 많아지고 있다. 세계사적으로도 유례 없는 빠른 성장을 이룩한 우리나라 산업 환경에서 어떤 브랜드들이 어떤 환경에서 태어났고, 이들이 어떤 과정을 거쳐 오늘의 이 자리에 올랐는지 살펴보면 여러 가지 인사이트를 얻을 수 있을 것이다.

실무적으로 도움이 될 수 있다는 보장은 없다. 다만, 과거는 현재의 거울이라고 하니, 이미 성공한 혹은 아쉽지만 소멸한 브랜드를 살펴보며 앞으로 어떤 브랜드가 우리 곁에 살아남아 계속 사랑을 받게 될 것인지, 내가 그 자리를 차지하려면 어떻게 하면 될지 참고삼아 보는 것도 브랜딩이 마케팅의 종착역이 되어가는 현재 시점에서 좋은 공부일 것이라고 생각한다.

아직까지도 책을 덮지 않고 여기까지 읽고 있는 분이 얼마나 계실지 모르겠다. 아직 눈길을 떼지 않으신 그분께 가장 큰 감사와 고마움의 말씀을 전한다. 무언가를 기록하고 쓰는 사람에게, 그 기록물을 읽어주는 사람이 있다는 것이 가장 큰 보람이고 가슴 떨리는 일이기 때문이다.

이 글을 정리하기까지 오랫동안 투정을 들어주고 방향과 내용을 조언해주면서 여러 가지에 대한 소홀함마저도 용서해준 부인님을 비롯한 주변의 많은 분들께도 자리를 빌려 쑥스럽지만 마음을 펼쳐 고마움을 전하고 싶다.

마지막으로, 허허벌판 아무것도 없는 맨바닥에서 공장을 세우고, 돈과 사람을 모아 열악한 환경을 이겨내며 뜻을 굽히지 않고 자신만의 제품을 만들어 온갖 시련과 때로는 말도 안 되는 탄압마저 이겨내고 끝내 인기 상품, 장수 브랜드로 키워낸 이 세상 모든 기업가와 특정 직종으로 구분하지 못할 모든 기획, 영업, 마케팅, 비즈니스 현장의 모든 종사자 선배님들께도 존경과 경외를 담아 고개 숙여 인사드린다. 그분들의 헌신과 의지, 노력과 희생이 없었다면 이 모든 것이 어떻게 가능했을까.

히트의 탄생

초판 1쇄 인쇄 2021년 9월 17일 **초판 1쇄 발행** 2021년 9월 30일

지은이 유승재
펴낸이 이승현

편집2 본부장 박태근
지적인 독자 팀장 김남철
편집 신민희
디자인 하은혜

펴낸곳 ㈜위즈덤하우스 **출판등록** 2000년 5월 23일 제13-1071호
주소 서울특별시 마포구 양화로 19 합정오피스빌딩 17층
전화 02) 2179-5600 **홈페이지** www.wisdomhouse.co.kr

ⓒ 유승재, 2021

ISBN 979-11-6812-008-2 03900